基軸通貨

ドルの形成

西倉高明

勁草書房

はしがき

　地球は太陽系のなかで唯一生命を育む星である。生命の源となった海を大地に留めることができたからである。奇跡が起こった最大の要因は，地球の質量と太陽からの距離という2つの要因の微妙なバランスにあるという。もし，地球が水星や金星のように太陽に余りにも近ければ，水は蒸気となって宇宙に飛び散り，灼熱の星と化していた。反対に，火星や木星のように太陽から離れすぎると，水は氷となって大地を覆い，海を形成することなく凍てついた星となっていたであろう。(NHK 出版，『シリーズ地球大紀行』より)

　私は宇宙物理学や天文学については門外漢である。だが，地球の話は，質量をGNPに，太陽からの距離をドルからの距離に置き換えてみると，第2次大戦後の国際通貨状況を分析する者にとってきわめて示唆に富んでいる。戦後，ドルは金以上の輝きを持った世界経済における太陽の如くだったからである。ドルからの距離が余りにも近いと，アメリカの属国や従属国としてドル圏に組み込まれ，逆に遠すぎると社会主義国のように凍てついた大地となって崩壊してしまう。地球の奇跡は宇宙における自然法則によって生じた偶然の産物であって，自然現象をそのまま社会現象に当てはめるのは，きわめて無謀な話である。とはいえ，両者に決定的な違いがあるからこそ，地球の話から教訓を学び取れるのである。なぜなら，GNP やドルからの距離は，質量や太陽からの距離と異なって，人間の力が及ぶ対象であり，国民の総意・行動によって軌道を変えられるからである。つまり，国民経済の政策選択の問題なのである。

　さて，日米欧は，つい最近まで3極通貨体制として，世界経済のリード役を果たすと見られていた。ところが，わが国ではバブル崩壊後大手の銀行や証券会社が相次いで破綻し，わが国の金融システムも世界から不安視されている。他方，西ヨーロッパにおいては経済通貨統合の実現と単一通貨ユーロの誕生が目前に迫っている。いまや3極通貨体制も色褪せて，2極通貨体制の観すらある。両者の間でなぜこれほどまでの隔たりが生じてしまったのか。単なるバブ

ルの後遺症では片付けられない，戦後からの金融システムの形成そのものが問われるほどに，根は非常に深い。

本書の目的は，日米比較や欧米比較ではなく，日米間の国際金融関係と欧米間の国際金融関係が戦後どのように形成されてきたのかを分析，比較検討することである。それは3極通貨体制の基礎構造を明らかにすることでもある。その際，わが国や西ヨーロッパがドルとの間でどの程度の距離を政策選択してきたのか，という点に着目した。序章での具体的な国際決済メカニズムの検討から，国際決済が貿易レベル，インターバンク・レベル，中央銀行（通貨当局）レベルの三重構造から構成されていることが明らかになった。したがって，ドルからの距離を見る場合，各レベルでの距離を測ること，さらに各レベルの相互規定関係を明確にすることを心がけた。測定の手がかりは，わが国や西ヨーロッパにおけるドルの基軸通貨化のプロセスである。国民通貨の国際通貨化を論じるには2つの視点が必要である。第1は自国通貨を国際通貨として推し進めていく側の視点，すなわち中心国の視点である。第2は特定の国民通貨を国際通貨として選択する側の視点，すなわち周辺国の視点である。前者の視点に立った分析を第1篇で，後者の視点に立った分析を第2篇と第3篇で行った。

第1篇のテーマは，国家の国際決済への介入を制度化したIMF協定（本書では旧をつけていない）との関連で，ドルの特質を明らかにすることである。留意したのは，IMF協定の理念，現実的想定及び実際の展開が大きく食い違っている点である。特にIMF協定から逸脱した新たな事態の展開に注目した。1つは金売買国アメリカによる為替操作の実施であり，もう1つは基軸通貨国に存在するニューヨーク外国為替市場の発展である。なかでも後者の狙いは，ニューヨーク市場の発展が変動相場制への移行後のことだとする支配的な見解に対して疑問を提起することである。

第2篇と第3篇は，わが国と西ヨーロッパを比較しやすいように，できる限り同じ手法を用いた。両篇を通じて，ドルからの距離の差の原点を双務的支払協定の違いに見出している。ドル節約→ドル排除とドル節約→ドル依存という政策スタンスの相違が，両者に異なった軌道を描かせたのである。典型的には，ドルへの集中化のプロセスの相違となって現れていることを検証した。つまり，ドルへの集中は，わが国では第3国間貿易決済通貨を通じて貿易レベルからド

ルへの一元化が始まるのに対して，西ヨーロッパにおいては中央銀行レベルでの介入通貨の一元化を通じてインターバンク市場での為替媒介通貨へと上から進んでいったのである。

　国際金融関係は国際金融市場と外国為替市場の２つの要素からなっているが，本書全体を通して後者を重視した。理由の１つは，国際金融市場に関してはすでに膨大な研究が存在するけれども，外国為替の分析は，貿易金融や為替業務の実務書を除けば，十分に進んでいない分野と考えるからである。外国為替を取り上げるとしても，相場変動ではなく，為替取引面に焦点を当てた。特にどの通貨と直接に交換されるのか，どこの市場で取引されるのか，つまり出合にもっとも留意して分析を試みている。もう１つの理由は，外国為替を取り入れてこそ，国際金融の国際金融たる所以があると考えるからである。つまり，企業の多国籍化や機関投資家の国際分散投資に見られるように，資本が国境を自由に越えていくために，「ボーダレス経済の時代」と呼ばれることが多い。だが，こと通貨に関しては，いつの時代であっても，基軸通貨ドルといえども一旦円に転換されなければわが国では通用しない。外国為替とは国境の壁なのである。

　変動相場制に移行してからすでに四半世紀が経ち，もはや変動相場制を余儀なく取られた一時的措置とはいえなくなっている。その間国際金融現象は著しい変貌を遂げた。余りの激しさに目を奪われて，変貌のすべてを変動相場制に帰したり，変動相場制に固有の現象とするならば，それは固定相場制と変動相場制との間に断絶のみを見る結果となり，連続性の視点を見失うことにもなりかねない。連続性とは単なる同じことの繰り返しではない。何が断絶し，何が連続しているのかを見極めることが重要である。終章では，ドルのオーバー・ストレッチ現象を固定相場制から変動相場制への移行の接点として捉えている。それゆえ，終章は変動相場制の本格的な分析に向けての序章として位置づけられる。

　ともかくも本書を公表できたのは，先学・同輩・後輩諸氏の研究から多くを学ばせていただいたお蔭である。なかでも大阪市立大学教授片岡尹先生には，公私にわたって一方ならぬお世話になった。先生の暖かいご指導と励ましがなければ，本書を書き上げることはできなかった。先生の学恩は計り知れない。

そもそも私の研究生活は先生の揚げ足取りから始まった。先生の論文を読んで
は、「ここんとこおかしいのとちがいます」「ここ間違ってません」「この意味
わからないんですけど」、とことあるごとにケンカをふっかけた。といっても、
幕下が横綱に挑むようなもので、最後はにっちもさっちも行かなくなって黙ら
される。その折り、先生はそれ以上追求することなく、必ず「その点はもうい
いやろ。じゃここはどうなんや」とわざわざ噛み口を提供してくださった。大
学院時代のマン・ツー・マンの指導が、私の研究者としても土台を作ってくれ
たと思っている。当時の先生のテーマが国際通貨論だったから、自ずと議論は
そこに集中し、私の関心も国際収支調整から国際通貨に移っていった。その意
味で、先生は私にとって「青き衣の人」（宮崎駿『ナウシカ』）だったといえる。
だが、いま自分が教師の身になって当時を思うと、なんとうっとおしい院生な
のかと、先生の寛大なお心がなければ破門は間違いないところである。

　もうおひと方大阪市立大学名誉教授中西市郎先生にもお礼申し上げたい。先
生には論文の書き方から研究の仕方まで、「中西語録」ができるほど教えてい
ただいた。マスター２年の夏休み明け、私は修士論文「国際分業構造と国際通
貨」の概要を持って、意気揚々と先生の研究室に赴いた。ところが、先生は内
容には一切目を通さず目次だけを見て、「これは本やないか。論点は１つでえ
えんや」と。要するに、国際通貨論を一からやり直せというお言葉だった。こ
の時の見直しがいまではどれだけ役に立っているか。

　両先生をはじめとする国際金融研究会の先生方にも多くのご教示をいただい
た。また、私のような者に研究の場を与えてくださった大阪市立大学商学部の
先輩の先生方に心から感謝したい。本書に私なりの着色が施せたかどうかは読
者諸氏の判断に委ねるとしても、利子の一部でも返済できれば幸いである。さ
らに、私のゼミ生諸君にも謝意を表したい。私は大学教師らしい教師ではない
ので、学生らしい学生は集まらない。「卒論の参考文献にゼミの先生の本ぐら
い挙げたいよな」「一冊の本を書かなくてもりっぱな家が建つんですよね」「就
職表に助けるばっかり書くのもええ加減しんどいわ」「ゴホン、ゴホン、ホン、
ホン、本、先生本書けた」。なにしろ遠慮というものをまったく知らない。卒
業してからも、何もすることがないと電話をかけてくるか、家に押しかけてき
ては、「先生の本どこの本屋に行ったら買えるん」「まだできてへん」「西倉ゼ

ミも消滅やな，アハハ」，と笑い飛ばす。ゼミ生や OB の執拗な「イジメ」が
なければ，私は本を書くことから逃げていたかもしれない。大学院生の神野光
指郎，野村幸宏，十倉善行の3君は本書の校正を手伝ってくれた。

　厳しい出版事情のなか，本書の出版を引き受けていただいた勁草書房，並び
に4年半もの間辛抱強く待っていただいた編集部の宮本詳三氏に心よりお礼申
し上げたい。

　最後に，私事にわたって恐縮だが，妻涼子に心から「ありがとう」を言いた
い。結婚する前も結婚してからも，私は寄り道と1回休みばかりしていたので，
妻の苦労は絶えることがなかった。そのうえ，小さい子供を2人かかえながら，
入退院を繰り返す父の介護を，愚痴ひとつこぼさないで看てくれた。「中西語
録」を1つ。「ええか西倉，お前がえらいんとちゃう，お前の嫁さんがえらい
んや」，さすが先生の本質を見抜く力は一流である。

　「さあ本を書くぞ」と意を決して神戸を離れた。当時は「どこの田舎へ行く
んや」と友達から散々言われたものである。無謀とも思える決断のお蔭で阪神
大震災を免れた。地震の翌日姉を迎えに神戸に入った。あたかも戦場の如くの
惨状を目の前にして，あのまま神戸に住んでいたらと思うと，足の震えが止ま
らなかった。だが，私の運も家族の命を救うことで使い果たしてしまったよう
である。なにしろ，移った場所が最悪であった。世の中「普通」が大流行であ
る。しかしながら，「イクラもどき」が，いかに立派な器に盛られようとも，
どんなに華麗な装いを纏おうとも，もどきは所詮もどきであって，決して「普
通のイクラ」ではない。似て非なるもの，その差は耐え難いほど大きい。普通，
普通と騒がれるほど，かつての中流意識と同じように，空々しく響くだけであ
る。そろそろ神戸への帰り支度を始めようと思っている。ホームシックが日に
日にひどくなるなか，あの狭い家での亡き父の嘆きが耳元で蘇る。「高明，お
前何年大学に行ったら気が済むんや」

　本書を亡き両親に捧げる。

合　　掌

1998年4月　　　　　　　　　　　　　　　　　　　　西　倉　高　明

vii

目　　次

はしがき

序　章　国際決済と国際通貨 ……………………………………………… 3
第1節　貿易決済の仕組み　3
第2節　外国為替市場と国際金融市場　7
　　1　銀行の為替持高操作　7
　　2　銀行の為替資金操作　10
第3節　中央銀行と国際通貨　15

第1篇　基軸通貨ドルの現代的性格

第1章　IMF 協定と基軸通貨ドル ……………………………………… 27
第1節　条文解釈と基軸通貨ドルの先取り　27
第2節　第8条と対ドル差別の撤廃　33

第2章　ニューヨーク外国為替市場の史的発展 ……………………… 42
第1節　通貨交換性の制限とニューヨーク外国為替市場　42
第2節　1960年代におけるニューヨーク外国為替市場の発展　46

第3章　ドル危機とアメリカの公的為替操作 ………………………… 59
第1節　ドル過剰からドル危機へ　59
第2節　財務省の先駆的為替操作　61
　　1　マルクの先物売操作　61
　　2　スイス・フランの先物売操作　64
第3節　連邦準備の為替操作とスワップ網　66
　　1　スワップの仕組みと目的　66
　　2　スワップ操作の実際　68

viii　　　　　　　　　　目　　次

第 4 節　先物及びスワップ操作の限界とその克服　73

　　1　第 3 国通貨スワップ　73

　　2　外貨証券の発行と IMF 借入れ　76

第 2 篇　わが国におけるドルの基軸通貨化

第 4 章　わが国の対外決済制度の整備 ………………………………………85

　第 1 節　通商協定方式の進展とドル依存　85

　第 2 節　対外決済網の形成　93

　第 3 節　貿易金融の整備　96

第 5 章　1960年代のわが国貿易金融の特徴 ………………………………104

　第 1 節　米 BA 市場とドル依存　104

　　1　輸出金融の日銀依存　104

　　2　輸入金融の米銀依存　109

　第 2 節　第 3 国間貿易決済通貨ドルと非対称性　115

第 6 章　日米間国際金融構造の非対称性 ……………………………………124

　第 1 節　介入通貨のドルへの一元化　124

　　1　集中通貨ポンドとドル　124

　　2　介入通貨ドルの確立　129

　第 2 節　為替媒介通貨ドルと円為替市場の構造　134

　　1　円建て化とブーメラン効果　134

　　2　資本取引と海外円為替市場の形成　139

第 3 篇　西ヨーロッパにおけるドルの基軸通貨化

第 7 章　対ドル差別と西ヨーロッパ域内決済メカニズムの形成 …………149

　第 1 節　双務的支払協定から多角的支払協定へ　149

　　1　双務的支払協定の意義　149

　　2　多角的支払協定の展開　151

第2節　EPU とドルの節約　155

　1　EPU のメカニズム　155

　2　EPU の成果　157

第3節　外国為替市場の自由化　161

　1　外国為替市場の再開　161

　2　多角的裁定取引の導入　163

第8章　EMA と基軸通貨ドル ……………………………………………………170

第1節　EMA のメカニズムと機能　170

　1　EMA の仕組み　170

　2　EMA の援助機関化　174

第2節　EMA 下でのドルの地位　178

　1　介入通貨のドルへの一元化　178

　2　ポンド危機とドル危機の連動メカニズム　183

第9章　貿易取引通貨の多様化と為替媒介通貨ドル ………………………191

第1節　西ヨーロッパ域内貿易における取引通貨の多様性　191

　1　対称的通貨構成と域内貿易　191

　2　企業の多国籍化とオープン・アカウント方式　199

第2節　為替媒介通貨とインターバンク市場の自立化　202

終　章　ドルのオーバー・ストレッチ ……………………………………………215

第1節　IMF 体制の変質　215

　1　介入システムの肥大化　215

　2　銀行レベルでのドルのオーバー・ストレッチ　223

第2節　変動相場制下でのドルのオーバー・ストレッチ　228

　1　為替取引の膨張　228

　2　ドル為替市場の multi-way street 構造　232

あとがき ………………………………………………………………………………239

索　引 …………………………………………………………………………………240

基軸通貨ドルの形成

序　章　国際決済と国際通貨

第1節　貿易決済の仕組み

　初めに，貿易取引の決済がどのようなメカニズムを通して行われるのかを具体的に見ていくことで，国際通貨の実体や機能を検討しよう。そこで，第1図のような，Y国を国際通貨国とする簡単な2国モデルを想定する。

　まず，輸出取引は次のような手順を経て決済される。

①X国の輸出業者・甲はY国の輸入業者・Aと，3ヶ月の支払猶予の後Y国通貨での代金受取を条件に商品を売却する契約を結んだ。

②輸出決済は一般的に逆為替方式で行われるから，甲は商品の船積み後Aを名宛人（支払人），丙銀行を受取人とする外国為替手形（Y国通貨建ての3ヶ月の期限付取立手形）を振り出して，船積書類を添えて丙に買い取ってもらう。それによって，甲は輸出代金をAが輸入代金を支払う前に，Y国通貨ではなく自国通貨で回収できる。

③丙は船積書類とともに手形をコルレス先のC銀行に送付し，Aからの代金取立を依頼する。

④Aは手形の引受と引き換えに受け取った船積書類を持って商品の入関手続きをする。

⑤Cは手形期日にAに手形を提示して支払を求める。

⑥Aが手形金額だけのY国通貨を支払うと，Cは自行にある丙の当座預金勘定に入金する。

　次に，輸入は並為替方式で決済されるとすれば，決済の手続きは，

①X国の輸入業者・乙はY国の輸出業者・Bから3ヶ月の支払猶予，Y国通貨

第1図 貿易決済の2国モデル

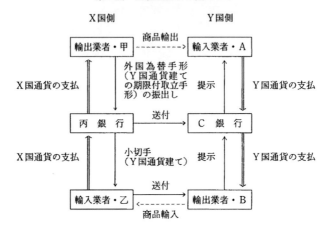

での代金支払を条件に商品を購入した。

② 3ヶ月後に支払期日がくると、乙は丙から自国通貨を払ってY国通貨建ての送金小切手を買い、Bに送付して輸入代金を支払う。

③ Bは受け取った小切手をCに提示して輸出代金を回収する。

④ Cは小切手の支払と同時に、自行にある丙銀行の当座預金勘定から小切手の金額を引き落とす。

第2図を参考にして、輸出入決済の仕組みから指摘できることは、第1に輸出入業者間で支払の方向が変わった点である。輸出においては対外的な支払である①から国内での支払となる②と③に、輸入においては同じく⑤から⑥と⑦に振り替わっている。支払の方向を変える指図書こそが、外国為替手形や小切手にほかならない。第2は、この事例では輸出の場合、銀行は輸出業者から手形を買い取ることで、輸出業者が輸入業者に与えていた3ヶ月の支払猶予という商業信用を銀行信用で代位している。銀行による貿易金融の供与である。それに対して、輸入の場合、輸出入業者間の商業信用に銀行が介在していないから、支払猶予は輸出業者が直接輸入業者に与えたままである。シッパーズ・ユーザンスがこの方式に該当する。第3は、外国為替手形や小切手は輸出入業者間での決済手段になっているけれども、手形や小切手自体も決済の必要があるから、輸出入決済が完了するのは手形や小切手が決済される時点、すなわち

C銀行にある丙銀行の当座預金勘定に入金された
り，その勘定から引き落とされた時点である。第
4は，貿易取引の決済が円滑に機能するための前
提条件は，丙銀行がC銀行にY国通貨建ての当座
預金勘定を開設しておくことである。丙銀行の勘
定は外国為替を決済するための為替勘定であり，
丙はCとあらかじめ外国為替を決済するための取
り決めであるコルレス契約を結んで，Y国通貨建
ての当座預金残高＝コルレス残高を保有してい
る[1]。他方，C銀行にとっては自国通貨建てで取
引をしているから，相手国の銀行に為替勘定を開
設する必要はない。

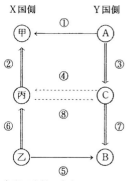

第2図　貿易決済の支払方向

矢印は支払の方向
⇒は貨幣の支払方向

　次に，貿易取引が丙銀行のC銀行にある当座預金勘定の貸借記で決済された
後，銀行レベルでは何が行われるのか。輸出の場合は，丙の当座預金が輸出金
額だけ増加している。預金も貸付取引の一種であるから，丙にとって意味する
ところは，Cに対してY国通貨建ての対外債権を保有していることである。輸
入の場合は，当座預金残高を0と仮定すれば，丙がCから例えば当座借越便宜
を受けて借入れをしていることだから，丙はCに対してY国通貨建ての対外債
務を負っている状態である。輸出入業者間の対外債権債務関係が銀行間の対外
債権・債務関係に肩代わりされている。第2図に即していえば，輸出による対
外債権①は④に，輸入に基づく対外債務⑤は⑧に肩代わりされたのである。そ
れは，銀行が輸出業者から輸出手形を買い取り，輸入業者に小切手を売却する
形で貿易決済に介在した結果である。
　銀行間での債権債務関係も，それが貸借関係である限り決済が必要なのは当
然である。では，銀行間の決済はどのようにして行われるのか。輸出決済が完
了した時点では，丙銀行はC銀行にY国通貨建ての預金残高を保有しているか
ら，銀行間の決済は個別銀行の視点からは預金残高の決済，すなわち現金（Y
国の中央銀行券）での預金の払い戻しに帰着する。つまり，Cにとっては，取
引相手が非居住者である丙であっても，現金を支払えば預金形態での貸借関係
は清算できる。だが，国民経済の視点に立てば，非居住者によって自国通貨を

持たれていることは，通貨発行国にとっては対外債務を負っているのと同じである。通貨はその発行国に対する富の請求権を表しているからである。

　他方，丙の立場に立てば，預金を引き出してY国通貨を取得しても意味をなさない。なぜなら，丙は商社でもメーカーでもないのでY国で商品を購入するわけではない。また，Y国通貨を持ち帰ってもY国通貨は自国では法貨ではなく流通しないので，例えば賃金支払等に充てることはできないからである。そこで，金本位制を想定すると，丙は預金残高を金に換えて自国に持ち帰り，中央銀行に売却して自国通貨を得ることになろう。輸入決済が完了した時点では，丙はCにY国通貨建ての対外債務を負っているので，債務返済のため金をY国に現送してY国通貨を取得する必要がある。したがって，銀行間の決済は，対外決済の場合でも，個別銀行的には預金残高の現金（中央銀行券）支払で済むけれども，国民経済的には国際決済における現金は金以外には存在しない。

　問題は，銀行が金現送を行う意義である。そもそも銀行が貿易決済に介在するのは輸出入業者間での金現送を回避するためである。外国為替手形や小切手は支払の方向を対外的なものから国内のそれに振り替えることによって金現送に伴う流通空費を節約する手段であった[2]。それゆえ，銀行が金現送を行うことは，流通空費の節約機構である外国為替制度がまったく機能していない状態にほかならない[3]。銀行の存立根拠は流通空費の節約益にあるから，銀行にとって金現送をできる限り回避しなければならないのである。

　着眼点は，銀行は一方では輸出業者から対外債権を，他方では輸入業者から対外債務を肩代わりするから，債権債務の両方を保有する立場にある。銀行は，輸出によって取得した債権で輸入の支払を行う，もしくは輸入に伴う債務を輸出債権で返済すれば，いちいち金現送を行う必要はなく，流通空費も節約できる。銀行の行う操作は，結局のところ丙銀行とC銀行間で対外債権と債務を相殺していることであって，相殺こそが銀行間決済の軸にほかならない。丙銀行のC銀行にある当座預金勘定の貸借記が相殺の実際の姿である。

　これまでの貿易決済の仕組みから，国際決済は貿易決済と銀行間の決済の二重構造になっていることがわかる。貿易決済は特定の輸出入業者間の取引を基礎にしたきわめて個別的な決済である。銀行は個々の貿易決済を媒介することによって，銀行全体としては国内のすべての輸出入業者と外国為替を売買する

結果，一国の対外債権・債務は銀行に集中されて決済される。それゆえ，銀行間の決済は国民経済全体，一国のすべての対外取引を表した国際収支を反映したものである[4]。

　貿易決済や銀行間の決済において，実際に決済手段として機能しているのは，丙銀行がＹ国所在のＣ銀行に保有している当座預金残高である。この当座預金残高が国際通貨の実体にほかならない。古典的な国際通貨ポンドの場合のポンド・バランス（ポンド残高）あるいはロンドン・バランス，現代の国際通貨ドルについてはドル・バランス（ドル残高）あるいはニューヨーク・バランス，と呼ばれるものである。さらに，当座預金残高がどのような取引の決済に使われるかが国際通貨の機能を規定している。国際決済は二重構造になっていたわけであるから，二重化に対応して，国際通貨も貿易決済通貨と銀行間の決済通貨という２つの機能規定を受け取る。

　次の２点を併せて指摘しておきたい。第１点は，貿易取引がＹ国通貨建てで行われるので，通貨交換という意味での為替取引はＸ国側にのみ生じることである。貿易取引をどの通貨でインボイスするかは，基本的には輸出入業者間の力関係によって決定され，もし相手国通貨や第３国通貨での外貨建てとなれば為替リスクを押し付けられることになる。では為替リスクはいかにして回避されるのか。第２点は，銀行が対外債権と債務を相殺することで一国全体の国際決済を担うとしても，債権と債務が金額的に必ず一致するとは限らないし，また時間的なずれが生じるのも避けられない。そのような場合，銀行はいかにして国際決済上のずれを調整するのか。これらについては節を改めて検討しよう。

第２節　外国為替市場と国際金融市場

1　銀行の為替持高操作

　輸出入業者はお互いが直接に決済しないで，銀行との外国為替の売買を通じて銀行が代わって決済を遂行する。為替リスクについても，例えば輸出業者なら先物売予約を，輸入業者なら先物買予約を銀行と契約することで，為替リスクを銀行に転嫁できる。銀行の側からすると，輸出入業者の為替取引の相手方となることで，為替リスクを全面的に肩代わりしたのである。銀行の外国為替

8 　序　章　国際決済と国際通貨

の保有状態をある一時点で見たものが為替持高であり，大きく3つに分けられる。第1は現金や預金残高を表すキャッシュ・ポジション (cash position)，第2はキャッシュ・ポジションに手形や小切手等の直物為替[5]を加えたアクチュアル・ポジション (actual position)，第3はアクチュアル・ポジションに輸出予約や輸入予約等の先物為替を加えたオーバーオール・ポジション (over-all position) である。為替リスクの観点から重視されるのが第3のオーバーオール・ポジション，すなわち総合持高である[6]。

　銀行が対顧客取引，ここでは輸出入業者との取引の結果，総合持高で買為替が売為替を上回れば買持ち，逆の場合は売持ち，両者が同じであればスクウェアーの状態にある。特にスクウェアーの場合，為替相場が変動しても，買為替から生じる為替差損（差益）と売為替から生じる為替差益（差損）が同額になるから，両者は相殺されて結果的に為替リスクが生じない。為替リスクの回避という点で，銀行にとってスクウェアーは為替持高としては理想的な状態である。他方，買持ちや売持ちの場合は，オープン・ポジションになっている部分が為替リスクにさらされている。銀行は買持ちに対しては売カバーを，売持ちに対しては買カバーを，つまりそれぞれの持ちに対して同額の反対売買を行って，為替持高をスクウェアーの状態に持っていくのである。

　銀行のカバー取引の相手方となるのは誰なのかが問題である。いま，銀行の為替持高は輸出入業者との為替売買の結果発生したものだから，論理的にはカバーの相手を輸出入業者に求めることはできない。相手は他の銀行である。もし丙銀行が買持ちであれば売カバー操作を行うから，丙銀行と逆の売持ち状態にある銀行の買カバーと出合が取れるのである。さらに，売カバーは外国為替の供給，買カバーは需要だから，そこでの需給関係で為替相場が建つのである。このように，個々の銀行が他の銀行を相手方としてカバー操作を展開することが，インターバンクの外国為替市場を形成させる。そして，個々の銀行はカバー操作を通じてそれぞれの為替持高をインターバンク市場に持ち込むことになるから，インターバンク市場には一国全体の外国為替の需給が反映されるのである。その意味で，インターバンク市場で成立する為替相場は国民経済にとっての基準相場であり，対顧客相場の基礎になる[7]。国際決済の二重構造に対応して，外国為替市場は対顧客市場とインターバンク市場に，為替相場は対

第 3 図　銀行の為替持高操作

(1) 個別銀行

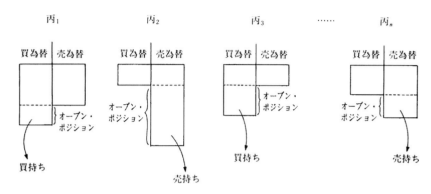

(2) 銀行全体（インターバンク市場）

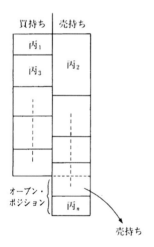

顧客相場とインターバンク相場に分かれるのである。
　ところで，個々の銀行がインターバンク市場で出合が取れるのは，自行とは全く逆の立場に立つ銀行が存在するからであった。いま，一国全体の国際収支，単純化のため貿易収支を考えると（以下国際収支は貿易収支を指す），貿易収支がいつも均衡しているとは限らない，むしろ不均衡が常態である。もし赤字

であれば，第3図のように，銀行全体としては売持ちが買持ちを上回っている
はずである。したがって，貿易収支の赤字に相当する超過の売持ちに関しては，
インターバンク市場で出合を取ることができない。この状態を為替需給から見
ると，売持ちをカバーするためのY国通貨買いが買持ちをカバーするためのY
国通貨売りを上回っている超過需要の状態にあるから，Y国通貨の相場は騰貴
することになる。言い換えれば，Y国通貨の価格を引き上げて追加の売りを誘
い出し，超過の売持ち部分に出合をつけてカバーするわけである[8]。

2　銀行の為替資金操作

　為替持高操作は外国為替の売買を一致させて為替リスクを回避するもので
あって，直物と先物の区別や支払期日の相違は一切問わなかった。他面，銀行
は国際決済を日々行っているので，そのような食い違いは国際決済を円滑に遂
行するうえで重大な障害となってくる。これまでの丙銀行の例で検討しよう。

　丙銀行は輸出業者から3ヶ月の期限付手形を買い取り，輸入業者に小切手を
売却した。金額が同額であれば，為替持高はスクウェアーの状態だからカバー
操作を行う必要はない。しかし，国際決済の視点からは，輸出業者から買い
取った手形は3ヶ月経ないと現金化できないが，輸入業者に売却した小切手は
メール期間後に預金勘定から引き落とされる。為替持高がスクウェアーの状態
にあっても，外国為替の決済期日が異なるため対外債権と債務を相殺できない
のである。このままでは小切手は不渡りとなるので，丙は小切手を決済するた
めの外貨資金手当が必要となる。

　外貨資金手当の方法としては，1つは直物取引が考えられる。丙はインター
バンク為替市場でY国通貨を直物で買って，Y国通貨を調達する。ただ，直物
取引は新たに為替の買持ちを発生させるので，さらにカバー操作が必要になる
という難点がある。追加的な操作を避けながらY国通貨を調達する方法が，ス
ワップ取引である。スワップ取引は直先で同額の反対売買を同時に行う取引だ
から，新たに為替の持ちを発生させることはない。この場合，丙はY国通貨の
直物買・先物（3ヶ月）売を行う。丙は直物買で取得したY国通貨で期日に小
切手を決済する一方，3ヶ月後の手形の現金化によるY国通貨で先物売を実行
するわけである。もちろん，スワップ取引が成立するのは，丙とは逆の立場に

あって余剰の外貨資金を当面の間運用したい銀行が存在するからである。

　直物取引やスワップ取引は外国為替市場を利用した為替資金調整の方法である。なかでもスワップ取引は為替の持ちを新たに発生させない点で，為替銀行がもっともよく活用する手法である。これらの取引による為替資金調整とは，外国為替市場を通じてＹ国通貨を余っている銀行が足りない銀行に融資している姿である[9]。したがって，インターバンク為替市場は銀行が為替リスクを回避する場であると同時に，銀行間で相互に対外決済手段を融通し合って対外決済手段の過不足を一時的に調整する場でもある。ただ問題なのは，外国為替市場を利用した資金操作は，為替持高操作と同じように，逆の立場に置かれている銀行の存在が不可欠な点である。貿易収支が均衡していなければならないのである。貿易収支が赤字であれば，Ｙ国通貨の売りを誘うためＹ国通貨の相場が騰貴し，反対に黒字であれば買いを呼び起こすため相場は下落しよう。だが，為替相場の変動は金の輸出入点で限界を画されているので，銀行はＹ国通貨の為替相場が金の輸出入点に達するとこれら操作を行えず，しかも銀行全体ですでに保有されているＹ国通貨残高の範囲内でしか可能ではない。その点に，国内の外国為替市場を利用した外貨資金操作の限界がある。

　金融市場を利用した為替資金操作は外国為替市場を介する資金操作の限界を乗り越える。いままでと同じく貿易収支の赤字を仮定すると，３つの操作が挙げられる。第１は丙がＹ国所在のコルレス先Ｃから当座借越便宜を受ける方法である。そのためには，丙は前もってＣにクレジット・ラインを設定してもらうことが必要である。第２はＹ国の金融市場から短期資金を借り入れる方法であり，コール・マネーの取入れがそれに当たる。第３は手形の再割引である。この方法は丙が輸出業者から買い取った輸出手形の形態で既に対外債権を保有している点に着目して，輸出手形を満期前に割引市場あるいはＢＡ市場を通して現金化し，資金を調達するのである。いわゆる引受信用は，Ｙ国所在の一流銀行が手形の支払を引き受けて手形の信用度を高め，容易にかつ低利で手形の再割引を可能にする。そのうえ，一流銀行によって引き受けられた手形は，中央銀行の再割引適格手形の要件を満たしているので，いつでも中央銀行で再割引を受けられる。中央銀行の再割引便宜によって，手形の流通性は一層高められる。丙銀行は以上の３つの方法によってＹ国の金融市場から追加信用を受け，

新たに運転残高を創出して外国為替を媒介とする対外決済を続行する。国際金融市場からの追加信用によって金輸出が回避されたのである。

貿易収支が黒字の場合，銀行全体では外貨資金余剰が発生するから，当面の間利子を稼ぐためにY国の金融市場で運用されることになろう。それが短期投資になるのは，次の輸入決済や将来の貿易収支赤字への転化に備えての運転残高の一時的運用だからである。コール市場に放出されたり，BA (Banker's Acceptance)，CP (Commercial Paper) や TB (Treasury Bill) 等の流動性の高い金融資産が選好されるのは，預金残高を補充する必要に応じて回収したり，即座に資産を売却してキャピタル・ロスを被らないためである。先ほどの直物取引やスワップ取引による為替資金操作でY国通貨の売手になるのは，余剰の預金残高をY国の金融市場で一時的に運用している銀行にほかならない。したがって，外貨資金に余裕のある銀行は，余剰の預金残高をY国金融市場に投資するか，あるいは自国の外国為替市場でスワップ取引を行うかを選択することになる。

Y国の金融市場は，資金不足に陥った銀行に対しては追加信用を供与する一方で，余剰資金を持った銀行には短期の投資対象を提供して，X国の銀行の対外決済手段の過不足調整の場としての機能を果たす。かくして，X国の銀行がY国の金融市場を利用して為替資金操作を行う結果，Y国の金融市場を国際金融市場に導くのである[10]。国際金融市場の存在によって，貿易収支が一時的に不均衡な場合でも，為替銀行は外国為替市場を通じての為替資金操作に加えて，金融市場を利用した為替資金操作が可能になる。国際金融市場を媒介とする両国間での短期信用授受は，金現送を信用で置き換えることによって，国際決済の中心である銀行間の相殺を極限まで推し進めるものである。国際金融市場はX国の銀行にとって資金調達の場であると同時に資金運用の場でもあるから，短期投資対象として多様な金融商品を提供することが不可欠である。国民通貨の国際通貨化には短期金融市場の整備が指摘されるのも，この両面に関わっている。

以上の簡単な2国モデルの分析から，X，Y国間の国際金融関係におけるきわめて非対称的な構造が明らかになる。まず，Y国通貨建てで輸出入取引が行われるから，X国側では通貨交換という為替取引が発生する。同時に為替リス

序 章 国際決済と国際通貨　　　13

クもX国側に押し付けられるわけだから，輸出入業者，銀行ともに為替リスク
を回避しなければならない。特に銀行の為替持高操作がX国側に外国為替市場
を形成させる動因となる。国際決済の観点に立つ限り，X国の銀行は貿易金融
を含む外国為替業務が中心となるので，周辺国型の銀行すなわち為替銀行とし
て規定される。他方，Y国側では，自国通貨建て取引だから通貨交換の必要は
なく，為替リスクも負わないから，Y国側に外国為替市場が形成されることは
ない[11]。「為替相場は劣勢市場（inferior market）から優勢市場（superior mar-
ket）に向かって立てられ」「優勢市場では為替はおこらない」[12]という不動の
原理が成立するのである。

　これまでのところ，輸出入の決済は，X国の銀行がY国の銀行に開設してい
る当座預金勘定の貸借記で行われた。もしAとBの取引先銀行がCであれば，
AやBは当然Cに当座預金勘定を開設しているから，A，BとCの間で現金の
受払いはせずにC銀行内にある丙とA，丙とBとの間での口座振替で決済が行
われる。また，Aの取引先銀行がD銀行であればCは手形を，Bの取引先銀行
がE銀行であればEが小切手を，各自手形交換所に持ち込んで取り立てる。手
形交換所では各銀行の取立額と支払額が相殺され，相殺差額いわゆる交換尻の
勝ち（取立額＞支払額）負け（支払額＞取立額）は各銀行（C，D，E）が中
央銀行に預けている当座預金の振替で最終的に決済される[13]。これはY国での
国内取引の決済の仕方と同じである。つまり，対外取引の決済であっても，そ
のための施設が特別にあるわけではなく，Y国内の銀行決済制度を非居住者が
自由に使わせてもらっているにすぎない。もちろん，決済制度上国内の銀行と
外国の銀行とは立場が同じではなく，決済制度への参加の仕方が異なる。例え
ば，対外取引が手形交換所を経由して決済される場合，決済の当事者はあくま
でY国の銀行であるCであって丙ではない。なぜなら，丙は手形交換所加盟銀
行ではないからで，Cを代理人として間接的に参加しているにすぎない[14]。Y
国の銀行は外国為替の決済機関であり，手形交換所は外国為替の国際的な清算
所としての役割を果たす。Y国の銀行にとって，外国為替業務であっても自国
通貨建てなので，顧客が外国籍の機関というだけで，基本的に国内の内国為替
業務となんら変わるところはない。

　いま，外国為替市場と国際金融市場の2つの構成要素で捉えられる国際金融

関係を国際金融構造とするならば，X，Y国間の非対称的な構造は，この2構成要素がそれぞれの国に分裂して形成される両極分裂型の国際金融構造を土台にしている[15]。外国為替市場には為替相場が，国際金融市場には世界の基準となる金利が形成される。国際決済は，X国側での為替相場とY国側での金利という2つの価格変動を通して調整されながら，遂行されるのである。

金利平価式とは為替相場と金利の関係を端的に表現したものにほかならない。いま，

$\quad$ X国の金利（年率）：R_x

$\quad$ Y国の金利（年率）：R_y

$\quad$ Y国通貨の直物相場：S（邦貨建て）

$\quad$ Y国通貨の先物相場：F（邦貨建て），とする。

X国の投資家が元本Kをそれぞれの金融市場で運用すると，1年後の元利金合計額は，

$\quad$ X国に投資した場合，$\quad K(1+R_x)$

$\quad$ Y国に投資した場合，$\quad K/S \cdot (1+R_y)F$ $\quad$ となる。

両国での元利金合計額が等しくなった時に資金移動は止まるから，

$\quad K(1+R_x)=K/S \cdot (1+R_y)F$

両辺をKで割ると，

$\quad 1+R_x=F/S \cdot (1+R_y)$ $\hfill$ (1)

ここで，$p=(F-S)/S$ とおいて，変形すると，

$\quad F/S=p+1$ $\hfill$ (2)

(2)式を(1)式に代入して，分解すると，

$\quad 1+R_x=p+p \cdot R_y+1+R_y$

$p \cdot R_y$ は非常に小さい数値となるので捨象すると，金利平価式(3)が得られる。

$\quad R_x-R_y=p$ $\hfill$ (3)

p が正，すなわちX国の金利がY国の金利よりも高ければ，Y国通貨の先物相場は金利差に等しいだけのプレミアム，逆に負であればディスカウントとなる。

X，Y国間の非対称的な構造，すなわち中心国−周辺国のポジションにあることを考慮すると，Y国はより発展した先進国であって金融市場も十分に発達していることから，次の2点が導き出される。第1に，金利関係は当然 $R_y<$

R_xである。$R_y < R_x$であるからこそ，X国の輸出入業者や為替銀行は低金利の貿易金融を受けるためにY国通貨建てで貿易を行うのである。第2に，金利の変化が対外的にインパクトを与えるのはR_yであって，R_xには対外的な作用はない。つまり，Y国での金利変化は金利平価式を変化させ，国際的な資金移動を引き起こして，X国の金利や為替相場に影響を及ぼすのである。Y国の金利が世界の基準金利であるというのも，Y国金利の一方的な規定関係に基づくものである。そうなると，X国とY国とでは国際収支調整のための政策手段が大きく異なってくる。X国側は金利の変化が対外的な影響力を持ちえないので金利政策は使えない。それゆえ，平価の切上げや切下げといった為替相場政策が政策手段となる。他方，Y国側では，この想定のもとでは外国為替市場が形成されないから，為替相場政策は使えない。したがって，公定歩合の引上げや引下げといった金利政策が政策手段となる[16]。X国とY国との間で国際収支調整のための政策手段の割当が生じるのである。

第3節　中央銀行と国際通貨

X国の銀行は外国為替市場を利用して為替持高・資金操作を行う。貿易収支が不均衡な場合，Y国通貨の価格を引き上げあるいは引き下げて，Y国通貨の追加的な売りあるいは買いを誘い出しながら，国際決済を遂行するわけである。本節で検討するのは，為替相場の変動と中央銀行（通貨当局）との関係である。

単純に金本位制を想定すると[17]，国際決済に外国為替を利用するのは，金現送に伴う流通空費を節約するためだから，外国為替のコストが金の輸送コストと同じになれば，外国為替を利用するメリットがなくなる。外国為替の利用と金現送との間に働く裁定作用によって，為替相場の変動は金現送のコスト内にとどめられるのである。それゆえ，金本位制下では為替相場の変動は金の輸出入点で限界を画され，為替相場制度が固定相場制となるのは自然の成行きである[18]。

実際に金の現送を行うのは，私的機関の銀行であって中央銀行ではない。中央銀行（通貨当局）の役割は，制度的に金の自由輸出入を認めることと中央銀行券の金兌換を保証することである。金兌換を保証するために金準備を保有す

るのである。国際収支が赤字になれば赤字決済のため金は輸出されるから，中央銀行は対外決済用の金も準備として保有しておく必要がある。しかし，金を輸出する場合も，銀行は一度は中央銀行での金兌換を経なければならないので，金準備の第一義的機能は銀行券の金兌換にある。かくして，金本位制においては中央銀行は銀行を軸とする国際決済メカニズムに直接介入することはなく，金現送も行わないという意味で，国際決済メカニズムの外側に位置している。金本位制下でポンドが自然発生的に国際通貨になったというのも，このような脈絡のなかで理解されよう。

　第2次大戦後に目を転じると，国際決済メカニズムの様相は非常に違ったものになる。もっとも大きな違いは，中央銀行が国際決済メカニズムに直接介入し，それが一つの制度としてメカニズムの中に組み込まれている点である。中央銀行の国際決済メカニズムへの介入の第1は，外国為替市場への介入である。IMF 協定第4条によって，アメリカ以外の加盟国は為替相場の変動を対ドル平価の上下各1％以内に抑える義務を負った。義務を履行する方法が外国為替市場への介入である。金本位制下では民間銀行のイニシアティブに基づく金現送によって固定相場制は維持されたのに対して，IMF 体制においては中央銀行による介入によって制度的に保証される。IMF 協定の規定上では介入に使う通貨を特定してはいないが，為替平価をドルで表示し，ドルのみが金交換性を有している点から見て，介入にドルが使われることは現実的に想定されている。国際通貨ドルは制度的に介入通貨という現代的な機能を持つことになる。

　介入通貨と直接関連する国際通貨のもう1つの現代的な機能が準備通貨である。中央銀行は外国為替市場に介入する必要上，特に売介入のために介入準備金として外貨準備，すなわちドル準備を保有する。ドル準備は介入のための運転残高についてはアメリカの市中銀行への預金形態で保有され，運転残高を超える部分は長短期の金融資産に投資されている[19]。IMF 体制下では銀行券の金兌換は停止され管理通貨制に移行しているから，金本位制下のように民間銀行が金現送を行うことはない。金は中央銀行に集中され，通貨当局間の決済手段としてしか使われない。使われ方も決して一般的ではなく，きわめて限定されたものである。なぜなら，外国の通貨当局が保有する自国通貨残高に金交換性を付与しているのはアメリカ以外にないからである。したがって，制度上で

は加盟国はドル準備が過剰になればアメリカの財務省に対して金交換を請求できても，その逆はない。また，アメリカ以外の加盟国の通貨当局間で金が決済手段として使われる制度でもない。

銀行を中心とした国際決済メカニズムを国際通貨制度の下部構造とするなら，介入通貨，準備通貨，金・ドル交換性という通貨当局間の制度的な決済メカニズムは，国家が国際決済に介入したことによって，その上に積み重ねられた上部構造である。さらに，介入通貨や準備通貨という公的国際通貨の機能は国際通貨ドルを特徴づけ，上部構造におけるアメリカと他の加盟国との非対称的なポジションを規定する[20]。

では，通貨当局間の決済メカニズムが制度化されることによって，下部構造はどのような変化を迫られるのか。金決済は民間銀行から通貨当局の手に移っているから，為替銀行にとっては外国為替の利用が国際決済の唯一の方法となる。とはいえ，外国為替を決済するメカニズム自体が変化するわけではない。ここでは国際通貨としてドルを想定しているから，米銀に置かれたドル残高の貸借記や振替で決済されるのは従来通りである。検討の対象となるのは，外国為替と金現送との裁定が働かない状況で，為替銀行が外国為替市場を利用して行う為替持高・資金操作にいかなる影響を及ぼすかである。

単純化のために貿易収支の赤字を想定しよう。銀行は為替相場を引き上げて，すなわちドルの価格を高めて追加のドル売りを誘いだして出合を取っていた。外国為替市場における価格メカニズムを利用した調整作用である。そして，調整作用の限界点が金本位制下では金現送点だったのである。IMF 体制下では，中央銀行の外国為替市場への介入点が金現送点に取って代わっているから，調整作用の限界点は介入点になる。この点が，銀行行動にとってもっとも重要なポイントである。

介入点では，中央銀行は固定相場制を維持するためにドルの売買に無制限に応じなければならない。このことは銀行にとって介入点では中央銀行を相手に必ず出合が取れることを意味する。したがって，銀行は為替リスクの回避や為替資金の過不足調整を中央銀行に転嫁することが可能になる。換言すれば，中央銀行の外国為替市場への介入システムは，一国全体の為替リスクや対外決済手段の調整を最終的に通貨当局が引き受ける体制にほかならない。

銀行の外国為替市場を利用した為替資金調整の方法としてスワップ取引を取り上げた。スワップ取引は出合と銀行全体が保有する既存のドル残高という点に限界があり，それを克服する方法として国際金融市場の利用があることを明らかにした。中央銀行が介入するのはインターバンク市場の直物市場であってスワップ市場ではないから，スワップ取引の出合という点では依然として限界は残る。しかし，為替資金調整をスワップ取引だけで行う必要性はまったくない。銀行はスワップ取引が成立しない場合，必ず出合の取れる直物市場にシフトしよう。貿易収支が赤字でドル残高が不足するなら直物市場でドルを買い，反対に黒字でドル残高が過剰になればドルを売ればいいわけである。

もう1つの限界である既存のドル残高については，中央銀行のドル準備に依存する。というのは，中央銀行はドルの買介入を制限なく行えても，売介入はドル準備の範囲内でしか可能ではない。例えば，わが国の中央銀行である日本銀行はドルを発行できないから，ドルに関して最後の貸し手機能（lender of last resort）を果たすことはできない。IMFからの引出しや1960年代に発展したニューヨーク連銀とのスワップ取り決めからのドルの引出しによって，ある程度はドル準備の補充が可能となっている。為替銀行が外国為替市場を利用するのか，それとも国際金融市場を利用するのかは要はコスト上の選択問題である。

国際通貨制度は，銀行を軸とする私的な決済メカニズムである下部構造と，通貨当局間の公的決済メカニズムである上部構造の二重構造になっている。さらに，下部構造は外国為替市場と国際金融市場の2つの要素から成立し，両者のあり方が国際金融構造を規定している。また，当座預金残高が何に使われるのかに着目して国際通貨の機能を分類すると，第4図のような国際通貨の理論体系が導かれる。

最後に付言しておきたいのは，本章では簡単な2国モデルを使用したにすぎない。たとえ単純なモデルであっても国際決済の基本的な仕組み，国際通貨の機能や実体は明らかにすることはできる。しかしながら，2国モデルでは，国際通貨を国際通貨たらしめる第3国間貿易決済通貨と，インターバンク為替市場における為替媒介通貨の両機能を析出できない。その点が2国モデルの致命的な欠陥である。両機能を明らかにするには3国モデルが必要になるので，図

序　章　国際決済と国際通貨　　19

第 4 図　国際通貨の機能

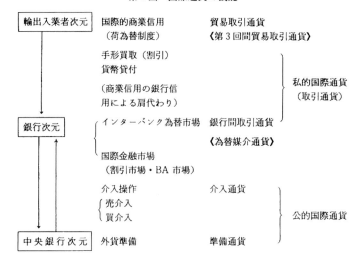

においてはこれらの両機能を《　》で表示した。

　ある国民通貨が貿易取引に使われたり，外国の企業や銀行がその通貨で資金調達を行いまたその通貨建ての金融資産を保有したり，中央銀行が準備資産として保有すれば，その通貨は国際通貨として機能している。とりわけ現代世界を見渡せば，そのような国際通貨の機能を部分的にあるいはすべて果たす国民通貨は多数ある。円もその意味では国際通貨である。変動相場制以降わが国の貿易の円建て化は輸出を中心に急速に進んでいる。東京金融市場の国際化は，歩みは時代の要請に合致するほど速くはないとしても，外国人のわが国の株式や債券の保有が増加していることに見られるように，着実に進展しているのも事実である。さらに，アジア諸国を中心に準備通貨としての円の保有も高まっている。円は確かに国際通貨としての実体を備えるようになってきている。だが，円は依然として第 3 国間貿易決済通貨や為替媒介通貨として使われることはない。両機能を果たす国民通貨は特定の 1 つか 2 つの国民通貨，戦後はポンドとドルに限られるのである。同じく国際通貨といってもそこに質的な差を求めることができる。

　国際決済の真髄は銀行間での対外債権と債務の相殺にあった。一国だけでなく，世界の対外債権と債務がある 1 点に集中されればされるほど，相殺の効率

は高くなる。貿易取引であれ，資本取引であれ，必ずある国民通貨で表示され決済されなければならないから，対外債権・債務をある1点に集中して相殺することは，ある1つの国民通貨に集中して相殺することと同義である。第3国間貿易決済通貨や為替媒介通貨，さらに介入通貨の機能が重視されるのは，集中メカニズムを提供するからにほかならない。それゆえ，これらの機能を果たす国民通貨は，国際決済を世界の対外債権と債務を集中して相殺する1つの統一されたシステムとして総括する。世界システムとして統括する機能を果たす国民通貨が，国際通貨のなかでも質的に区別される基軸通貨（キー・カレンシー）という概念である。

序章　注

1）　コルレス関係の形成及びコルレス残高の機能については片岡尹『国際通貨と国際収支』勁草書房，1986年，特に第2章「為替銀行の生成」を参照されたい。

2）　川合一郎『資本と信用』川合一郎著作集第2巻，有斐閣，1981年，特に第2篇第2章「為替・為替相場」を参照されたい。

3）　外国為替制度が機能していないという表現は正確ではない。というのは，銀行の実際の操作は，赤字の場合金を輸出して預金残高を補充して輸入業者に外国為替の売却を継続するからである。反対に，黒字の場合は輸出業者から手形の買取りを継続するために，金を取り寄せて自国通貨を取得する。ここでの真意は，金現送を行えば外国為替のそもそもの目的である流通空費の節約になっていない点である。故川合一郎氏は金現送の意義を「為替制度（信用制度）から貨幣制度への復帰」であるが，それは「為替制度以前の単なる現金取引」に戻るのではなく，「為替相場→二国価格標準比率の変動防止手段として，資本の対外送金手段たる為替制度の補充制度となる。」と指摘している。つまり，資本の論理が本来金現送の代替手段にすぎない為替制度を主とさせ，金現送を一手段に転化させるのである。川合一郎，同上書，192～193ページ。

4）　木下悦二『国際経済の理論』有斐閣，1979年，特に第3章「外国為替の基本構造」を参照されたい。

5）　直物為替は外国為替の引渡しと同時に代金が支払われるのに対して，先物為替は将来の一定時点で外国為替の引渡しと代金決済が行われるものである。ただし，直物為替は対顧客取引とインターバンク取引とでは若干の相違がある。というのは，通常インターバンク市場での直物取引は取引の2営業日後に外国

為替の引渡しと邦貨での代金の受払いが行われるからである。

6) 為替持高の詳細については幸田精蔵「外国為替の原理」，村野孝編『改訂国際金融論講義』青林書院新社，1978年，第1章を参照されたい。

7) 銀行は顧客に対する売買相場をインターバンク市場でカバーした時に出合の取れる相場，すなわちインターバンク相場を基礎に，手数料，期間に対応した金利，顧客の信用度等を勘案して決定している。ここでの基準相場とは，このように対顧客相場を決めるうえでの基準という意味である。基準相場のもう1つの意味は，ある特定の通貨の相場が他の通貨の相場を決定する基準となっていることである。この点については後述する。

8) この部分が，為替銀行（為替ディーラー）が自らの相場感に基づいて為替を売買する部分，いわゆるディーリング取引である。変動相場制下のことだが，1992年にイングランド銀行が実施した調査によると，銀行のその他金融機関との取引は取引全体の14％（1989年は9％），非金融機関との取引は同じく9％（5％）にすぎず，インターバンク取引が77％（86％）を占めている。"The Foreign Exchange Market in London", *Bank of England Qurterly Bulletin*, Nov. 1992, p. 412. もし，銀行が対顧客取引の結果生じる為替持高（買持ちあるいは売持ち）の部分だけをインターバンク市場でカバーしているなら（例えば，第3図（2）参照），インターバンク取引高が対顧客取引の何倍にも達することはない。インターバンク取引が膨張する理由の1つは，先ほどのディーリング取引にある。もう1つの理由は，顧客とのクロスカレンシー取引の増大が為替リスクをカバーするための取引を膨らませることにある。一例を挙げると，ポンドを対価とするマルクの先物を顧客に売った場合，銀行は直物でマルク（ドル対価）を買い，続いて直物マルク売（ドル対価）先物マルク買（ドル対価）のスワップ取引を行って，それから直物ドル（ポンド対価）を買い，次に直物ドル売（ポンド対価）先物ドル買（ポンド対価）のスワップ取引を実行する。つまり，先物マルク売を2回の直物取引とスワップ取引でカバーするのである。Ibid., p. 412. イングランド銀行の調査は変動相場制下で行われたものではあるが，インターバンク市場においてアウトライトの先物取引の出合は取りにくいことやドルが為替媒介通貨として利用されていることは，固定相場制下でも見られるから，以上の状況は固定相場制にも基本的に当てはまると考えられよう。

9) 例えば，直物ポンド売・先物（3ヶ月）ポンド買（ドル対価）のスワップ取引は，3ヶ月間ポンドを貸し付ける一方ドルを借りているのと結果的には同じである。この点で，スワップ取引は一種の金融取引とみられる。Ibid., pp.

410-411.

10) 1960年代以降のユーロダラーを中心とするユーロカレンシー市場の発展によって，Y国通貨建ての国際金融市場がY国だけに所在する必然性はなくなっている。ユーロカレンシー市場は現代の国際金融市場の特質である。

11) 「いまもしある国の外国為替取引において，当該の国の通貨建の取引のみが起こると仮定すれば，その国における外国為替取引はすべて邦貨建で，……外貨建債権債務を相殺するためのものである外国為替市場が生まれる余地がないわけである。外国為替市場は相手国にのみ成立しうる。」木下悦二，前掲書，139ページ。

12) 幸田精蔵「世界市場と世界貨幣」，村野孝編，前掲書，序章，19ページ。

13) 日本銀行金融研究所『新版わが国の金融制度』日本信用調査（株），1995年，第2部第1章「決済システム」を参照されたい。

14) 外国の銀行と手形交換所との関係は，地域金融機関と地域外にある手形交換所との関係に似ている。例えば，大阪の地域金融機関である信用組合，信用金庫や地方銀行は東京にある手形交換所には加盟していないから，東京所在の顧客に対して取立をする場合，全国的な支店網を持つ都市銀行に委託して東京にある手形交換所に持ち込んでもらうことになる。これが代理交換である。隔地間取引の決済という点では対外決済と共通する。

15) ユーロカレンシー市場の発展を考えると，X国側にY国通貨建ての国際金融市場が形成されないとも限らないから，2極分裂型の国際金融構造は若干の修正が必要となる。

16) 典型的な事例としては，第1次大戦前の国際金本位制におけるイングランド銀行の公定歩合政策が挙げられよう。

17) 一口に金本位制といっても，variation の幅は広い。実際に金貨が流通しているケース，銀行自らが金準備を保有して兌換銀行券を発行しているケース，両者とも流通しているケースといろんな段階が考えられる。しかしながら，中央銀行の成立を前提すると，中央銀行が唯一の発券銀行であって，兌換準備金として金準備を集中的に保有する。他方，一般銀行は銀行券を発行せず，預金通貨（小切手）を創出する預金銀行に転化する。発券銀行と預金銀行の分化である。したがって，現金準備としては金ではなく中央銀行券を保有する。第1次大戦前の国際金本位制がそれにもっとも近い状態である。金本位制の定義については，西村閑也「金本位制」，小野朝男・西村閑也編『国際金融論入門（第3版）』有斐閣双書，1989年，第6章を参照されたい。

18) Einzig, P., *A Textbook on Foreign Exchange*, second ed., Macmillan, 1969,

p. 2, 東京銀行調査部訳『外国為替入門』ダイヤモンド社, 1967年, 4～5 ページ。

19) 例えば, 1967年2月末の外貨準備は総額20億500万ドルであり, その保有形態は金：3億3,000万ドル, 定期預金：7億5,000万ドル, 当座預金：4,800万ドル, アメリカ財務省証券：5億9,900万ドル, その他証券等：6,500万ドル, IMF ゴールド・トランシュ：2億5,800万ドルとなっている。大蔵省財政史室編『昭和財政史』第12巻, 東洋経済新報社, 1992年, 203ページ。

20) 国際通貨制度における非対称性の詳細な議論については, 藤田誠一「基軸通貨制度と非対称性」及び「EMS における非対称性」,『国民経済雑誌』1992年1月号及び8月号を参照されたい。

第1篇　基軸通貨ドルの現代的性格

第1章　IMF 協定と基軸通貨ドル

第1節　条文解釈と基軸通貨ドルの先取り

　1930年代の為替切下げ競争，為替管理強化，ブロック化によって世界経済が分断され，国際通貨制度の崩壊が戦争を引き起こしたという反省に立って，戦争終了後の国際通貨制度のあり方についての協議は，すでに大戦中に始まっていた。カナダ案やウィリアムスのキーカレンシー・アプローチ案等の新しい国際通貨制度案が提案されたものの，協議が2大国際通貨国の英米間交渉を軸に進められたので，最終的にはイギリスのケインズ案（国際清算同盟案（International Clearing Union））とアメリカのホワイト案（国際通貨基金案（International Monetary Fund））との対決になった。両案は戦後に両国が置かれるであろう状況を予想した上で，両国の利害を色濃く反映したものであった。予想される状況とは，アメリカが戦時借款と戦後の膨大な貿易収支黒字を背景に債権大国として台頭する一方，イギリスは大量の戦時債務を抱えながら国際収支赤字国に陥るという英米間の力関係の逆転である。

　ケインズ案では，国際収支の赤字国は清算同盟から自動的に信用が受けられる一方，国際収支調整は赤字国だけではなく，黒字国に対しても責任分担を求めていた。前者がイギリス，後者がアメリカを想定した案であることは明白であり，ケインズ案の最大の目的は，イギリスの国際収支赤字のファイナンス資金を債権大国となるであろうアメリカからいかに引き出すかにある。他方，ホワイト案は，ケインズ案のように黒字国が同盟を通して赤字国に無制限に信用を与え続ける羽目に陥らないように，赤字国への信用供与をプールされた資金でもって上限としている。したがって，ホワイト案にはアメリカの信用供与額

を基金への出資額に限定することで，国際収支調整の黒字国としての責任を回避しながら，国際収支調整の負担を一方的に赤字国イギリスに負わせる意図が込められていた。

英米間の力関係の逆転下では，ケインズ案は交渉の初期段階で棄却され，もっぱらホワイト案を巡っての討議が中心になったのも当然である。1944年7月1日，連合国通貨金融会議がアメリカ・ニューハンプシャー州ブレトン・ウッズで開催され，ホワイト案を原案とする国際通貨基金協定及び国際復興開発銀行協定が最終案として承認された。協定は1945年末までに35カ国が正式に調印し，翌年3月アメリカ・ジョージア州サヴァンナでの第1回創立総会で名実ともに成立した。

IMF 協定は多数の国の国際的合意に基づいて成立した歴史上初めての国際通貨制度という意味で画期的である。また，国際通貨制度の安定を図るために国家の国際決済への介入がビルト・インされている点で，国家の経済過程への介入を一般的特徴とする現代資本主義における通貨制度である管理通貨制度にふさわしい国際通貨制度といえよう。戦後の国際通貨制度は，中央銀行（通貨当局）の外国為替市場への介入を中心とする国家の国際決済への介入を制度化した上部構造が構築されている。その結果，国際決済は私的レベルでの銀行間決済と公的レベルでの通貨当局間決済の二重構造となっている。戦後の基軸通貨ドルは二重構造に対応して，私的国際通貨（取引通貨）の機能に加えて，公的国際通貨という新たな特質を帯びている。公的国際通貨の機能という点に，私的国際通貨を軸にして自然発生的に形成された古典的国際通貨ポンドとは異なるドルの現代資本主義的性格が表されている。

IMF 協定は全文20条から成り[1]，加盟国通貨の平等原則を基本とし，ドルを特別扱いしているわけではない。しかしながら，協定には条文上の建前とは別に，戦後の国際通貨制度の運営に当たって，アメリカが積極的にリーダー・シップを取ることが現実的想定として盛り込まれている。むしろ，IMF 協定の作成当時の現実的想定こそが協定の成立を可能ならしめたのである。そこで，国際通貨規定に関わる条文，特に第4条と第8条を取り上げて，条文上の建前と現実的想定が何なのかを再検討しておこう[2]。

まず，第4条「通貨の平価」は，ドルに関する記述を含む唯一の条文である。

第1章　IMF 協定と基軸通貨ドル　　　29

第1項「平価の表示」(a)において，各加盟国の通貨の平価は，「共通尺度たる
金により，又は1944年7月1日現在の量目及び純分を有する合衆国ドルにより
表示する」と規定されている。実際，この箇所を根拠として，ドルは他の加盟
国通貨とは異なる特別の地位にあるという条文解釈もなされてきた。ドルが自
国通貨であるアメリカはドル平価ではなく金平価しか取りえない。他方，アメ
リカ以外の加盟国にとっては，本来加盟国数がNヵ国であれば$N-1$個の平価
が存在するのに，本規定はそれら$N-1$個の平価の中から任意に選択すること
を認めず，ドル平価を強制しているからである。とはいえ，条文上では加盟国
にドル平価のみを強制しているわけではなく，金平価とドル平価との選択の余
地を残すことで平等性が確保されている。

　いま，日本を例に取って両平価の意味を考えてみよう。金平価を採用するこ
とは，1円の価値を例えば金2.4685mg と規定するように，自国通貨を一定量
の金に固定することである。これを逆算すれば金価格は1g＝405円あるいは
1オンス＝12,600円となる。円とドルの為替平価は両通貨の金平価（ドルは1
オンス＝35ドルの金価格から1ドル＝888.671mg）から邦貨建てで1ドル＝
360円，外貨建てでは1円＝0.00278ドルとなる。自国通貨の価値を一定量の金
で規定するのは古典的な金本位制と変わらないが，国内ではすでに銀行券の金
兌換は停止され管理通貨制に移行しているので，金平価は国内の貨幣制度上で
は意義を失い，対外的なものに限定される。本来金平価を金平価たらしめるに
は，通貨の価値を金で規定するだけでは不十分であって，実際に金の裏付けが
なければならない。対外的な金の裏付けとは，諸外国の通貨当局が保有する自
国通貨残高に対して無制限に金売買に応じること，すなわち自国通貨に金交換
性を付与することが必要である。

　また，ドル平価とは円の価値を一定量のドルに固定することだから，例えば
1円＝0.00278ドルとしよう。とすると，これは円とドルの外貨建ての為替平
価にほかならず，邦貨建てに直せば1ドル＝360円になる。円の金平価や金価
格は1オンス＝35ドルの金価格を使えば計算できる。言い換えれば，日本が自
国通貨の円の平価をドルで表示することは，対ドル為替平価を決定して為替相
場体系の中心にドルを据えるという意味でドルにリンクすることである。それ
によって，為替相場体系におけるドルやその他の通貨の位置関係が明確になる。

まずドル相場は「その国の外国為替相場体系の根幹をなす相場」，すなわち基準相場（Basic Rate）であり，「他の通貨の相場はすべてこの基準相場から算出される」裁定相場である。そして，「裁定相場を算出するのに使った外貨相互間の相場」，すなわちドルの相手方となる国にとっての基準相場がクロス・レート（Cross Rate）である[3]。例えば，円とドルとポンド間についていえば，ドル対円がわが国にとって基準相場，ポンド対ドルがクロス・レート，ポンド対円が裁定相場である[4]。

　次に，為替相場について第3項「平価による相場を基礎とする外国為替取引」において，「加盟国の領域内で行われる加盟国通貨間の為替取引の最高及び最低の相場は，平価による相場との間に次の差があってはならない。(i)直物為替取引の場合には，1％をこえる差」と規定されている[5]。加盟国は直物相場の変動を平価の上下各1％以内に抑制して，固定相場制を維持する義務を負っている。この義務が平価を表示するドルに対してだけでなく，すべての加盟国通貨に対するものである点が，後に大きな問題を生じさせることになる。

　では，加盟国は固定相場制をどのようにして守るのか。第4項「為替安定に関する義務」(b)では，「この協定に合致する適当な方法によって自国の領域内では，自国通貨と他の加盟国通貨との間の為替取引が，本条第2項に基づいて定められる限度内においてのみ行われるようにすることを約束する」と規定されている。本条第2項とは，金の売買取引を定めた規定であって，金売買を平価の上下に一定のマージンを加減した範囲内の価格で行うべきとしている。「適当な方法」については具体的な内容は述べられていないけれども，主な加盟国の経験，つまり中央銀行もしくは為替平衡勘定や為替安定基金によって自国の外国為替市場に介入して実際に為替相場を操作していた経験からして，通貨当局による外国為替市場への介入を念頭に置いていたことは間違いない。続く但し書で，「加盟国の通貨当局が国際取引の決済のために本条第2項に基づいて基金の定める限度内において事実上自由に金を売買しているときは，その加盟国は，この約束を履行しているものとみなす」として，外国為替市場への介入に代替する方法として通貨当局による自由な金売買が挙げられている。したがって，加盟国は固定相場制を維持する方法として外国為替市場への介入か金売買のいずれかを選択することができる。

第1章　IMF協定と基軸通貨ドル　　　31

　IMF 協定条文では加盟国に選択の余地を残すことで，加盟国通貨を平等に
取り扱おうとしているのであって，ドルを国際通貨として使用することを強制
してはいない。これら4項目は必ずしも一元的な規定関係にあるとはいえず，
加盟国は金平価を採用しても金売買を義務づけられるわけではなく，ドル平価
を採用したからといって，ドルによって介入しなければならないというのでも
ない。実際にも，ポンドとの繋がりの強かった北欧諸国，例えばデンマークや
ノルウェーの中央銀行はポンドで介入を行っていた[6]。むしろ，加盟国すべて
の通貨に介入しなければ，第4条の規定を遵守するのは実際的にもきわめて困
難である。

　重要なのは建前としての理念ではなく，条文に込められている現実的想定で
ある。アメリカはすでに IMF 協定の交渉が開始される前の1941年10月には，
228億ドルの金準備を保有し，世界全体のほぼ70％を占めて金独占の状態に
あった[7]。予想される戦後の状況から見て，金売買を自由に行える国は豊富な
金準備を有するアメリカ以外には考えられない。平価表示においても，ドルが
自国通貨であるアメリカは通貨の平価をドルで表示できないから，金平価を採
用するほかない。とすれば，規定上では金平価とドル平価の選択は可能であっ
ても，現実問題としてはアメリカのみが金平価を採用し，その他の加盟国はド
ル平価を取らざるをえない。たとえ金平価を採用したとしても，金の裏付けが
なければ，対外的な意義を持たないのは既述した通りである。

　ドル以外の通貨で外国為替市場に介入したとしても，介入通貨に金交換性が
なければ買介入の結果保有することになった当該通貨残高に対して，介入国は
為替リスクや相手国の平価切下げリスクにさらされる。そのうえ，相手国が買
い戻してくれない限り，無期限に保有することにもなりかねない。ディレンマ
に陥るような事態を避けようとすれば，介入によって取得した通貨をドルに換
え，さらにはアメリカに金交換を請求するしかない。金交換性のない通貨残高
は，ドルや金で決済されねばならないとすれば，最初からドル介入するのと同
じである。結局のところ，加盟国が自国通貨に金交換性を保証しない限り，た
とえ金平価を採用しても，金平価は名目的でドル平価の間接的表現であり，当
該国の通貨での介入もドル介入の一変形にすぎない。実際問題としても，特に
買介入の場合，金交換性のない通貨で介入することは，売られている弱い通貨

を買い支えて外貨準備として保有するわけだから，その可能性は非常に低い。

　以上から，IMF 協定が理念とは別に，現実的に想定していた国際通貨制度の枠組みが自ずから明らかになる。まず，アメリカは金平価を採用してその裏付けとして加盟国の通貨当局に対して金売買に応じ，その代わり外国為替市場への介入義務を免除される。アメリカ以外の加盟国はドル平価を採用し，外国為替市場に介入して固定相場制を維持する。準備通貨としては金交換性のあるドルが選択されるであろうから，介入通貨としても当然ドルが用いられる。いわゆるドル・ペッグである[8]。一方の極にはドルが介入通貨，準備通貨として特別の地位につき，アメリカが金売買国＝中心国の位置を占め，もう一方の極には，他の加盟国が外国為替市場への介入国＝周辺国となる非対称的な構造を有する「金為替本位制的」な国際通貨制度である。

　ここで「金為替本位制的」というのは，中心国通貨であるドルの金平価が，かつての金本位制における金平価と同じ意味ではないからである。第1に，アメリカ国内では1934年金準備法によって居住者の金保有は禁止され，管理通貨制がしかれている。第2に，アメリカが金売買に応じるのは，外国の通貨当局に限定され，外国の銀行や個人に対してではない。第3に，中央銀行券の金兌換が停止されているだけでなく，金準備保有の責任主体も中央銀行である連邦準備から政府機関の財務省に移っている。この点にも，国家の国際決済への介入が窺え，アメリカの金売買を金兌換と呼ばないで，金交換性と表現する所以である。

　アメリカの金・ドル交換性をもって古典的な意味での国際金為替本位制と規定することには無理が伴う[9]。とはいえ，それは IMF 体制における金・ドル交換性の意義を決して低めるものではなく，「世界的規模の固定相場制のかなめの役割」[10] を果たしている。もしアメリカがあるいはアメリカを含むすべての加盟国が自国通貨に金交換性を付与しないとすれば，そもそも IMF 協定なるものは成立しなかったであろう[11]。このように，IMF 協定は国際通貨制度の安定を図るために国際決済への国家介入を国際的合意に基づいて制度化したものであるから，国際通貨規定に関しては公的国際通貨に集中し，私的国際通貨については配慮していない[12]。その意味で，IMF 協定は，アメリカによる金独占と英米間の力関係の逆転のもとで，ポンドからドルへの基軸通貨の交

替を制度的に先取りするものであった。

第2節　第8条と対ドル差別の撤廃

IMF 協定は主に通貨当局間の決済の枠組みを規定しているが，それは私的な国際決済システムに取って代わろうとするものではない。IMF が標榜する自由・多角・無差別というスローガンは，私的国際決済の中心となる外国為替を媒介にした銀行信用制度が円滑に機能することを目的としている。それゆえ，IMF 協定は一面では国家の国際決済への介入を国際的に制度化しながら，他面では国家の介入を排除している。1930年代以来，特に戦時下で実施されている厳しい為替管理を撤廃することを狙いとしていた。そもそも民間取引が自由に行えるのでなければ，国際決済は円滑に機能するはずがないからである。

IMF 協定はそのために第8条「加盟国の一般的義務」において加盟国に3つの義務を課している。第1に，第2項「経常的支払に対する制限回避」において，「加盟国は，基金の承認なしに経常的国際取引のための支払及び資金移動に制限を課してはならない」として，加盟国の居住者・非居住者が貿易取引等の経常取引を自由・多角的に決済できるように，加盟国に自国通貨の外貨への交換性を義務づけている。第2に，第3項「差別的通貨措置の回避」では，双務的支払協定や複数為替相場制のような差別的な国際貿易・決済を禁止するために，「加盟国は，この協定に基づいて権限を与えられ，又は基金の承認を得た場合を除く外，差別的通貨取決もしくは複数通貨措置を行ってはならない」と規定している。近隣窮乏化政策から世界経済の縮小均衡を引き起こす原因となった経済ブロック化を阻止するためである。第3に，第4項「外国保有残高の交換可能性」(a)において，公的交換性が次のように述べられている。「各加盟国は，他の加盟国が買入れを要請するに当って次のいずれかの事実を示すときは，その国が保有する自国通貨の残高を買い入れなければならない。
（i）買い入れられる残高が経常取引の結果最近において取得されたこと。
（ii）その交換が経常取引のための支払をするのに必要であること。
買い入れる加盟国は，要請した加盟国の通貨又は金のいずれかで支払うかを選択する権利を有する。」

すでに明らかなように，協定第4条「通貨の平価」において，金売買国以外の加盟国は外国為替市場への介入によって固定相場制を維持する義務を負っている。その際，条文上では加盟国は他のすべての加盟国通貨間の直物為替相場の変動幅を上下2％以内に抑えなければならないから，自国の為替平価を設定するドルに対してのみ介入すればよいのではなく，他の加盟国通貨すべてに介入することが必要となる。

国際収支が赤字になれば，加盟国は外国為替市場に外貨での売介入によって，自国通貨の下落を協定上の下限内に収めなければならない。介入資金としての外貨準備が十分でなければ，協定第5条に基づく IMF との取引，すなわち IMF との外貨の直物買先物売のスワップ取引によって補充できる。しかし，IMF からの引出しには，割当額の200％，うち75％はすでに自国通貨を払い込んであるから，125％が上限となる。そのうえ，引出しには復元義務を伴うので，復元期間内に国際収支を改善させなければ，金・外貨準備はますます枯渇していき，最終的には国内経済にデフレ圧力をかけることを余儀なくされる。逆に黒字の場合は，外貨の買介入によって，赤字国の通貨を買い支える必要がある。ただ黒字の場合引き渡す通貨が自国通貨なので資金的には限界はなく，介入操作はマネー・サプライの増加からくるインフレ圧力という国内経済への影響を無視すれば，ある意味では無制限に可能である。

問題は，買介入の結果保有することになった相手国通貨残高をどう処理するかである。相手国通貨残高を保有し続ければ，国際的公信用によって国家間の決済を繰り延べているにすぎない。もし相手国が赤字の結果自国通貨を切り下げることにでもなれば，巨額の為替差損を被りかねない。国際的な受領性という点で，取得した通貨のすべてが他の国に対する赤字の決済に使用できるとも限らない。そこで，IMF 協定第4項は，買介入してもらった加盟国が自国通貨残高を相手国通貨で買い戻すか金で決済するかしなければならないとしているのである。もし第4項の規定がなければ，強い通貨国の通貨当局は弱い通貨を買い支えることを回避しようとするだろうから，結局固定相場制は弱い通貨国が行う相手国通貨での売介入によってのみ維持されることになる。

アメリカの立場からすれば，第8条は加盟国に対ドル差別を撤廃して通貨交換性を維持すべきことを要求する条項である。アメリカにとって，他の加盟国

の対ドル交換性の維持が重要なのは，ドルが私的レベルで国際通貨化するための必須条件だからである。

1945年12月に調印され翌年6月に発効した英米金融協定は，ドルの国際通貨化についてのアメリカの意図を如実に示している。この協定において，アメリカは37億5,000万ドルの借款と引換えに，次のような譲歩をイギリスから引き出した。第1に，イギリスは協定発効日から1年以内に経常取引についてポンドの対ドル交換性を回復させること。第2に，スターリング諸国が経常取引で取得したポンドに制限を課さないこと（協定第7条）。第3に，ポンド残高の秩序だった清算である（協定第10条）。関係諸国との協議のうえで，ポンド残高を，①直ちに解除されて経常取引に使用でき，対ドル交換性も付与される残高，②12年間の賦払いで解除される残高，③関係国の特殊な事情を考慮して調整される残高，の3つに区分し，①の残高だけを協定発効後1年以内に実施する。第4に対米差別の撤廃である（協定第8条）。アメリカからの輸入に対して代金の支払や振替を自由にし，さらにアメリカ居住者が経常取引で取得したポンドの使用について一切制限しないことである[13]。

英米金融協定で注目したいのは，ポンド残高の清算と通貨交換性がセットにされている点である。アメリカは戦時中の生産力の発展に見合うだけの輸出市場を戦後いかに確保するかが重大な関心事であった。それは，第1次大戦後の深刻な戦後恐慌を経験していたからである。膨大な復興需要が見込まれるとしても，問題は需要ではなく輸入国にどれだけの貨幣購買力があるかである。そこで，アメリカが着目したのが戦時中に蓄積されたポンド残高である。ポンド残高の推移を示した第1-1図からも，1939年から1945年の6年間にいかに激増したかが見て取れる。ポンド残高は，1939年末の5億1,700万ポンド（うち70％は旧大英帝国）から1945年末には36億8,800万ポンド（うち2/3がスターリング地域）と，実に7倍以上に増加した[14]。絶対額ではスターリング地域は非スターリング地域の2倍を超えているから，イギリスがポンド残高の形態でスターリング地域から戦費を調達したのは一目瞭然である。

単に輸出市場を確保するだけならポンド残高を解放させるだけで十分であって，必ずしも通貨交換性の回復を必要としない。アメリカの輸出業者がポンド建てで輸出して代金をポンドで受け取れば済むからである。ドル建てにこだわ

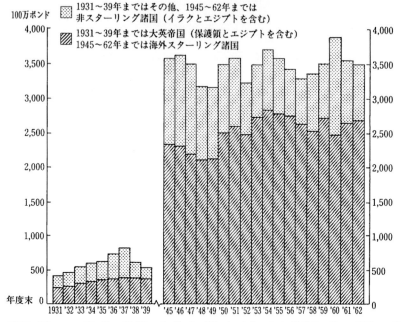

第1-1図 ポンド残高の推移

(出所) "Overseas Sterling Holdings", *Bank of England Quarterly Bulletin*, Dec. 1963, p. 264.

るのは，直接的にはポンド建て輸出ではアメリカの輸出業者が為替リスク，ポンドの切下げリスクを負うことになるからである。しかも，ポンド建て輸出は為替リスク問題にとどまらず，依然としてポンドを国際通貨，貿易決済通貨として利用することを意味する。それではドルがポンドに取って代わることはできない。ドルを基軸通貨ならしめ，ニューヨーク金融市場をロンドン金融市場に取って代わらせ，国際金融上のヘゲモニィーを握ろうとするアメリカにとっては，ポンドがドルに転換されて商品購入に向かうのでなければならない。アメリカがポンドの対ドル交換性を要求する理由もそこにある。それゆえ，37億5,000万ドルの借款は，IMF協定で制度的に先取りしたポンドからドルへの基軸通貨の交替を一挙に実現しようとするものであり，その意味でポンドの国際通貨性の買収資金にほかならなかった。

英米金融協定発効後，イギリスはアメリカとの公約を果たすべく，1947年2

月にアルゼンチン，カナダ，ベルギー，オランダ及びポルトガルの 5 カ国を対象として「振替可能勘定」を設置し，「アメリカ勘定」との相互振替を許可した。適用国は1947年 7 月15日までに全部で17カ国になった。こうして，アメリカとの公約通り協定発効の 1 年後，ポンドは経常取引について対ドル交換性を回復した。だが，周知のように，ポンドの交換性回復は惨めな失敗に終わった。巨額の「振替可能勘定」ポンドが「アメリカ勘定」に振り替えられてドルの大量流出を招き，イギリスのドル準備はたちまちの内に枯渇してしまった[15]。交換性回復から 1 ヶ月余りの 8 月20日に，イングランド銀行は振替禁止令を出して，ポンドの交換性を再び停止せざるをえなかった。37億5,000万ドルではポンドの国際通貨性を買収するには不十分であり，ポンドからドルへの基軸通貨の交替を一挙に実現させるうえで，戦時中に蓄積された巨額のポンド残高が足枷になっていたのである。スターリング地域だけでなく戦前からポンドとの結び付きの深い非スターリング地域においても，ポンドは依然として取引通貨として機能し続けており，そうした地域にドルが取引通貨として進入すればするほど，それら諸国の保有するポンドのドルへの交換要求は多額になるからである。

戦争終結後，アメリカが直面したのは，戦時中と変わらぬ世界中に張り巡らされた厳しい為替管理網であった。為替管理とはほかならぬ対ドル交換性の停止あるいは制限を意味していた。そのような国際環境ではドルの基軸通貨化はとうてい不可能である。そこで，アメリカはまずポンドの通貨交換性を回復させ，それを梃子にして他の諸国の通貨交換性を早めようとした。だが，ポンドの通貨交換性の失敗によって，西ヨーロッパ諸国の通貨交換性の動きは一頓挫し，アメリカの意図を挫折させただけでなく，アメリカに世界のドル不足がいかに深刻かを認識させることにもなった。IMF が営業開始からしばらくは休眠状態を余儀なくされたのも，ドル不足から加盟国のドル引出しの殺到を回避するためであった。

ここに至って，アメリカはポンドの対ドル交換性を媒介にしたドルの基軸通貨化を断念し，自らがドルを供給する方向に転換する。1947年 6 月，ヨーロッパ復興のためのアメリカの資金援助を唱ったハーバード大学の学位授与式でのマーシャル国務長官の演説は，アメリカの戦略転換を象徴的に表している。

マーシャル援助は1948年から1952年までの間総額134億ドル（贈与が116億ドル，借款が18億ドル）にのぼり，対英借款の実に3倍強に達する[16]。アメリカはその後も対外経済援助や軍事援助を通じて大規模なドル散布を行い，世界のドル不足は急速に緩和されていった。とりわけ西ヨーロッパにおいて，1955年にEPU を清算して新たなヨーロッパ域内の通貨制度を発足させる討議がなされたのも，ドル不足の解消を示すものであった。

　ところが，西ヨーロッパ諸国は，ポンドの事例が示すように，一国のみの措置は失敗しかねないとして通貨交換性の回復を引き延ばした。これら諸国が通貨交換性を回復したのは1958年末，IMF 協定が制度として本来の機能を発揮する前提条件である8条国を受諾したのは，さらに遅れて1961年になってからのことである。IMF 協定には，戦後の状況を予想して，例外規定として第14条「過渡期」が挿入されていた。第2項「為替制限」において，「戦後の過渡期には，加盟国は，この協定の他の規定にかかわらず，経常的国際取引の為の支払及び資金移動に対する制限を存続し」うるとし，第4項「制限に関する基金の措置」で期間5年を目安としていた。西ヨーロッパ諸国は戦後5年どころか十数年にわたって14条国にとどまり，「過渡期」条項を利用して対ドル差別を継続したわけである。

　IMF 協定には創案者達が各々描く戦後の国際通貨制度のあるべき姿が理念として織り込まれている一方，創案者が自国の代表としてナショナル・インタレストを背後に持ち，戦後の予想される状況を現実的に想定していたからこそ，対立と妥協を通じて成立したのである。確かに IMF 協定は戦後の国際通貨制度の枠組みを大きく規定した。しかし，実際の歴史的展開は，協定の理念通りでも，現実的想定通りでもなかった。IMF 協定の理念と現実的想定と歴史的展開の3者は大きく食い違っているのである。すでに述べたように，英米金融協定は，ドルの基軸通貨化を一挙に実現して IMF 協定の想定を現実化させようとするものであった。ところが，ポンドの対ドル交換性回復の失敗によって挫折し，以後想定とは違った展開をたどった。「大戦直後の経済予想を棄却してしまうほどの革命的重要性」[17]を持つアメリカの国際収支赤字とドル過剰は，1960年代初めに出現している。ドル危機の象徴であるロンドン自由市場での金価格の暴騰は，西ヨーロッパ諸国が IMF 8条国に移行する以前の

1960年の出来事である。こうした2，3の事実を踏まえるだけで，これら3者の食違いがいかに重要なのかが理解されよう。

第1章　注

1）IMF 協定条文については堀江薫雄『国際通貨基金の研究』岩波書店，1973年の付録を利用している。

2）IMF 協定条文の理論的諸問題については，中西市郎・岩野茂道『国際金融論の新展開』新評論社，1973年，特に第3章「金・ドル本位制の構造とその限界」を参照されたい。

3）和田正康『外国為替業務』銀行実務講座6，ダイヤモンド社，1960年，14ページ。

4）基準相場は，本文のように，各国通貨間の位置関係における基準という意味のほかに，対顧客相場を算定する際の基準という意味でも使われる。その場合，インターバンク市場での市場相場が基準相場になり，対顧客相場はそれから金利要因や為替取扱手数料等を勘案して計算される。

5）IMF 協定が先物相場について触れていないのは，直物相場を安定させれば，金利平価式から決定される先物相場の水準も自ずと安定すると見ているからである。

6）Einzig, P., *A Textbook on Foreign Exchange*, second ed., Macmillan, 1969, p. 5，東京銀行調査部訳『外国為替入門』ダイヤモンド社，1967年，7ページ。

7）Dam, K.W., *The Rules of The Game*, Chicago UP, 1981, p. 73.

8）基準相場で自国の為替平価を設定し，基準相場の変動幅を外国為替市場への介入によって一定の範囲内に維持するシステムが IMF 体制下での固定相場制，すなわちドル・ペッグである。変動相場制への移行は外国為替市場への介入を停止したのだからドル・ペッグの放棄を意味しているが，ドル相場を基準相場とすることを止めたわけではない。わが国を例に取ると，変動相場制下においてもわが国にとってドル相場は「外国為替相場体系の根幹」，すなわち基準相場であることに変わりはない。したがって，円は依然としてドルにリンクしている状態にある。固定相場制か変動相場制かの問題と，どの国の通貨の相場を基準相場に据えるのかという問題とは，別次元の話である。前者は外国為替市場への介入の義務があるかどうかの問題であり，後者は国際通貨の選択の問題である。

9）IMF 体制を国際金為替本位制と規定できないが，かといってアメリカ国

内でドルは金と完全に切断された管理通貨制であっても，ドルが対外的に金交換性を有する以上国際管理通貨制と呼ぶのも適切ではない。このように，IMF 体制を一義的に規定できないために，論者によって呼び名が種々ありうるわけである。例えば，中西市郎氏は，金交換性を有するドルの基軸通貨，すなわち介入通貨と準備通貨としての機能を根拠に，「金・ドル本位制」と呼び，また片岡尹氏は，国際決済におけるドルと IMF の役割の相違という視角から，「ドル・IMF 体制」と規定しておられる。中西市郎・岩野茂道『国際金融論の新展開』新評論社，1973年，第3章，片岡尹『国際通貨と国際収支』勁草書房，1986年，第6章「IMF 体制下のアメリカ・ドル」をそれぞれ参照されたい。

10) Coombs, C. A., *The Arena of International Finance,* John Wiley & Sons, 1976, p. 5, 並木信義訳『国際通貨外交の内幕』日本経済新聞社，1977年，19～20ページ。

11) すべての加盟国が自国通貨の金交換性を保証しない場合，他に考えられるのは，IMF が金を集中した金売買機関となって，金管理能力を持つことである。だが，それはとりもなおさず世界中央銀行案であって，その成立が不可能なのは現実の歴史が証明している。

12) トリフィンは IMF 体制を国際金為替本位制と捉え，IMF 体制に沿ってもっぱら準備通貨に焦点を当てて，ドル危機や国際通貨制度改革案を提起した。それに対して，マッキノンは，「注意を公的機関に限定し，私的国際貨幣を論じていない」と鋭く批判した。McKinnon, R. I., "Private and Official International Money : The Case for the Dollar", *Essays in International Finance*, No. 74, April 1969, pp. 5-7. トリフィンを中心とする国際金為替本位制論者と，キンドルバーガーを筆頭とするドル本位制論者との論争の開始は，公的国際通貨→私的国際通貨から私的国際通貨→公的国際通貨という規定関係の逆転を象徴的に示している点で興味深い。付言しておくならば，ドル本位制論者の欠点の1つは，「非対称性」，すなわち基軸通貨国の「受動性」を公的国際通貨だけでなく，私的国際通貨にも当てはめるところにある。ド・ゴール大統領のアメリカ資本によるヨーロッパ侵略論は私的国際通貨の「能動性」に対する痛烈な批判にほかならない。

13) 英米金融協定の内容の詳細については，島崎久弥「ボンド残高の史的変遷」，『東京銀行月報』第29巻第11号，1977年，『イギリスの為替制度』東京銀行調査資料第29号，1962年を参照されたい。

14) Cohen, B. J., *The Future of Sterling as an International Currency,* Mac-

第1章 IMF協定と基軸通貨ドル　41

millan, pp. 89-90.

15)　1945年末のポンド残高の最大の保有者はインドとエジプトであった。しか
し，ポンドの対ドル交換性の回復後に，ポンドをドルに転換した主役は非ス
ターリング地域諸国である。イングランド銀行四季報は「非スターリング・グ
ループ諸国の（ポンド残高の）保有額は，はじめて1947年6月末に13億7,300
万ポンドのピークに達し，その年短期間の間に大多数の非スターリング諸国の
ポンド保有はドルに転換された」と指摘している。"Overseas Sterling Hold-
ings", *Bank of England Quarterly Bulletin*, Dec. 1963, p. 265.

16)　ソロモン, R., 山中豊国監訳『国際通貨制度研究　1945-1987』千倉書房,
1990年，18〜19ページ。

17)　ベックハート, B. H., 矢尾次郎監訳『米国連邦準備制度』東洋経済新報社,
1987年，393ページ。

第2章 ニューヨーク外国為替市場の史的発展

第1節 通貨交換性の制限とニューヨーク外国為替市場

　国際通貨国になりうるような国は，金融市場が十分に発達しているので，自国の貿易を低金利で金融することができる。輸出入業者にとっても，貿易金融のメリットに加えて，自国通貨建て貿易によって為替リスクを相手国側に押し付けることが可能となる。したがって，国際通貨国の輸出入業者や銀行は通貨の交換という意味での為替取引を行う必要性はない。それに対して，非国際通貨国側では，国際通貨建ての貿易の決済や為替リスクを回避するために為替取引を余儀なくされ，外国為替市場が形成される。つまり，貿易取引が国際通貨建てで行われる限り，為替相場は国際通貨国に向かって建てられ，外国為替市場は非国際通貨国側に形成され，国際通貨国では為替は生じない。これが，序章で検討した国際通貨論の教えるところである。

　国際通貨論に照らしてみれば，IMF 協定において金売買国が外国為替市場への介入義務が免除されるのも理屈のうえでは当然である。なぜなら，金売買国は同時に国際通貨国なのだから介入すべき外国為替市場自体がそもそも存在しないだろうからである。協定ではアメリカが金売買を実施して国際通貨国の地位につくのは暗黙の内に認知されているから，論理的にはニューヨークに外国為替市場は形成されないはずである。

　ところが，次のようなことが多々語られる。「国際為替市場という場合，国際的にみて為替取引量の多い市場という意味が含まれており，その意味ではニューヨーク，ロンドンの両市場を指す場合やこれより若干広くチューリッヒなどを含めていう場合とがある。」[1] さらに，戦後ニューヨーク金融市場は国

際金融市場として圧倒的な重要性を占め，「国際金融の中心地はその通貨がいわゆる国際通貨として用いられているので，各国の為替決済は為替勘定相互の振替だけですむため，同時に国際為替市場の中心地となっており，この中心地と地方市場（local market）との間では為替のカバーが容易にとれるのに対し，地方市場相互間ではこの点で困難がある」[2]。つまり，ドルは戦後一挙に国際通貨としての実体を備えたわけではないとしても，少なくとも対ドル差別が撤廃されてドルが国際通貨として十全に機能するようになった1960年代において，ニューヨーク外国為替市場は国際為替市場として機能していた。ニューヨーク外国為替市場は縮小したり形式的な市場にとどまるどころか，ロンドン外国為替市場と並んで世界の外国為替市場においてますます重要性を高めていたわけである。

　基軸通貨ないし基軸通貨国の必要条件の１つに，金融・資本市場と並んで外国為替市場を挙げる論者もいる。「当該国通貨を中心とする外国為替市場，金融・資本市場が十分に発達しており，その取引規模の大きいことが必要である。当該国通貨の取引規模が大きくなれば……規模の経済性から取引コスト，情報コストが低下して当該国通貨が国際的な媒介通貨（vehicle currency）として機能しうる基礎が与えられ」，基軸通貨の具体的な姿として第１次大戦前の国際金本位制下のポンドと旧 IMF・ブレトンウッズ体制下でのドルが挙げられている[3]。

　国際通貨国には外国為替市場が形成されないとされる一方で，基軸通貨国になるには外国為替市場の発展が必要であり，ドルが国際通貨として君臨した1960年代において，ニューヨーク外国為替市場は衰退するどころかむしろ発展した，と指摘される。このような食違いをどのように理解したらいいのだろうか[4]。ニューヨーク外国為替市場の戦後の歴史的展開を，対ドル差別撤廃を意味する1958年の西ヨーロッパ諸国の通貨交換性回復をメルクマールにして，それ以前と以後に分けて追跡しよう。

　戦時中連合国の兵器廠として，ひとり生産力を発展させたアメリカは，戦後西ヨーロッパを中心とする経済復興のための資材供給基地の役割を果たしてきた。その結果，アメリカの貿易が世界に占める割合は，戦前に比して著しく高くなった。輸出では戦前の1938年の14.5％から戦後は20％を超え，その後諸外

国の経済復興が進むにつれて漸次低下していったが，それでもなお1958年には18.5％を占めていた。他方，輸入はその間9.2％から13.2％に増加した[5]。

外国為替の観点から重要なのは，貿易規模や世界に占めるシェアの大きさに加えて，どの通貨で建値されるかである。アメリカの場合，輸出入の大部分がドル建てで行われたから，貿易取引をベースとする為替取引はもっぱら相手国側に生じた。なかでも伝統的なBAは，1920年代の水準には達しなかったとはいえ，戦後においても輸出総額の11.5％（1952年）から28.8％（1958年）を金融し，輸入においても常時約4分の1を占めてドル建て貿易金融の中心的な役割を果たした。BAはアメリカの輸出入を中心に世界にドル為替市場を形成せしめる基底的要因として作用したのである[6]。

アメリカの貿易に占めるドル建て比率が著しく高いことは，アメリカの輸出入業者が為替取引を必要とする外貨建て取引がそれだけ少ないことにほかならない。少ない外貨建てのなかでも主要なのはポンド，カナダ・ドル，スイス・フランの3通貨であった[7]。特に，スターリング地域への穀物，石油，綿花の一部の輸出に，さらに，同地域（極東，オーストラリア，ニュージーランド）からのゴム，ジュート，茶，麻布（burlap），羊毛，錫の輸入には伝統的にポンド・アクセプタンスが利用されていた。ポンド建て輸入の半分が先物取引によってヘッジされたため，ポンドについては先物市場が比較的発展していたと指摘されている[8]。こうして，ポンドはニューヨーク外国為替市場におけるもっとも重要な取引通貨であった。

カナダ・ドルは，1951年12月にカナダが為替管理を廃止して以降重要な通貨となった。為替管理が行われているときは，第1にアメリカとカナダ間の貿易の大部分は米ドル建てで行われ，第2にカナダのアメリカ以外の地域，特にスターリング地域への輸出にカナダ・ドルと並んで米ドルが多く利用されてきた。米ドル対カナダ・ドル取引はもっぱらカナダ側で行われたのである。カナダの為替管理の廃止は，次の2点でニューヨーク外国為替市場におけるカナダ・ドル取引の増大を引き起こした。1点目は，固定相場制から変動相場制への移行に伴って為替リスクが大幅に増大したことである。カナダの対米輸出業者は，為替リスクを回避するため，以前の米ドル建てを止めて自国通貨であるカナダ・ドル建てを新たに採用するようになった。他方，為替リスクを押し付けられ

たアメリカの輸入業者は，取引先銀行からカナダ・ドルの先物を買ってカバーしなければならなくなった。2点目は，資本取引の自由化に伴って，アメリカの居住者がカナダ証券を購入するようになったことである。投資家は直物市場でカナダ・ドルを買うだけでなく，カナダ・ドルで受け取る利子の為替リスクをカバーするために先物市場を利用するようになった[9]。

　アメリカの貿易に外貨建てが少ないことが，ニューヨーク外国為替市場の貿易をベースとした為替取引量を限られたものにしていた。いわゆる実需を構成する証券投資もカナダを除いて低調で，対外直接投資も不活発であった。それでは，為替取引の低調さは，米銀の為替活動にどのように反映されたのであろうか。米銀の為替業務のやり方を2つに区別することが手懸りとなる。

　第1は，海外主要金融センターに海外支店を設置したり，主要外国銀行とコルレス契約を結び，外貨残高を保有して為替業務を行う方法である。当然ドルは国際通貨だから，相手銀行も米銀に為替勘定を開設してドル預金を保有していた。このケースは，いわゆる「双方的他店勘定方式」[10]が当てはまる。ただし，戦後まもなくは世界の政治情勢が不安定であること，経済復興の芳しくない国の通貨に切下げ懸念が高いこと，厳しい為替管理をしいて非居住者の通貨交換性を制限している国が多いことから，運転資金としての外貨保有は最小限にとどめられた。運転資金を超える余剰外貨は，当該国の金融市場が未整備のため現地金融市場で運用されることなく，直ちにドルに転換されていた。対顧客買為替はできる限り速やかにドルに転換し，売為替については売却した為替の期間に対応する期間の先物で買い埋める。例えば，顧客に3ヶ月のポンドを売れば，国内のインターバンク為替市場で，国内市場で出合がつかなければ海外市場であるロンドン市場で3ヶ月の先物ポンドを購入するといった具合いに，為替リスクを極力回避していた。1950年代初期には，このような為替活動を行っていた米銀はニューヨークを中心に12行存在していた[11]。

　第2の方法は，米銀が外貨残高を保有していない通貨の場合である。対顧客買為替は直ちにドルに転換される一方，売為替はコルレス銀行宛の電信為替や外貨建ての手形を売却することによって行われていた。コルレス先に対する外貨返済は，手形売却時に公定レートでドル等価額を自行にあるコルレス先のドル勘定を貸記することによってなされた[12]。それゆえ，第2の方法の場合，米

銀がコルレス先に為替勘定を開設していなくても，コルレス先が自行に為替勘定を開設していれば十分である。「一方的他店勘定方式」[13] がこれに該当する。コルレス先が米銀に自行宛の自国通貨建ての手形の振出しを許すのは，それによって慢性的に不足しているドルを取得できるからにほかならない。

米銀は為替リスクを負うことを極力回避するとともに，対顧客取引の結果生じる為替持高をカバーするために国内インターバンク市場や，国内で出合が取れない場合には海外為替市場に出動するという行動パターンを取っていた。したがって，インターバンク市場は単に対顧客取引をカバーする場にすぎず，存在はしていたけれどもきわめて受動的な市場であった。そのため，為替相場形成のイニシアティブはニューヨーク外国為替市場に本拠を置く米銀の方にはなく，相手国市場の銀行側に存在した。例えば，カナダ・ドルは，既述のように，1951年12月以降ニューヨーク外国為替市場においても取引は増大したけれども，量的にはモントリオールやトロントを中心とするカナダ市場に大きく引き離されており，ニューヨーク外国為替市場でのカナダ・ドル相場はカナダ側で形成される米ドル相場によって規定されていた。

アメリカは戦後一貫して為替管理を行わず，企業や銀行は為替取引をまったく自由に行えた[14]。にもかかわらず，アメリカの外貨建て貿易額はきわめて少額で，対外証券投資や直接投資が低調であったため，アメリカ側から為替取引を誘引する要因に乏しく，ニューヨーク外国為替市場の規模は著しく小さかった。1940年代から50年代にかけて国際通貨論が示唆するような状況が生み出されていたのである。

第2節　1960年代におけるニューヨーク外国為替市場の発展

ニューヨーク外国為替市場は1950年代末まで取引も不活発できわめて未発達な市場であった。事態は確かに国際通貨論で示唆されるような状況であった。だが，当時の世界は構造的なドル不足下にあり，諸外国は為替管理を厳格に実施して，自国通貨の対ドル交換性を制限していた。対ドル差別はニューヨーク外国為替市場の発展にとって大きな対外的な制約要因として働いていた。それゆえ，1950年代後半のニューヨーク外国為替市場の未発達を，国際通貨論で示

第2章　ニューヨーク外国為替市場の史的発展　　47

される一般的な状況と捉えるより，むしろ戦後の特殊な事情に起因するものと考えるべきである。1958年12月末，西ヨーロッパの主要通貨の交換性回復は，ドル不足の解消からドル過剰への転化に伴って，それまで西ヨーロッパ域内で進められてきた為替管理緩和の集大成ともいうべきものである。経常取引に関する対ドル差別が取り払われたことで，以後域内諸国の外国為替市場においてドル取引が増加していった。対ドル交換性の回復はアメリカにとっては西ヨーロッパ諸国の通貨を自由に利用できるようになったことを意味し，米銀の為替活動に刺激を与えた。1966年には為替業務を行う米銀は26行にまで増大した[15]。

　第2-1表は，1966年第1四半期のニューヨーク外国為替市場について，ニューヨーク連銀が実施した調査結果を要約したものである。同表から，ニューヨーク外国為替市場の特徴をいくつか指摘できる。第1に，外国為替市場は一般には対顧客取引，国内インターバンク取引，海外支店や外国銀行コルレス先との取引の三重構造になっている。ニューヨーク外国為替市場は最後の部分である海外との取引がもっとも活発であることを示している。

　第2に，ポンドやカナダ・ドルと西ヨーロッパ諸国通貨との間には大きな格差が存在することである。通貨別シェアーを見ると，ポンドは54.3％で取引全体の半分以上に達し，依然としてもっとも重要な取引通貨としての地位にある。カナダ・ドルは25.2％を占め，両通貨を合わせると約80％に及ぶ。ニューヨーク外国為替市場とはポンドとカナダ・ドルの市場であるといっても過言ではない。ただ，従来のポンド，カナダ・ドル，スイス・フランの3通貨以外にも，マルクが10％近くになり，ギルダーやフランス・フラン等の西ヨーロッパ諸国の通貨が取引されている点が注目される。

　取引形態についても，両グループはきわめて対照的である。ポンドとカナダ・ドルは直物取引の比率が低く，スワップやワン・デイ・ロールオーバーの比率が高いのに対して，西ヨーロッパの通貨は逆の傾向を示している。西ヨーロッパの通貨に直物取引が多いのは，米銀が対顧客取引から生じる為替持高を直物市場で直ちにカバーしているからである。米銀の行動パターンは受動的なそれであって，それら諸国の通貨対ドル取引のイニシアティブを持っていない。イニシアティブを持っているのは西ヨーロッパ側の銀行である。西ヨーロッパ

第2-1表　ニューヨーク外国為替市場の通貨別，取引形態別構成

（単位：％）

通貨	総取引額の通貨構成	直物 U.S.	直物 海外	直物 計	先物 U.S.	先物 海外	先物 計	スワップ U.S.	スワップ 海外	スワップ 計	ワン・デイ・ロールオーバー U.S.	ワン・デイ・ロールオーバー 海外	ワン・デイ・ロールオーバー 計	総計 U.S.	総計 海外
ポンド	54.3	17.2	18.1	35.3	5.4	3.2	8.6	9.0	17.6	26.7	9.4	19.7	29.2	41.1	58.8
カナダ・ドル	25.2	14.9	16.8	31.7	3.1	2.8	6.0	14.2	16.4	30.6	19.4	12.0	31.5	51.8	48.1
マルク	9.5	27.3	27.3	54.7	2.5	4.0	6.5	6.2	14.2	20.4	6.2	11.8	18.1	42.4	57.5
スイス・フラン	4.9	22.1	34.4	56.6	3.3	2.6	5.9	9.2	13.0	22.2	4.6	10.4	15.1	39.4	60.5
ギルダー	2.5	16.4	36.0	52.4	1.7	2.8	4.6	4.2	13.6	17.9	6.4	18.4	24.9	28.9	71.0
フランス・フラン	2.1	27.0	35.1	62.1	5.1	3.3	8.4	10.1	6.0	16.1	5.1	8.0	13.2	47.4	52.5
リラ	0.7	25.4	50.2	75.6	2.7	3.4	6.2	5.1	6.0	11.2	0.0	6.8	6.9	33.3	66.6
ベルギー・フラン	0.6	34.8	40.1	85.0	7.0	5.1	12.2	1.8	1.2	3.1	2.5	7.0	9.6	46.3	53.6
全通貨	100.0	18.2	20.7	38.9	4.4	3.2	7.6	9.9	16.3	26.2	11.2	16.2	27.3	43.7	56.3

（注）期間は1966年第1四半期。

（出所）Aliber, R. Z., ed, *The International Market for Foreign Exchange*, Frederick A. Praeger, 1969, p. 101.

第2-1図　外国為替市場の構造

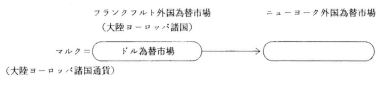

(注) →は為替相場の建つ方向，左右両端の通貨は対価となる通貨。

の通貨対ドル取引はもっぱら西ヨーロッパ諸国側で行われ，そこでの外国為替市場で形成されるドル相場に追随して，ニューヨーク外国為替市場で相手国通貨の相場が建てられる。西ヨーロッパ諸国の通貨対ドル取引については，外国為替市場が第2-1図（A）のように one-way street の構造になっているわけである[16]。

ポンドやカナダ・ドルにスワップとワン・デイ・ロールオーバーが多いのは，米銀が大きな帳簿を有して積極的に為替持高操作や資金操作をしているからである。ワン・デイ・ロールオーバーとは，米銀が外貨の運転資金残高を調整する常套手段といわれるものである。例えば，明日ポンドの支払予定額が受取予定額を上回れば，翌日渡しである翌日期日物のポンドを買い，同時に翌営業日渡しとなる直物ポンドを売っておく。翌日期日物で受け取ったポンドで，支払差額分を決済し，直物売で為替持高を繰り越していくわけである[17]。

米銀はポンドとカナダ・ドルについては，西ヨーロッパ諸国通貨の場合のような受動的な行動パターンを取っているのではない。売手と買手の両サイドで国内インターバンク市場，海外市場に能動的に出て行って，積極的に売買相場を建てて自己に有利な市場（own market）を形成しようとして相場を主導していく。つまり，米銀は自己のポジションを離れてでも相手銀行と取引を行うというマーケット・メーカーの役割を演じている[18]。それゆえ，国内インターバンク市場や海外市場は，対顧客取引の結果としての受動的な為替持高調整市場にとどまらず，積極的に為替相場を主導していく卸売市場としての性格を有

している。

米銀の行動パターンの変化，すなわちマーケット・メーカーとしての機能は，米銀が英銀と同様にポンド対ドル取引に対するイニシアティブを持つに至ったことを表している。ロンドン外国為替市場では英銀を指導的マーケット・メーカーとしてドル相場が，ニューヨーク外国為替市場では米銀を指導的マーケット・メーカーとしてのポンド相場が別々に建てられる。米銀はニューヨーク外国為替市場では本店がポンド取引を行う一方，ロンドン外国為替市場ではロンドン支店やロンドン・コルレス先を通じてドル取引を行っている。英銀も同様である。そして，両国市場間で2店間出合，為替裁定が活発に行われ，ロンドン外国為替市場でのドル需給関係とニューヨーク外国為替市場でのポンド需給関係は相互に影響し合っている。こうして，ポンド対ドル取引については，第2-1図（B）で示されているロンドンのドル為替市場とニューヨークのポンド為替市場で two-way street の構造が成り立っている[19]。同様の状況は米ドル対カナダ・ドル取引に関しても見受けられる。

「為替相場は劣勢市場から優勢市場に向かって建ち，優勢市場では為替取引が生じない」という不動の原理がある。もちろん，ロンドン外国為替市場にはドル為替はあってもポンド為替はなく，ニューヨーク外国為替市場にはポンド為替はあってもドル為替は存在しない[20]。だが，ポンドを対価とするドル取引とドルを対価とするポンド取引は，通貨交換という視点から見れば，取引形態は逆であってもまったく同じ取引である。ポンド対ドル取引に関しては，為替相場が相互に相手国に向かって建つ対称的な市場構造であり，もはや不動の原理は当てはまらなくなっている。国際通貨国に存在する外国為替市場を相手方とする two-way street の構造が，変動相場制への移行後に生じたのではなく，IMF 体制下の1960年代にすでに形成されていたことが注目される。

それでは，ポンドやカナダ・ドルに関して two-way street の外国為替市場の構造が形成されたのはなぜであろうか。カナダの場合，アメリカとの再生産関係・金融関係が土台にある。カナダはアメリカとの貿易額がきわめて多く，伝統的に両国の金融的・商業的結び付きが非常に強い。アメリカの企業は戦後もカナダへの直接投資を大規模に行い，他方，カナダの企業や自治体はニューヨーク金融・資本市場を積極的に利用してきた。両国の経済的な強い結び付き

のなかで，カナダの銀行は早くからニューヨーク外国為替市場に進出して，カナダ・ドル対米ドル取引のイニシアティブを握ってきた。しかし，米銀も1964年頃からカナダ・ドル取引に積極的に乗り出し，その結果，両国銀行間，両国の外国為替市場間で為替業務を巡る競争が激化したわけである[21]。

ポンドの場合は，別の理由が指摘される。それは外国為替市場における媒介通貨としてのポンドの役割に関わっている。スウォボダによれば，為替媒介通貨とは，「(1)その通貨でディーラーがかなりの運転残高を保有している，(2)その通貨でディーラーが一時的なポジションを取っている，(3)その通貨を通して一非媒介通貨が他の非媒介通貨と交換される，外国通貨」[22] である。為替媒介通貨の機能を比喩的にいえば，商品経済おける貨幣と同様に，通貨を1つの商品と見立てれば外国為替市場において貨幣の役割を果たす通貨である。どの通貨が貨幣の役割を果たすのかは，一般的受領性と取引コストの低さからその通貨の市場規模が大きいことが必要である。スウォボダは条件を充たす通貨としてドルとポンドを挙げている。

ポンドは1960年代においても依然としてスターリング地域の基軸通貨としての役割を果たしているので，スターリング地域諸国の通貨はポンドにリンクしている。他方，ラテン・アメリカやカナダはアメリカと密接に結び付いてドル圏を形成している。イギリスやスターリング地域諸国はラテン・アメリカ諸国の通貨やカナダ・ドルを購入するためにニューヨーク外国為替市場に向かう一方，アメリカやカナダはスターリング地域諸国の通貨を購入するためにロンドン外国為替市場に向かった。それはスターリング地域においてはポンドが，ドル圏においてはドルが為替媒介通貨として機能していたからで，ニューヨーク外国為替市場とロンドン外国為替市場は，ポンド対ドル取引を媒介に，相互補完的な関係を形成していた[23]。その結果，スターリング地域全体のドル需給とドル圏全体のポンド需給は，ポンド対ドル取引に集約され，相互に影響し合っていたのである。

ポンドの為替媒介通貨としての機能はスターリング地域にとどまらず，一部の大陸ヨーロッパ諸国にまで及んでいる。デンマークやノルウェーがポンドを使って外国為替市場に介入していたことは既述したが，そのほかにもアインチィヒは次のような事例を挙げている。「ロンドンは，ベルギー・フランにつ

いてはストックホルムよりも，またスウェーデン・クローネについてはブラッセルにおけるよりもすぐれた市場である。このため，スウェーデンとベルギーの間の外国為替業務は，ボンドを媒介として行われることがきわめて多い。」それによって，「ロンドンは，またヨーロッパ大陸市場間の各種通貨相互の取引においての仲介者として行動する」[24] のである。これら西ヨーロッパ諸国がポンドを為替媒介通貨として使用しているのは，「歴史的経緯とロンドンの金融機関の金融技術」[25] や地理的にも同じ西ヨーロッパ内にあるからニューヨーク市場に比べて，「通信費が安く，実際の営業時間帯が一致しているという利点」[26] をロンドン市場が持っているからである。

　さらに，アインチィヒは「ボンドは三角および多角裁定取引において媒介為替として重要な役割を果たす」と指摘し，ボンドとロンドン市場の決定的な有利性を「すべての市場においてポンドはその市場の通貨建てで相場が建てられ，またロンドンにおいてもほとんどの場合，ポンドは外貨建てで相場が建てられている」[27] 点に求めている。つまり，銀行は各国の外国為替市場間で相場の乖離があった場合，ロンドン市場を利用して積極的に場所的為替裁定を行い，その際ポンドを媒介通貨として使っている。3点間裁定にポンドが利用されるのは，各国の外国為替市場で当該国の通貨を対価とするポンド相場が建ち，ポンド取引が可能であり，ロンドン市場を使うのはロンドン市場にはポンドを対価にした各国通貨の取引，すなわちクロス取引が行えるからである。

　かくして，ポンドはスターリング地域や一部の大陸ヨーロッパにおいて，ドルはドル圏において為替媒介通貨として機能していたから，各国の銀行はすべての通貨をこの両通貨のどちらかに集中して為替持高・資金操作を行っていた。その要の位置にあったのがポンド対ドル取引，いわゆる英米クロスである。ポンド対ドル取引は世界の銀行の持高操作の中心であったから，世界の為替需給を集約するとともに，資金操作においても重要な役割を果たしていた。ポンドとドルとの資金調整はそれぞれの金融市場（ロンドン市場とニューヨーク市場）さらにユーロ市場を利用することに加えて，外国為替市場を通してポンド対ドル取引として行っていたからである。わが国為替銀行の英米クロスを利用した資金操作でも明らかなように，国際為替市場のなかでもポンド対ドル取引の決定的重要性はその点にある[28]。ポンド対ドル取引の重要性が高いほど取引

第2-2図　外国為替市場の世界的構造（1960年代前半）

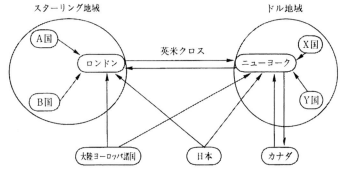

(注)　→は為替相場の建つ方向。

規模は膨大になり，資金調達・運用の両面で両通貨の金融市場も拡大する。国際金融市場の分裂という事態も世界におけるポンド対ドル取引の重要性に関わっているのである。

　ポンド対ドル取引やロンドン外国為替市場とニューヨーク外国為替市場間の two-way street の構造は，世界の外国為替市場の軸心であった。同じく two-way street の構造が形成されてもポンド対ドル取引は，米ドル対カナダ・ドル取引とは質的に大きく異なっている。1960年代前半の外国為替市場の世界的構造は，第2-2図のように，ポンド対ドルの two-way street の構造を軸に，各国通貨がポンドやドルに対して one-way street あるいは two-way street との中間的な形態で結び付く構造を特徴としている。為替媒介通貨国の外国為替市場であるロンドン市場とニューヨーク市場が，そのような構造の起点としての役割を果たしているのである。

　1960年代後半になると，世界の外国為替市場は大きく変容していく。原因の第1は，ポンドが為替媒介通貨としての地位を低下させたからである。ポンドが度重なる投機の荒波を受けたので，スターリング地域諸国にとってポンドとのリンクが経済の不安定要因になる一方で，ドル取引が次第に増加していった。何よりも1967年のポンド切下げは，スターリング地域諸国に追随的な平価切下げを余儀なくさせてポンド離れを加速し，準備通貨の多様化，なかでもドル準備保有の増加を引き起こした。その結果，ポンドのスターリング地域における

基軸通貨, さらに為替媒介通貨として役割を低めたのである。

第2に, 米銀がラテン・アメリカだけでなく, 西ヨーロッパ大陸諸国や極東地域にも海外支店網を展開し, またコルレス関係を拡張して積極的に為替業務を行うようになったからである。米銀の海外活動の活発化によって現地通貨対ドル取引は増大し, 当該国におけるドル為替市場が拡大する一要因になった。第3に, アメリカ企業の多国籍化に伴い, 現地子会社の運転資金需要を充たすため, 米銀は海外支店を通して現地通貨貸付を行ったのである。海外支店は現地通貨の預金吸収力が弱いので, ドルを売却して現地通貨を調達した。こうした米銀の行動も現地通貨対ドル取引の増大を促した。特に, 1961年と1964年にアメリカ政府が実施したドル防衛策は, 米銀本店からのドル供給を制限し, ドル供給源をユーロダラー市場に求めさせることになった。ここに, 米銀のユーロダラー業務と為替業務の結合の一端を見ることができる。

1960年代のユーロダラー市場の急激な発展は, とりわけ西ヨーロッパ諸国の銀行にとって企業貸付の原資を低コストで調達でき[29], ドルに関する資金操作をきわめて容易ならしめるドル建て金融市場を提供した。ポンドの凋落は端的には為替媒介通貨としての機能の低下を指しており, 為替媒介通貨としての地位低落に対応して諸国のドル為替市場は大きく拡大し, 為替媒介通貨としてドルがポンドに取って代わっていったのである。ドルがポンドを押しのけるにつれて, 各国の外国為替市場で取引されるクロス取引もドル対価がポンド対価を圧倒していく。1960年代の後半においてはポンド対ドル取引の重要性は著しく低下し, 世界の外国為替市場の構造は, 支配的な為替媒介通貨国の外国為替市場であるニューヨーク外国為替市場を起点にした構造へと変容したのである。

1960年代前半, ポンドとドルが為替媒介通貨として機能していたので, ポンド対ドル取引は世界の外国為替市場の軸心であった。だが, 注意を要するのは, 国際通貨制度上では両者はその地位をまったく異にしている点である。というのも, IMF 協定の規定上, イギリス通貨当局であるイングランド銀行は自国の外国為替市場に介入して, ポンドの対ドル相場の変動幅を上下2％以内に維持する義務を負っているからである。他方, アメリカは加盟国の通貨当局に対して金売買要求に応じることによって, 外国為替市場への介入義務を免れてい

る。したがって、ポンド対ドル相場を安定させる責任は公的レベルではイギリス側にある。相場安定の責任のあり方が、ロンドン外国為替市場とニューヨーク外国為替市場との決定的な相違を生み出す。為替相場の変動という点では、アメリカの通貨当局がニューヨーク市場に介入しなくても、ニューヨーク市場におけるポンド相場はロンドン市場との2点間裁定を通じて平価の上下各1％以内に抑制される。しかし、出合の点では、イングランド銀行が介入するロンドン市場では必ず出合が取れるのに対して、ニューヨーク市場はそうではない。ロンドン市場がドル取引の最大の市場であったのも、ポンドが為替媒介通貨として機能していたことに加えて、イングランド銀行による市場介入が重要な要素であった。

枠組みの変化は早期の段階で現れた。ニューヨーク連銀がニューヨーク外国為替市場に介入し始めたからである。ニューヨーク連銀は当初は諸外国中央銀行の代理人として、続いて1961年3月からアメリカ財務省や1962年2月から財務省と連邦準備制度の代理人として、介入の規模をますます拡大していった。アメリカ通貨当局による介入の大規模化は、ニューヨーク外国為替市場の規模を拡大すると同時に、諸外国の銀行にとってニューヨーク外国為替市場が出合の取れる市場へと変わることを意味していた。かくして、ニューヨーク連銀のニューヨーク外国為替市場への介入、さらには他の国の外国為替市場への介入は、一方ではポンド対ドルの重要性を低下させ、他方ではニューヨーク市場と諸外国とりわけ西ヨーロッパ諸国の外国為替市場との間に two-way street の構造を形成させ、世界の外国為替市場の構造変化を引き起こす重要な要因の1つであった。

第2章 注

1) 坂本信明編『日本における外国為替市場の形成』外国為替貿易研究会, 1959年, 3ページ。

2) 幸田精蔵「外国為替の原理」, 村野孝編『改訂国際金融論講義』青林書院新社, 1978年, 第1章, 45ページ。

3) 河合正弘「国際通貨システム」, 『金融研究』第8巻第1号, 日本銀行金融研究所, 1990年, 48ページ。

4) 序章では単純化のために貿易をベースに国際通貨論を検討した。国民通貨

の国際通貨化のもう1つのルートは資本輸出である。資本輸出を外債市場の発展と捉えると，それは非居住者が相手国の資本市場でその国の通貨建てで債券を発行することだから，債券を購入する資本輸出国の居住者にとっては自国通貨建てとなるのでやはり為替取引は必要ではない。したがって，資本輸出を加えても貿易ベースと基本的には変わらない。

5）『日本経済を中心とする国際比較統計』1964年版，日本銀行統計局，75～76ページ。

6）『ニューヨーク・アクセプタンス・マーケット』東京銀行調査資料第26号，1960年，6～7ページ。

7）Mikesell, R. F., *Foreign Exchange in the Postwar World,* The Twentieth Century Fund, 1954, p. 417.

8）Klemperer, A. H., "Present Foreign Payments Practice in the United States", *IMF Staff Papers,* Vol. II, No. 2, April 1952, pp. 205-206.

9）Mikesell, R. F., *op. cit.,* p. 415.

10）安東盛人『外国為替概論』有斐閣，1957年，第10章「外国為替の経理」を参照されたい。

11）Klemperer, A. H., *op. cit.,* p. 204.

12）Mikesell, R. F., *op. cit.,* p.420. Klemmperer, A. H., *op.cit.,* p. 207.

13）安東盛人，前掲書，第10章。

14）中国，キューバ，北朝鮮と北ベトナムの共産主義諸国は例外で，財務省の許可が必要であった。Federal Reserve Bank of New York, "The Foreign Exchange Market in the United States", Aliber, R. Z., ed., *The Internatinal Market for Foreign Exchange,* Frederick A. Praeger, 1969, p. 107.

15）Aliber, R. Z., ed., *op. cit.,* p. 98.

16）外国為替市場の構造については，Holmes, A. R., *The New York Foreign Exchange Market,* Federal Reserve Bank of New York, second printing, 1960, を参照されたい。2国間の外国為替市場の関係が one-way street になるのは，一方の銀行だけが自国の外国為替市場で相手国通貨を売買しているからである。先ほどの「一方的他店勘定方式」はこの構造に対応する。国際通貨論で論じられた中心国─周辺国型の非対称的な構造が典型的な one-way street の構造であり，いわゆる為替の不動の原理が当てはまる。それに対して，後述するように，両国の銀行が自国の外国為替市場で相互に相手国通貨を売買すれば two-way street の構造になり，これには「双方的他店勘定方式」が対応する。2国間の通貨取引の発展度に応じて one-way street と

第2章　ニューヨーク外国為替市場の史的発展　　　57

two-way street の中間形態はさまざまありうる。ドル対マルク取引はそのよ
うな中間形態の1つと考えるのが妥当である。通貨の直接交換としての外国為
替市場については，Tew, B., *International Monetary Co-operation 1945-60*,
6th ed., Hutchison University Library, 1962. 傍島省三監修，永島清・片山
貞雄訳『国際金融入門』東洋経済新報社，1963年を参照されたい。

17) Federal Reserve Bank of New York, *op. cit.*, p. 100. ワン・デイ・ロー
ルオーバーは外国為替市場を利用した為替資金の調整方法の一種で，超短期
のスワップ取引と考えられよう。ロールオーバー (Rollover) については，
Kubarych, R. M., *Foreign Exchange Markets in the United States*, Federal
Reserve Bank of New York, revised ed., 1983, pp. 24-25を参照されたい。

18) プライス・メーカー (price maker) としてマーケット・メーカーの役割
を果たしているのは一部の米銀である。他の米銀は定期的にあるいは機に応じ
てマーケット・メーカーに電話を入れて相場を聞き，取引を行うプライス・
テーカー (price taker) である。Federal Reserve Bank of New York,
op. cit., p. 103.

19) Holmes, A. R., *op. cit.*, p. 14.

20) これはある意味では表現上の問題である。為替は必ず通貨の交換を伴うか
ら，アメリカにおいてドル為替といってもどの通貨を対価にしたドル為替なの
かが分からない。したがって，わが国の銀行がニューヨーク・コルレス先に対
してドルの売り買いの指示を出すことはできない。指示はドルの対価となるポ
ンド（ポンド為替）やマルク（マルク為替）の売り買いとなる。

21) 『欧米における外国為替市場の実態』東京銀行調査資料第33号，1964年，特
に第10章「カナダの外国為替市場」。

22) Swoboda A., "Vehicle Currencies and the Foreign Exchange Market :
the Case of the Dollar", Aliber, R. Z., ed., *op. cit.*, p. 31.

23) Holmes, A. R., *op. cit.*, p. 13.

24) Einzig, P., *A Textbook on Foreign Exchange*, second ed., Macmillan,
1969, p. 69, 東京銀行調査部訳『外国為替入門』ダイヤモンド社，1967年，81
ページ。

25) Swoboda A., *op. cit.*, p. 35.

26) Einzig, P., *op. cit.*, pp. 69-70, 同訳書，81ページ。

27) *Ibid.*, p. 68, 同訳書，80ページ。ただし，アインチィヒは初版ではポンド
の重要性を指摘していたが，第2版では1964年以降ポンドの媒介為替としての
役割が低下していると指摘している。本書では，1958年の西ヨーロッパ諸国の

通貨交換性の回復から1960年代前半まではアインチィヒが初版で指摘していた
ような状況である一方，同時にドルが西ヨーロッパ諸国において為替媒介通貨
として進出していったと考えている。

28) 英米クロスの重要性と国際金融市場の分裂について，「ポンド域全体とドル
域全体との間の資金の不つり合いは，ロンドンとニューヨークとの間の資金の
やりとりで調整しました。そのためロンドンとニューヨークとの間の為替取引，
言いかえればポンド対ドルの為替取引は世界中で最も重要な取引と考えられ，
その取引量は膨大な額に上った」と指摘されている。谷柾『外国為替の知識』
日本経済新聞社（日経文庫），1967年，60～61ページ。

29) 西ヨーロッパ諸国の銀行がユーロ市場を利用して低コストの資金を調達し
ている点については，Altman, O. L., "Eurodollar and Foreign Exchange
Markets", Aliber, R. Z., ed., *op. cit.,* を参照されたい。アルトマンは「ここ
2，3年の間，オランダや他の外国銀行がドイツ企業に対して行ったマルク貸
付のかなりの部分が，外国居住者のドル建てや外貨建て預金の転換によって金
融されているというのが一般的な理解である。外国銀行は，ドル建てや他の通
貨建ての非居住者預金を取入れ，それらをマルクに転換する一方，適切な先物
カバーを維持している」（p. 20）と述べ，マルク相場が平価を超えてプレミア
ムがつき，ドイツの金利が高いため，ユーロ市場を利用した操作の方が割安に
なると指摘している。

第3章　ドル危機とアメリカの公的為替操作

第1節　ドル過剰からドル危機へ

　1961年3月13日，財務省の代理としてニューヨーク連銀が行ったマルクの先物売をもって，第2次大戦後のアメリカ通貨当局による公的為替操作の嚆矢とする。アメリカはそれまで自己勘定で外国為替市場に介入することはまったくなかった。IMF 協定第4条第4項の但し書の規定に従って，固定相場制の維持を自由な金売買によって履行し，外国為替市場への介入義務を免れていたからである。外国為替市場への介入はもっぱらアメリカ以外の加盟国の通貨当局が行うところであった。

　大戦後，ドル不足が世界的な広がりを見せるなかで，IMF は1947年3月に業務を開始した。同年4億6,770万ドル，1948年に2億800万ドル，49年に1億150万ドルの資金が IMF から引き出されたものの，50年の引出しはまったくなかった。その後の引出しも低調でむしろ1950年から始まった返済が毎年増加した結果，1955年の引出残高はわずか4億3,730万ドルにすぎなかった[1]。IMF の活動がいわば「開店休業」の状態が続いたのは，なによりも IMF 自身が融資に対してきわめて厳しい態度で臨んだからである。敗戦国はもとより戦勝国とて戦後復興には食料，機材，原材料等を大量に輸入しなければならず，疲弊した国力では輸入を賄うだけの十分な輸出余力は持ちえない。輸出を伸ばすことができなければ，それら諸国の国際収支は赤字となり，当然 IMF に赤字決済資金を求めてくる。だが，IMF の出資額をもってしては赤字国の巨額の資金需要に応じきれるものではないし，IMF の役割は一時的な国際収支の赤字に対する短期の融資機関であって，長期の援助機関ではないからである。

より困難な問題なのは，これら諸国の赤字の主たる部分が対米赤字だという
点にある。戦後の荒廃のなかで最大の商品供給基地となりえたのは，戦争に
よって生産力を破壊されることなく，戦時において一層生産力を発展させたア
メリカ以外にはなかったからである。戦後初期の状況からして，赤字国による
IMF からの引出し通貨はドルに集中することになろう。となれば，IMF の
融資額は出資総額からなおさら縮小してドル保有額，すなわちアメリカが自国
通貨分として払い込んだドル額に限定され，最大限でも加盟国が払い込んだ金
を処分して，調達するドル額にすぎない。仮に IMF が寛大な態度で融資に
応じていたらいかなる状況が予想されるだろうか。加盟国のドルの引出しが
殺到して IMF が保有するドルはたちまちのうちに枯渇し，IMF 協定第7条
「不足通貨」[2]が適用されて，ドルが不足通貨であることが公式に宣言されて
いたであろう。不足通貨条項は英米間交渉においてアメリカに絶えず譲歩を強
いられてきたイギリスが，国際収支調整の黒字国責任分担を主張し，ある意味
ではアメリカから勝ち取った唯一の譲歩である。万一不足通貨条項が適用され
るとなると，アメリカが自由・多角・無差別を旗印に強者の論理を貫徹させる
べく対ドル差別を制限もしくは撤廃させる目的を持って設立した IMF が，
逆に対ドル差別を公然と認めることになる。

　もちろん，戦後不足通貨条項が発動されたことは一度もない。アメリカが世
界的なドル不足に対処して，IMF の枠外で自ら復興援助，経済・軍事援助の
形態で膨大なドル散布を実行して，発動されかねない事態を避けたからである。
いまマーシャル援助だけでも総額134億ドルの巨額が供与されていた。IMF
の当初の出資総額が88億ドルであったことを考えると，アメリカの危機感が読
み取れよう。

　構造的と見られていたドル不足も，継続するアメリカの国際収支赤字によっ
てドルが供給され，次第に解消していった。西ヨーロッパ諸国が1955年にドル
節約機構である EPU を使命を終えたとして清算し，新たに EMA を設立する
決定を下したのはドル不足の解消を象徴的に表している。アメリカの国際収支
赤字の持続，1956年のスエズ危機を契機とした IMF の融資制限緩和及び資
金供与の活発化に支えられて，諸国の生産力や輸出能力は回復し世界貿易も伸
びていった。貿易の拡大に伴い，西ヨーロッパ諸国の金・外貨準備も順調に増

大するに及んで，1950年代の後半にはドル不足は一転してドル過剰の様相を見せ始めたのである。

金以上の存在と評されたドルの強さにも懸念が示され，1960年にロンドン自由金市場で市場価格が1オンス＝35ドルの公定価格をはるかに超えて1オンス＝37.9863ドルに暴騰した。ドル過剰のドル危機への転化が顕在化したのである[3]。アメリカの通貨当局は，金価格の暴騰というドル危機を目前にして，それまでの「受動的」姿勢から「能動的」姿勢への転換を余儀なくされた。金売買を続行し，外国為替市場への介入義務から依然として免れる立場にあるにもかかわらず，マルクの為替操作を契機として，アメリカ通貨当局は外国為替市場への介入を本格的に開始する。

第2節　財務省の先駆的為替操作

1　マルクの先物売操作

1960年10月の金価格暴騰に対して，アメリカ財務省は金投機を鎮めるために直ちに1オンス＝35ドルの金価格を維持し，金売却を続行する声明を発表した。さらに翌年，ケネディ大統領は「国際収支に関する特別教書」を議会に送り，金価格維持，金売買続行，必要ならば IMF 資金の引出しを示唆したドル防衛策を明らかにした。アメリカがドル防衛の強い姿勢を示したことで，ロンドン金市場での金価格も1961年に1オンス＝35.7788ドル，62年に35.1867ドルに，63年には35.1204ドルに下落して，金市場でのドル危機はひとまず落ち着きを取り戻した[4]。しかし，1961年3月4日に西ドイツ政府が5％のマルク切上げを発表し，6日にオランダ政府がギルダーを4.97％切り上げて追随すると，通貨不安が再燃した。切上げ幅が市場予想の10％を大きく下回ったので，マルク再切上げの思惑が市場に広がり，マルク投機を呼び起こしたからである。そのうえ，マルク債務を負っている外国人やドル等の外貨債権を持つ西ドイツの居住者も，投機に煽られてヘッジを求めて先物市場に殺到した。先物マルク需要が膨張したため，先物マルクのプレミアム（先物ドルのディスカウント）は4％近くまで跳ね上がり，先物市場は機能麻痺の状態に陥った。先物市場では出合が取れなくなって，マルク債務のカバーは次第に直物市場でのマルクの購入，

62　　　　　　　　第1篇　基軸通貨ドルの現代的性格

第3-1表　財務省の先物マルク操作（1961年3月13日〜12月13日）

（ドル等価額，100万ドル）

	月初先物契約額	月中新規売却額	月中清算額	月末先物契約額	3ヵ月先物マルクのプレミアム（月末%）
3月13日〜31日	—	118.7	—	118.7	1.47
4月	118.7	104.7	—	223.1	1.59
5月	223.1	78.4	—	301.5	1.39
6月	301.5	52.8	−86.5	267.8	2.21
7月	267.8	32.9	−98.1	202.6	1.45
8月	202.6	12.7	−89.3	126.0	1.02
9月	126.0	0.3	−76.6	49.7	0.88
10月	49.7	—	−35.5	14.2	0.76
11月	14.2	—	−14.0	0.2	0.8
12月1日〜13日	0.2	—	−0.2	—	1.0

（出所）*Federal Reserve Bulletin*, Sep. 1962, p. 1142.

　外貨債権のヘッジはユーロダラー市場やニューヨーク金融市場でのドル借入れへとシフトしていった。3月10日になると，マルクの直物市場は新平価の上限近くまで騰貴し，先物マルクの騰貴とともに，マルク切上げ投機を一層助長するという危機的状況になった。

　対応処置として考えられたのが，ニューヨーク連銀がニューヨーク外国為替市場に3ヶ月の先物マルクを提供することである。対応策には問題が2つあった。1つは，ニューヨーク連銀がマルク残高を保有していないことである。先物売操作はマルク残高を保有していなくとも，満期時に直物市場でマルクを購入して決済できるとはいえ，もし直物マルクが先物マルクより高ければニューヨーク連銀は巨額の為替差損を被る結果となる。もう1つは，ニューヨーク連銀自身に先物操作の権限がないことである。第1の為替リスクは，直物マルクが先物マルクを上回るときには，ブンデスバンクが先物契約と同一レートでニューヨーク連銀にマルクを売却するという両中央銀行間での合意によって回避された。第2の権限問題は，ニューヨーク連銀が財務省の代理として行動するのを財務省が認めることで決着をみた。

　ニューヨーク連銀は3月13日からニューヨーク外国為替市場で先物マルクを売り始めた[5]。第3-1表を見ると，3ヶ月物先物マルクは3月中に1億1,870万ドル売却され，以後月を追って減少し9月には僅か30万ドルにすぎなくなった。

第3章　ドル危機とアメリカの公的為替操作　　63

売却に比例して，先物マルク需要が減退していったことを示している。他方，先物契約残高は5月末に3億150万ドル，6月半ばに3億4,000万ドルのピークに達した。だが，最初の先物売が満期になる6月から清算され始め，清算額が売却額を絶えず上回ったので次第に減少し，12月13日には完全になくなってしまった。マルク投機を鎮静するのに9ヶ月間を要したわけである。

　マルク操作の特徴は，短期資本移動の市場メカニズムを利用している点に見い出される。操作が成功を収めたのは，マルクの再切上げがないのを市場に確信させることができたからである。一方で先物マルク買を抑制し，他方でアウトライトで先物マルクを買っている投機家をして，満期時に直物市場でマルクを売却させて投機を手仕舞させた。マルク債務のヘッジも，例えば，6月に先物マルク・プレミアムを1.39％から2.21％に引き上げてヘッジ・コストを高めて清算に追い込んだ。直物市場でのマルク売ドル買は，短期資本移動が逆転したことを意味している。逆転の結果生じたドルの上昇，マルクの下落によって，ニューヨーク連銀は下落した相場でマルクを購入して先物契約を清算し[6]，しかも為替差益も取得できたわけである。さらに，ドル相場の回復はドル債権や他の外貨債権ヘッジのためのドル借入れ，すなわちニューヨーク金融市場からの短期資本流出を抑制して，アメリカの国際収支の赤字削減に貢献した。

　ニューヨーク連銀によるマルクの先物売操作において，注目すべき点を指摘しておこう。まず，市場メカニズムを利用する際，ニューヨーク外国為替市場に大きな役割が与えられていることである。なによりも，先物マルク売はニューヨーク外国為替市場で行われ，それが基本的に短期資本移動の逆転をもたらした。加えて，先物売の決済資金を直物市場でマルクを買って調達したり，先物操作を補強するためのブンデスバンクとの直物市場での協調介入もニューヨーク外国為替市場において実施されている。ニューヨーク連銀の直先両市場における為替操作がマルク相場安定に役立ったことは，米独間，すなわちニューヨーク外国為替市場とフランクフルト外国為替市場間で two-way street の構造が形成されつつあることを示唆している。と同時に，通貨当局の為替操作自体が，さらに相手方である浮動的な短期資本移動が，ニューヨーク外国為替市場の発展にとっての大きな要因であった。

　外国為替市場への介入のための外貨残高の大規模な積増しは，基軸通貨国ア

メリカにとってきわめて困難である。なぜなら，外貨残高を必要とするのは強い通貨に対して売介入するためにほかならないが，強い通貨を直物市場で購入する機会は少なく，また大量の購入は強い通貨をより一層強くしてしまうからである[7]。そこで，ニューヨーク連銀は，マルク投機が収まってからも，1962年前半にマルクが一時的に弱化した市場の好転を利用して直物市場でマルクを購入し，介入準備金として5,500万ドル相当のマルク残高を蓄積した。基軸通貨国アメリカが介入のために外貨準備を積極的に保有することは，IMF 体制の変容を表す事態の出現にほかならない。

2　スイス・フランの先物売操作[8]

　マルクとオランダ・ギルダーの突然の切上げは，外国為替市場において通貨の強弱をはっきりさせるという効果があった。そのため，弱い通貨と見られるポンドに対しては切下げの，強い通貨と見られるスイス・フランに対しては切上げの思惑が生じた。まず，ロンドン金融市場から大量の資金流出が起こり，ヨーロッパ大陸の金融市場になだれ込んだ。スイスへの流入は特に激しく，スイス国立銀行はわずか4日間で3億ドルを買い上げる羽目に陥った。スイス国立銀行が規則通り過剰ドルを米財務省で金と交換すれば，財務省の金準備はその分減少してドル信認を脅かし，ドル危機へと波及しかねない。

　ドル危機回避策として採用されたのが，イギリスへのドル還流策である。スイス国立銀行は過剰ドル準備2億ドルと1億1,000万ドルの金，合計3億1,000万ドルを期限3ヶ月でイングランド銀行に貸し付けた。貸付は枯渇した外貨準備を補充し，イングランド銀行のポンドの買支えを支援するものであった。しかしながら，イギリスへのドル還流策はポンド危機の救済策としては有効であっても，ドル危機に対しては単なる一時しのぎにすぎなかった。というのは，イギリスが夏になって IMF からの借入れでスイスに返済したときに，スイス国立銀行に再び過剰ドルが戻ってきたからである。

　ドル還流策に代わるドル危機回避策が，財務省によるスイス・フランの先物売操作であった。財務省の狙いとするところは，スイス・フランの先物売→スイス・フランの先物プレミアムの引下げ→スイスからの短期資本流出→過剰ドル準備の減少にある。ただ，マルク操作の場合はブンデスバンクがニューヨー

第3章　ドル危機とアメリカの公的為替操作　　65

ク連銀の先物売操作に為替保証を与えたけれども，スイス国立銀行には為替を
保証する権限を持ち合わせていなかった。権限上のネックは，スイス国立銀行
が多額の信用供与枠を財務省に提供し，財務省がスイス・フラン建て短期証券
（期間3ヶ月，金利1.25％）を発行してそれを引き出すことで解決を見た。

　ニューヨーク連銀は1961年8月からスイス・フランの先物売を大々的に開始
し，11月末までに1億5,250万ドル相当を売却した。その間，10月にスイス・
フランを調達するために，4,600万ドル（2億スイス・フラン）のスイス・フ
ラン証券を発行している。年末にスイス商業銀行の粉飾操作のために1,500万
ドルが清算されたが，1962年2月末にはなお1億4,650万ドルの先物契約が未
決済の状態であった。ところが，2月からスイスの経常収支の大幅赤字が見込
まれ，短期資本の流入も鈍化したので，スイス・フランはスイス国立銀行がド
ル売介入をするほどに弱体化した。そのため，スイス国立銀行はニューヨーク
連銀（財務省）から1億3,900万ドルを購入し，7,400万ドルを金で，残り
6,500万ドルをスイス・フランで支払った。財務省はスイス・フラン残高のう
ち5,500万ドルを先物契約の清算に使用したので，5月末には残高は9,150万ド
ルに減少した。それでも，1億ドル近い金額が残ることになったが，財務省が
スイス国立銀行からの返済を全額スイス・フランで受け取っておれば，先物契
約はほぼ全額清算できていた。スイス金融市場に過剰流動性が生じるのを懸念
して，そうしなかっただけである。したがって，事態はすでに逆転しているか
ら，財務省のスイス・フランの先物売操作は，一応の成果をあげたと見ても許
されよう。

　とはいえ，その後事態は再び逆転して，先物契約の清算は困難を極めた。つ
まり，5月後半から，カナダ・ドルの切下げやニューヨーク株式市場をはじめ
とする世界的な株価下落の影響を受けて，大量の資金が再びスイスに流入した。
スイス国立銀行はドル危機の再現に直面して，5月30日から7月23日の間に2
億7,000万ドルを買い支えた。過剰ドル準備累積問題の解決は，先の先物契約
残高9,150万ドルとともに，連銀スワップ網のなかで行われることになる。

第3節　連邦準備の為替操作とスワップ網

1　スワップの仕組みと目的

　財務省によるマルク先物売に始まる一連の先駆的な為替操作は，為替安定基金が保有する少額の外貨残高に基礎を置いたものであったため，きわめて限られていたものの，当面のドル危機を切り抜けるという点で一定の成果をあげた。そこで，連邦準備も自己勘定で為替操作を実施できるように，財務省との協議を経て，1962年2月13日公開市場委員会が外貨での公開市場操作を承認した。実際の実務操作は，連邦準備と財務省の代理銀行としての任命を受けたニューヨーク連銀が行う。ここに至って，アメリカの公的為替操作は，対外金融政策の2大責任機関の協力のもとで本格的な発展を遂げ，ドル防衛の中心的位置を占めることになった。

　まず，連邦準備はそもそも外貨準備を保有していなかったので，マルク3,200万ドル，スイス・フラン，オランダ・ギルダー，イタリア・リラ各500万ドル合計3,350万ドルを為替安定基金から市場レートで買い入れた。ニューヨーク連銀はこの外貨残高をもとに当該通貨国の中央銀行に勘定を開設して為替操作の準備を整えた。だが，為替操作を実施するには，保有外貨が余りにも少額であった。連邦準備は不足する外貨を金売却や外国為替市場での買入れ以外の方法で調達する工夫を迫られた。スワップ協定がそれである。ニューヨーク連銀は他の中央銀行と相互信用ファシリティ，もしくはスワップ・ファシリティの交渉を進め，3月1日に初めてのスワップ協定（5,000万ドル）がフランス銀行との間で締結された。スワップ協定はさらに参加中央銀行を増やし，8月初めには，第3-2表のように，7カ国の中央銀行とBISを加えて総額7億ドルにのぼる連銀スワップ網が成立した。

　スワップは為替銀行が為替持高・資金調整においてもっともよく利用する取引手法であるが，連銀スワップはその技術を中央銀行間取引に応用したものである。スワップの目的は，「外国為替市場における無秩序な投機に対抗する防衛の第一線を作り出すこと」[9]にある。一般的に，スワップの仕組みは次のようなものである。

第3-2表　連邦準備のスワップ網　　(単位：100万ドル)

	成立日	1962年8月 金額(月)	1963年8月 金額(月)	1964年2月 金額(月)	1965年9月 金額(月)	1967年8月 金額	1968年9月 金額
フランス銀行	1962年3月1日	50(3)	100(3)	100(3)	100(3)	100	700
イングランド銀行	5月31日	50(3)	500(12)	500(12)	750(12)	1,350	2,000
オランダ銀行	6月14日	50(3)	50(3)	100(3)	100(3)	150	400
ベルギー国立銀行	6月2日~	50(6)	50(6)	50(6)	100(12)	150	225
カナダ銀行	6月26日	250(3)	250(3)	250(12)	250(12)	500	1,000
BIS	7月16日	100(3)	100(3)	150(3)	300(6)	550	1,600
スイス国立銀行	7月2日	100(3)	100(3)	150(3)	150(6)	250	600
ブンデスバンク	8月2日	50(3)	150(3)	250(3)	250(6)	400	1,000
イタリア銀行	10月18日		150(3)	250(6)	450(12)	600	750
オーストリア国立銀行	10月25日		50(3)	50(3)	50(12)	100	100
スウェーデン銀行	1963年1月17日		50(3)	50(3)	50(12)	100	250
日本銀行	10月~			150(3)	250(12)	450	1,000
デンマーク銀行	1967年5月~					100	100
ノルウェー銀行						100	100
メキシコ銀行						130	130
総額		700	1,550	2,050	2,800	5,030	9,955

（出所）*Federal Reserve Bulletin, Federal Reserve Bank of New York Monthly Review* 各号より作成。

「1. スワップは相互信用ファシリティからなり，そのもとで中央銀行の要求があれば，3ヶ月もしくは6ヶ月のような限られた期間，限度額まで自国通貨を相手国通貨と交換することを同意する。

2. 例えば，連邦準備とイングランド銀行間のスタンドバイ・スワップが連邦準備によって引き出されると，連邦準備はイングランド銀行のドル勘定を，例えば1ポンド＝2.80ドルのレートで5,000万ドル貸記する。他方，それと引き換えに，イングランド銀行の帳簿に約1,800万ポンドの債権を取得する。両当事者は，例えば3ヶ月以内の特定日に，同一レートで取引を逆転させることに同意し，一方の通貨の切下げリスクに対する先物カバーを各々に提供する。

3. お互いの勘定を相互貸記して各当事者が取得した外貨は，為替操作に使われなければ，定期預金か他の投資資産に投資され，例えば2％の同一金利を受け取り，2日前の通知を必要とする。

4. 各当事者は，相手国と協議をして，直物取引を行ったり先物為替債務を決済するために，スワップで取得した外貨を自由に引き出せる。

5．各スワップ協定は当事者の合意があれば更新できる。」[10]

2 スワップ操作の実際

第3-3表は，スワップ導入後から1967年8月までの連邦準備による実際のスワップからの引出しと返済の状況を示したものである。約5年半の間に，合計36億3,100万ドルが引き出された。通貨別では，BISとのスワップ協定がスイス・フランであることから，スイス・フランの引出しが最大で12億300万ドルにのぼり，以下イタリア・リラ7億2,500万ドル，マルク5億4,600万ドル，ベルギー・フラン5億1,050万ドルと続く。返済額は31億1,800万ドルで引出額の9割近くに達している。8月末の未返済額は5億1,300万ドルとなっているが，そのうちスイス・フランが7割強を占めていることが注目される。

他方，外国中央銀行のスワップ利用状況を示した第3-4表を見ると，1962年3月から1967年前半までの間，引出額50億6,260万ドル，返済額46億9,460万ドル，未返済額3億6,800万ドル，したがって返済率は約93%となっている。連邦準備の場合と同様，大部分が返済されていることがわかる。外国中央銀行の引出額が大きいのは，イングランド銀行だけで全体の80%に達する40億1,000万ドルの巨額を利用しているからである。主たる理由は，イングランド銀行がポンドの売投機に対抗してドル売介入でポンドを買い支え，ドル売操作で喪失したドル準備を連邦準備からのスワップ引出しで補充したからである。ロンドン市場からの資金流出がいかに激しいものであったかを物語っている。

では，連邦準備は引き出した外貨を使って実際にどのような為替操作を行ったのか。若干の事例を検討しよう。

スワップ協定が初めて使用されたのは，1962年6月20日にベルギー国立銀行とスワップ協定が取り結ばれた直後，ニューヨーク連銀が5,000万ドル全額を引き出したときである[11]。ニューヨーク連銀は引き出したベルギー・フランを8月に1,050万ドル，10月，11月に各1,000万ドルを使ってベルギー国立銀行がドル買支えの結果保有することになった過剰ドル準備を吸収した。事態は1〜2ヶ月で逆転し，今度はベルギー国立銀行がドル準備不足に陥ったので，直ちにベルギー・フランは買い戻された。1969年に入ると，このような操作はニューヨーク連銀だけではなく，ベルギー国立銀行によっても行われた。例え

第3-3表　連邦準備によるスワップ利用状況（1962年3月～1967年8月）

（単位：100万ドル）

銀行名		1962年 前期	1962年 後期	1963年 前期	1963年 後期	1964年 前期	1964年 後期	1965年 前期	1965年 後期	1966年 前期	1966年 後期	1967年 前期	1967年 後期	計	引出残高 1967/8/31
オーストリア国立銀行	引出し		50											50	
	返済			50										50	
ベルギー銀行	引出し		30.5	10	15		145	65	85		30	37.5	92.5	510.5	120
	返済		15.5	25		15	100	50	110	35	30	10		390.5	
カナダ銀行	引出し				20									20	
	返済				20									20	
イングランド銀行	引出し	50		25	10									85	
	返済		50	25	10									85	
フランス銀行	引出し	50			21.5									71.5	
	返済		50		12.5	9								71.5	
ベンデスバンク	引出し			150	136	55	50	15				140		546	
	返済				226	115		65			140			546	
イタリア銀行	引出し							250	100		25	15		725	
	返済							82	168	100	310			725	
オランダ銀行	引出し	10	50	50	100	80		100	25		65	35	20	420	20
	返済		50	10	70				25		30			400	
スイス国立銀行	引出し		50		80	25		150			75	185	33	598	173
	返済				5	100		90	60		60	43	17	425	
B I S	引出し		80		150	145		60				185	15	605	200
	返済		25		5				40		75	75		405	
全銀行	引出し	110	310.5	235	532.5	80	395	480	210	135	710	407.5	160.5	3,631	513
	返済		190.5	265	348.5	464	100	447	403		430	318	17	3,118	

（出所）*Federal Reserve Bank of New York Monthly Review*, Sep. 1967, p. 160.

第3-4表 外国中央銀行によるスワップ利用状況 (1962年3月～1967年6月)

(単位：100万ドル)

銀行名		1962年前期	1962年後期	1963年前期	1963年後期	1964年前期	1964年後期	1965年前期	1965年後期	1966年前期	1966年後期	1967年前期	計	引出残高 1967/6/30
ベルギー銀行	引出し			35	10								45	45
	返済			25	20								45	45
カナダ銀行	引出し	250									17.6		267.6	
	返済		250								17.6		267.6	
イングランド銀行	引出し			25		15	1.355	1,215	550	175	450	225	4,010	225
	返済				25		1,170	1,055	435	475	275	350	3,785	
イタリア銀行	引出し				50	100							150	150
	返済					150							150	
日本銀行	引出し					50	30						80	80
	返済						80						80	
BIS	引出し										285	225	510	143
	返済										85	282	367	
全銀行	引出し	250		60	60	165	1,385	1,215	550	175	752.6	450	5,062.6	368
	返済		250	25	45	150	1,250	1,055	435	475	377.6	632	4,694.6	

(注) BISの引出しにはニューヨーク・ダラー操作に関連した引出し及び一時的現金需要を充足させるために、スイス・フランス以外のヨーロッパ通貨を対価とするドル引出しを含む。そのような引出しは、1967年1月～6月で総額8,200万ドルであった。

(出所) *Ibid.*, p. 163.

ば，１月には500万ドル，２月，３月にはそれぞれ1,000万ドルを支出してドル
準備を補充している。これらの場合も，１～２ヶ月して事態が逆転すると買戻
しが実施されている[12]。ベルギー国立銀行のドル・ポジションの一時的変動を
緩和するのに，スワップが有効に働いたことが明らかである。

　ベルギー・フラン操作は連銀スワップが単独で機能した例であるが，財務省
との協調下での事例はオランダ・ギルダー操作に見い出される。1962年３月初
めから，オランダ企業の大規模な株式売出しや世界的な株価下落を受けて，オ
ランダに大量の資金が流入した。オランダ市場でドルが大量に売られたので，
連邦準備は６月14日から７月26日の間に5,000万ドルのスワップ枠全額を引き
出し，オランダ銀行の過剰ドルを吸収した。他方，財務省も７月から８月末ま
でに3,600万ドルの先物ギルダーを売却する一方，連邦準備とは別にオランダ
銀行と5,000万ドルのスワップを取り決め，そのうち1,500万ドルを引き出して
先物決済に利用した。アムステルダム金融市場の緩和，ドル建てバンクローン
の返済等で資金移動は逆転し，連邦準備は９月17日までに5,000万ドル全額を
返済しえた。財務省もスワップ返済のためギルダー残高を積増し，一時的にギ
ルダーが騰貴したときには直物市場でドル買支えを行っている。両機関の協力
によって，オランダ銀行の財務省からの金購入を回避できたわけである。

　さて，クームスによると，フランス銀行との5,000万ドルのスワップ協定を
例にすれば，スワップ「取引の核心は，米国が要請すれば，フランス銀行が
ニューヨーク連銀に対して５千万ドル相当のフランを90日間貸し付ける」こと
にある。連銀は取得したフランを第１に外国為替市場への介入資金として，第
２にフランス銀行手持ちの過剰ドルを買い戻すために利用できる。スワップの
引出しは，「外国中央銀行からの直接借入れとまったく同じ結果」をもたらし，
「１億ドルの国際準備の増加を無から生み出すこと」[13]にほかならない。留意
されたいのは，スワップを介入資金として利用する場合と，外貨準備の買戻し
に利用する場合とでは意義を異にする点である。前者は市場メカニズムに立脚
し，銀行間の国際決済に関連した「事前的」な性格を持っている。「事前的」
という意味で，先物操作に類似する。後者は中央銀行間決済に関連し，「事後
的」な性格を有する。それゆえ，スワップ操作によっても，「諸外国のドル保
有額は変わらず，ただ「アウトライト」，すなわち，カバーなしのドルを連邦

準備に対して先物で売却されたドルに置き換えるにすぎない」[14] わけである。後述する中期外貨証券は，この延長線上に位置する。

　確かに，スワップ操作は短期資本移動の逆転あるいは近い将来に国際収支の逆転が見込まれるという想定のもとで，一時的なドル危機に対する対応策として有効に機能したと判断できる。やっかいな問題なのは，逆転を引き起こすのにますます大規模な介入が必要になってきたことである。前掲の第3-2表から，スワップ協定は1962年3月にフランス銀行との間で導入されて以来，参加中央銀行が増加し，スワップ枠も毎年引き上げられたため，1962年8月の総額7億ドルから1969年9月には14ヵ国の中央銀行と BIS で総額99億5,500万ドルと約15倍の規模に膨張した。ドル危機を中心とする一連の通貨危機の激化，ホットマネーの大量化が，スワップ網の拡大を余儀なくしているわけである。そのうえ，資本移動の逆転が必ず短期間で生じるという保証はまったくない。スワップ期間が当初の3ヶ月から，6ヶ月，12ヶ月へと長期化が図られていることが同表からも知られる。

　もう一度第3-3表を見られたい。連邦準備がスワップを活発に利用しているのが，ヨーロッパ大陸の強い通貨国の中央銀行に集中しているのがわかる。1964年以降特に顕著になっている。このことは，ロンドン市場から流出した資金がこれら通貨国に向かったことを示している。ポンド危機に対処するためにも，連邦準備は強い通貨国の中央銀行とスワップ協定を導入せざるをえなかったわけである。スワップ網がヨーロッパ中央銀行間のそれとしてではなく，ニューヨーク連銀を中心点に各中央銀行を結ぶ放射状の構造となるのは，ドルが為替媒介通貨，介入通貨として機能しているからにほかならない。ニューヨーク連銀のスワップ網は2国間，多国間の中央銀行間信用の軸となり，ポンド危機やリラ危機の際の一括信用もその基礎上で成立している。さらに，ニューヨーク連銀がニューヨーク外国為替市場の直先両市場で外貨の売介入をしているのもこれら通貨である。また，買介入は弱い通貨であるポンドやカナダ・ドルに対して頻々に実施している。ということは，スワップ網の構造はニューヨーク外国為替市場の構造とさらに世界の外国為替市場の構造，すなわち，ニューヨーク外国為替市場を中心に各国外国為替市場を one-way street あるいは two-way street として結ぶ構造を反映したものにほかならない。

第3章　ドル危機とアメリカの公的為替操作　　73

言い換えれば，ニューヨーク連銀の直先両市場への介入をはじめとする為替操作や他の国際通貨協力の展開は，当時の世界の外国為替市場の構造によって基本的に規定されているわけである。

第4節　先物及びスワップ操作の限界とその克服

1　第3国通貨スワップ (third-currency swap)

　財務省と連邦準備による先物操作やスワップ操作は，攪乱的短期資本移動を念頭に置き，それらが短期間のうちに逆転可能であることを前提にして操作の即効性が期待されていた。スワップの期間は大体3ヶ月から6ヶ月だから，その範囲内で資金移動の逆転が起これば，連邦準備は為替相場が下落した時点で当該通貨を買い入れてスワップ債務を返済できるからである。スワップがかなりの成果をあげたことは，連邦準備が使用したスワップの返済にどのくらいの時間がかかったかを示す第3-5表からも見て取れる。3ヶ月以内の返済が全体の43％を占め，6ヶ月以内が82％，9ヶ月以内では9割以上に達する。反面，年を追う毎に3ヶ月以内での返済が減少し，3～6ヶ月以内のものが増加しているのも事実である。主要な資金の流入先となったスイスについては，スイス国立銀行や BIS とのスワップ返済には他の中央銀行に比べて6～12ヶ月にわたるものが多い。短期資本移動の逆転に必要な時間が長期化し，即効性という点で当初の効果をあげにくくなってきたことを表している。

　より一層重大な問題は，資金移動が短期間の内に逆転しない事態が生じていることである。先ほどの第3-3表でも，未返済残高5億1,300万ドルのうち，スイス国立銀行が1億7,300万ドル，スワップがスイス・フランである BIS が2億ドルを占めていた，スイス・フランの場合に特に当てはまる。逆転が生じなければ，ドル相場は回復せず，連邦準備は直物市場で当該通貨を購入できない。そうすると，先物契約を清算できずスワップ債務も返済不可能に陥り，もはや操作の余地がまったくなくなるという危機的状況に直面する。これは短期信用の限界を表している。スワップ枠が増額されたり，期間の延長が図られたのも，実はそうした事態に対する対応策の1つにほかならなかった。

　スワップの限界をなおも短期信用の枠内で打開しようというのが，第3国通

第3-5表　連邦準備のスワップ返済状況（1962年3月～1966年2月）

（単位：100万ドル）

銀行名	年度	引出し	返済期間			
			3ヶ月以内	3～6ヶ月以内	6～9ヶ月以内	9～12ヶ月以内
オーストリア 国立銀行	1962	50.0	50.0			
	計	50.0	50.0			
ベルギー 国立銀行	1962	30.5	30.5			
	1963	25.0	25.0			
	1964	145.0	62.5	37.5	45.0	
	1965	150.0	70.0	75.0	5.0	
	計	350.5	188.0	112.5	50.0	
カナダ銀行	1963	20.0	20.0			
	計	20.0	20.0			
イングランド 銀行	1962	50.0	50.0			
	1963	35.0	35.0			
	計	85.0	85.0			
フランス銀行	1962	50.0		50.0		
	1963	21.5	21.5			
	計	71.5	21.5	50.0		
ブンデスバンク	1963	286.0	143.5	142.5		
	1964	105.0	105.0			
	1965	15.0	15.0			
	計	406.0	263.5	142.5		
イタリア銀行	1962	50.0	50.0			
	1965	350.0	82.0	268.0		
	計	400.0	132.0	268.0		
オランダ銀行	1962	60.0	50.0	10.0		
	1963	150.0	60.0	90.0		
	1964	100.0		55.0	45.0	
	1965	25.0		25.0		
	計	335.0	110.0	180.0	45.0	
スイス国立銀行	1962	50.0				50.0
	1963	80.0	5.0	20.0	55.0	
	1964	25.0	25.0			
	1965	150.0	90.0	12.0		48.0
	計	305.0	120.0	32.0	55.0	98.0
BIS	1962	80.0	40.0	5.0	19.5	15.5
	1963	150.0	5.0	65.0	80.0	
	1964	100.0		35.0	65.0	
	計	330.0	45.0	105.0	164.5	15.5
全銀行	1962	425.5	270.5	65.0	19.5	65.5
	1963	767.5	315.0	317.5	135.0	
	1964	475.0	192.5	127.5	155.0	
	1965	690.0	257.0	360.0	5.0	48.0
	計	2,353.0	1,035.0	890.0	314.5	113.5

（注）　引出しには年度末残高はない。
（出所）　*Ibid*, March 1966, p. 49.

第3章　ドル危機とアメリカの公的為替操作　　75

貨スワップである。このスワップの狙いは次の点にある。つまり，短期資本移動によるドル流入の程度は，時期によってまた各国の国際収支状況といった経済事情によって大きな強弱がある。強弱の違いに応じて，通貨によってスワップの引出しや遊休する外貨残高にバラツキが生じる。外貨残高のアンバランスに着目して，遊休残高を活用して先物売の決済資金やスワップ返済資金を調達しようというのである。

　第3国通貨スワップは早くから考えられ，初めて利用されたのは1962年10月のことである。その年の5月のカナダ・ドルの切下げや世界的な株価下落，さらに10月のキューバ危機勃発からスイスに大量の投機的資金が流れ込んだ。連邦準備はスイス当局と協力してスイス・フランの平価を防衛するために，7月にスイス国立銀行や BIS との間で各1億ドルのスイス・フランのスワップ協定を結び，スイス・フランを引き出してスイス国立銀行が買い支えたドルを吸収した。他方，スイス国立銀行はスイス商業銀行に直物市場でドルを売却し，ドル売のカバーはアメリカ財務省が先物市場でスイス・フランを売って提供した[15]。財務省は，スイス商業銀行の恒例の年末操作の時期が近づいてきたので，先物売を3ヶ月から2ヶ月以内のものに短縮した。ところが，資金移動の逆転が起こりそうもなく，大量の先物売が清算できない事態が予想された。危険な事態を回避しようとして，スイス・フランを調達するためにマルク残高の活用が考えられたのである。財務省はスイス・フランの直物買・先物売となる3ヶ月のマルク・スワップ3,000万ドルを BIS と結び，取得したスイス・フランで先物売を清算した。財務省がマルクを外国為替市場で売却せずに，スワップ形態で利用せざるをえなかった事情を，クームスは次のように述べている。

　「これら操作（財務省のスイス・フランの先物売——引用者）が満期近くになっても，資金移動が起こりそうもなかったので，スイス・フランを取得するためにアメリカがアウトライトで保有しているマルクの一部を利用することが考えられた。もちろん，スイス・フランを対価としてマルクをアメリカ市場で売却するのに障害はなかったが，そのような売却は結果的にドイツ人の手からスイス人の手に並行したドル移転をもたらしたであろう。そのため，操作自体が自滅したかもしれない。少なくともこうした国際通貨としてのドルの利用による不利な結果を回避するために，財務省と BIS との間で，スイス・フラン対価

のマルクの3ヶ月スワップが工夫された。」[16]

　第3国通貨スワップは，先物契約の清算だけでなく，通常のスワップ返済，さらに第3国通貨スワップの返済にも利用された。スワップがいくつも組み合わされて複雑化してきたわけである。そのような目的を持って，ある通貨の相場が低下したのを利用して，その通貨を蓄積し活用するという試みも行われた。一例を挙げよう。

　1965年5月から西ドイツの輸入が急増して貿易収支が赤字に転化し，マルクは軟化基調となった。為替相場が好転した機会を捉えて，連邦準備と財務省は外国為替市場とブンデスバンクの双方から多額のマルクを購入した。取得したマルク残高を利用して，BIS との間で次のような操作を実施した。まず，連邦準備は，(1)4,000万ドルのマルクをスイス・フランにスワップして，BIS との通常のスワップ債務を返済し，(2)1,250万ドルのマルクをギルダーにスワップして，既存のギルダー対価のポンド・スワップを返済した。他方，財務省は7月後半に，(1)1,500万ドルのマルクをスイス・フランにスワップして，同額だけ BIS との間で未決済になっていたスイス・フラン対価のポンド・スワップを返済後，(2)500万ドル，さらに8月に750万ドルのマルクをギルダーとスワップして，同様に BIS との未決済のギルダー対価のポンド・スワップを返済した[17]。

　また，第3国通貨スワップは中央銀行間の三角取引にも応用された。1964年3月に大規模なリラ投機が再発し，イタリアからスイスに大量の資金が流出した。イタリア銀行はスイス国立銀行と1億ドルのリラをスイス・フランとスワップ，すなわち，リラ対価のスイス・フランの直物買・先物売を行った。そうして取得したスイス・フランを連邦準備に売却してドルを取得し，ドル準備を補強してリラを買い支えた。一方，連邦準備は手にしたスイス・フランを使ってスイス国立銀行とのスワップ債務を清算した[18]。

2　外貨証券の発行と IMF 借入れ

　先物やスワップの為替操作は，攪乱的短期資本移動が短期間の内に逆転しなければ，清算不能や返済不能もしくは引出し不能に陥るという短期信用操作ゆえの限界があった。第3国通貨スワップは短期操作の持つ限界を打開しようと

第3章　ドル危機とアメリカの公的為替操作　　77

第3-6表　財務省の外貨証券発行残高

(単位：100万ドル)

	1963年 8月	1964年 8月31日	1965年 1月1日	1966年 1月1日	1966年 12月31日	1968年 1月1日	1968年 9月6日
オーストリア国立銀行	25	50.3	50.3	100.7	50.3	59.3	50.3
ベルギー国立銀行	30	30.1	30.1	30.2	30.2	60.4	60.4
ブンデスバンク	275	628.2	628.7	602.1	350.7	601.2	925.7
（ドイツ商業銀行）	──	──	─	─	─	─	125.1
イタリア銀行	200	─	─	124.8	124.8	124.8	125.4
オランダ銀行	─	─	─	─	─	─	65.7
スイス国立銀行	175	257.3	257.4	257.3	210.9	210.7	444.5
BIS	─	69.5	69.5	92.6	92.6	152.2	207.7
計	705	10,354.4	1,086.0	1,207.8	859.5	1,199.6	2,004.8

(出所)　*Federal Reserve Bulletin, Federal Reserve Bank of New York Monthly Review* 各号より
作成。

する技術的工夫である。そのうえ，短期の為替操作にとってより一層重大なの
は，アメリカの持続的な国際収支赤字からくる強い通貨国へのドル流入に対処
できないことである。なぜなら，中長期的あるいは構造的な資本移動に対して
は，短期信用操作は単に「息継ぎ期間」を与えるにすぎないからである。そこ
で，短期信用に代わる中長期信用としての外貨証券発行と　IMF　借入れが導
入された。だが，それは単なる技術的なものではなく，ドル防衛にとって意味
するところは大きい。なぜなら，連邦準備から財務省へのドル防衛の担い手の
シフトを表しているからである。

　まず，外貨証券発行から見ていこう。第3-6表から財務省による外貨証券発
行残高の推移を見ると，1963年8月の7億500万ドルから1968年9月には20億
480万ドルと約3倍弱に増加した。1966年に3億5,000万ドル減少したのは，西
ドイツの国際収支が1965年から1966年後半にかけて赤字となり，マルクが平価
割れまで低落したのを利用して，財務省が大量のマルクを購入し3億2,600万
ドルのマルク債を償還したからである。ともかく，資金移動の逆転のない一方
的なドル流入の結果である20億ドル以上の過剰ドル準備が証券形態で凍結され
たわけである。注目されるのは，マルク債が9億2,570万ドル（ドイツ商業銀
行分を含めると10億5,080万ドル）と残高全体の半分近くを占め，スイス国立
銀行と　BIS　に対するスイス・フラン債が約3分の1の6億5,220万ドルにの
ぼる。国際収支黒字を恒常的に計上していた西ドイツと，通貨危機が生じるた

第1篇　基軸通貨ドルの現代的性格

第3-7表　財務省の外貨証券発行・償還状況

通　　貨	発行・償還日	金　額 (100万ドル)	期　間	売　却　先	使　途
リ　　ラ	1962年1月25日	25	3ヶ月	イタリア銀行	1)為替操作
	3月9日	50	〃	〃	2)ドル準備吸収
	8月7日	75	〃	〃	
	※ロール・オーバーされた後中期債に借換				
		50			
スイス・フラン	1962年10月18日	23	15ヶ月	スイス連邦	先物清算
	11月8日	28	16ヶ月		
	1963年1月24日	30	〃		
	1962年10月	48	5ヶ月 8ヶ月	スイス国立銀行	
マ　ル　ク	1963年1～2日	200	2年	ブンデスバンク	ドル準備吸収
ベルギー・フラン	1963年5月	30	〃	ベルギー国立銀行	〃
マ　ル　ク	1963年7月11日	25	〃	ブンデスバンク	マルク売介入資金
	8月28日	50	〃	〃	連邦準備の スワップ返済
	※連邦準備のスワップ返済の最初				
リ　　ラ	1963年3～6月	100	15ヶ月	イタリア銀行	
	※2年物に転換				
オーストリア・シリング	1963年4月	25	18ヶ月	オーストリア国立銀行	ドル準備吸収
リ　　ラ	1963年3月9日	50			償　還
	※外貨証券の最初の償還				
オーストリア・シリング	1963年12月	25	18ヶ月	オーストリア国立銀行	ドル準備吸収
リ　　ラ	1964年4月1日	150			償　還
スイス・フラン	1964年5月	70		BIS	連邦準備のBIS とのスワップ返済
マ　ル　ク	1964年6月	150		ブンデスバンク	ドル準備吸収
スイス・フラン	1965年7月30日	23		BIS	スイス国立銀行の ドル準備吸収
マ　ル　ク	1965年7月12日	25			償　還
スイス・フラン	1966年5月16日				〃
	7月20日				〃
マ　ル　ク	1965年中旬～ 1966年中旬	326			
オーストリア・シリング		25			

（出所）　第3-6表と同じ。

びに資本逃避先となっていたスイスが，2大過剰ドル蓄積国であったことを示している。

　では，財務省は証券発行によって取得した外貨を何に利用したのであろうか。第3-7表は *Federal Reserve Bulletin* とニューヨーク連銀の *Monthly Review*

における「財務省及び連邦準備の為替操作」から，外貨証券の発行と償還について知られる限り抜粋したものである。同表から指摘できるのは，第1に，外貨証券発行の主目的がドル準備の吸収にあったことである。例えば，財務省はブンデスバンクに対してマルク債を発行して，債券売却の手取金でブンデスバンクが固定相場制を維持するために買介入して取得したドルを買い取る。それによって，財務省は対外短期ドル債務を中期マルク債務に置き換え，西ドイツの金交換請求を回避しえた。中期の証券形式を取ったのは，連邦準備のスワップ引出しという短期信用操作では過剰ドル準備をもはや十分には吸収できなかったからである。ドル建てではなくマルク建てとなるのは，いわばドル準備の中期的な凍結に伴う為替リスクからブンデスバンクを解放し，財務省が引き受けるからである。為替リスクの長期化は，短期操作に限定されている連邦準備の限界を超える事態であり，連邦準備から財務省へのドル防衛の担い手のシフトを促す理由である。第2に，先物売の清算や連邦準備のスワップ債務返済のためである。この利用の仕方が短期信用の中期信用によるリファイナンスを表している。同じくマルク債を例に取って見ると，まず財務省はブンデスバンクに対して期間2年のマルク債を発行し，手取金マルクを連邦準備に売却する。連邦準備は取得したマルクでもって，ブンデスバンクに対するスワップ債務を返済する。それによって，連邦準備は返済額だけスワップ操作の余地を回復できる。同様のことは先物売の清算にも当てはまる。第3は，外国為替市場への介入資金の調達であるが，その目的での利用は少なかった。

　注意を要するのは，中期証券発行によって先物契約が清算されたりスワップ債務が返済されても，それで問題が根本的に解決されたのではないことである。なぜなら，先物契約残高やスワップ引出し残高が削減されただけ，証券形態での債務が増加しているため，財務省のネット債務ポジションに変化がないからである。要するに，過剰ドル準備国の金交換が繰り延べられたにすぎない。財務省による証券発行は，相手方中央銀行が設定した信用供与枠からの引出し形態である3ヶ月の短期証券から，ドル準備を吸収するための5～8ヶ月の短期債務証書を経て，15～18ヶ月の中期債へと拡大されていった。中期証券発行の新たな意義は，ドル防衛の第2線を提供することにある。

　次にIMFからの借入れに移ろう。財務省がIMFからの引出しを開始し

たのは1964年2月13日のことである。このときの引出しは，前年7月のケネ
ディ声明による IMF とのスタンドバイ協定に基づき，基本的には技術上の
問題を解決するためのものである。つまり，IMF の保有するドルがアメリカ
のドル払込額を超えたため，IMF はそれ以上ドルを受け取ることができず，
その結果加盟国はドルで IMF への返済ができない。IMF を困難から救い出
す目的で，財務省が交換可能通貨を引き出して返済予定国に売却し，それら加
盟国の IMF への返済を可能にしたわけである。IMF による技術的引出しは
1965年3月までに6回，総額6億ドルに達した[19]。だが，ドル防衛にとっては
るかに重要なのは，リファイナンスを目的とした引出しである。この種の引出
しは1965年7月30日の多通貨引出しから始められた。そのとき財務省はリラ1
億8,000万ドル，フランス・フラン4,000万ドル，ベルギー・フラン4,000万ド
ル，オランダ・ギルダー2,000万ドル，スウェーデン・クローネ1,500万ドルの
5通貨総額3億ドルを引き出した。そして，リラ1億6,300万ドルとベルギー
・フラン全額を連邦準備に売却し，連邦準備は各通貨のスワップ債務の返済に
充てた。また，リラ1,700万ドルとフランス・フラン，オランダ・ギルダー，
スウェーデン・クローネは全額各中央銀行からのドル準備吸収に用いられた。

　以上のように，アメリカの公的為替操作は，財務省単独による先物操作に始
まりニューヨーク連銀のスワップ操作を経て，財務省の外貨証券発行や IMF
借入れへと，操作の規模はますます拡大し，同時に短期から中長期へと期間の
長期化が一段と進んでいった。逆転可能な一時的な短期資本の移動が，年を追
うごとに大規模かつ恒常的になり，逆転不可能な状況へとドル危機を深化させ
ていったのである。「市場（外国為替市場——引用者）で行われる毎日の多額の
取引のうち，外国貿易や長期投資といった基礎的要因に由来するものはほんの
一部にすぎない。市場は，一日一日を基準に，目先の利潤や為替リスクに対す
るヘッジを求める短期資本移動によって支配される」[20] 状況は，決して変動相
場制に固有の現象ではないことを，ドル危機は語っている。

　基軸通貨国アメリカが外国為替市場に介入することなど，IMF 協定成立時
にはまったく予想されなかった新たな事態の展開である。重要なのは，新たな
事態の展開が国際通貨制度に与えたインパクトの大きさである。第1に，アメ
リカが大規模な為替操作を実施できたのも，先進国の中央銀行間協力を軸とし

た国際通貨協力という支えがあったからである。国際通貨協力は，ドル危機ま
たはポンド危機に対応するためとはいえ，1960年代の国際通貨状況を左右する
ほどに発展していき，しかも IMF の枠外で行われたから，IMF をますます
後景に追いやる結果となった。第2に，国際通貨協力の進展によって国際的公
信用は著しく拡張し，金決済の代替手段となっていった点である。「金決済を
段階的に解消し，これに代わる広い範囲にわたる信用供与機能を設け，ブレト
ン・ウッズ体制を徐々に改革する」[21] というアメリカの戦略に沿って事態は進
行した。国際通貨協力とは，そうしたアメリカの戦略に先進国がドル防衛の共
同戦線として組み込まれていく姿であった。西ヨーロッパ主要国が8条国に移
行して，IMF 協定が本来の機能を発揮しうる段階で，IMF 体制の変質が始
まったのは歴史の皮肉であるといえよう。IMF 協定の立案者達が想定してい
たような IMF 体制の世界は，結局日の目を見ることはなかったのである。

第3章　注

1) IMF, *The International Monetary Fund, 1945-1965, Volume II : Analysis*, 1969, pp. 460-467.

2) 第7条「不足通貨」では，第3項「基金保有額の不足」において，(a)「加盟国通貨の需要がその通貨を供給する基金の能力を著しく脅かすことが基金にとって明白となったときは，基金は，……その通貨が不足であることを公式に宣言し，……この不足通貨の現在及び将来の基金による供給額を割り当てる」，加えて(b)「宣言は，いずれの加盟国に対しても，基金との協議の後，一時的にこの不足通貨の為替取引の自由に制限を課する権限を与える」と規定している。

3) *Federal Reserve Bulletin* (以下 *F.R.B.* と略す), March 1964, p. 304.

4) *Ibid.,* p. 304.

5) ニューヨーク連銀の先物売操作は，西ドイツ政府が1961年4月に5億8,700万ドルの対米債務を返済したときに，財務省が取得した1億ドル相当のマルク残高を元にして行われた。ただし，それはブンデスバンクとの協定に基づく操作を補完する役割であった。*F.R.B.,* Sep. 1962, p. 1141.

6) 先物契約の決済には，直物市場でのマルク買のほかに，特に1961年秋に満期がくるものについては前注のマルク残高1億ドルのうち5,000万ドル相当が利用された。*Ibid.,* p. 1142.

7) Coombs, C. A., *The Arena of International Finance,* John Wiley &

Sons, 1976, p. 74, 荒木信義訳『国際通貨外交の内幕』日本経済新聞社, 1977年, 92ページ。

8) 財務省の先駆的為替操作には, マルク, スイス・フランのほかにオランダ・ギルダーとイタリア・リラ操作が挙げられる。ギルダーの操作は, 再切上げ投機によってギルダーの先物プレミアムが2％を超え, オランダへの資金流入を促進, 流出を抑制したことに対する対応策として考えられた。1961年9月に, 財務省はオランダ銀行から1,500万ドル相当のギルダーを買い取ったが, 実際にギルダーの先物売を始めたのは, 翌年1月に入ってからである。操作はオランダ銀行が財務省勘定で行い, 計2,080万ドルを売却して2月13日に終了した。1ヶ月余りで資金移動の逆転を引き起こすのに成功している。F.R.B., Sep. 1962, pp. 1145-1146. リラ操作は, 1961年4月からリラ騰貴が続き, イタリア当局が行っていた先物売を引き継ぐ形で始められた。1961年1月財務省はイタリア為替局から大量のリラの先物契約を譲り受ける一方, イタリア銀行と1億5,000万ドルの信用供与枠を設定した。信用枠の引出しは, 3ヶ月の債務証書の発行形式をとり, 1月26日に2,500万ドル, 3月に5,000万ドル, 8月に7,500万ドルの計3回総額1億5,000万ドルが引き出されて, イタリア銀行の過剰ドル準備を吸収した。Ibid., p. 1146.

9) Ibid., p. 1138.

10) Ibid., pp. 1147-1148.

11) フランス銀行とイングランド銀行とのスワップ協定は, 取り決められた時期は早かったが, 引き出されることはなかった。前者は6月1日に一度更新された後, 8月2日に清算されてスタンドバイ・ベース（借入予約）に切り換えられ, 後者も8月30日の満期日にスタンドバイ・ベースに切り換えられている。Ibid., p. 1148.

12) Ibid., p. 1217.

13) Coombs, C. A., op. cit., pp. 76-77, 前掲訳書, 94～96ページ。

14) F.R.B., March 1963, p. 312.

15) Ibid., p. 318.

16) Ibid., p. 318.

17) Federal Reserve Bank of New York Monthly Review, Oct. 1965, p. 205.

18) F.R.B., Sep. 1964, p. 1126.

19) Federal Reserve Bank of New York Monthly Review, Oct. 1965, p. 208.

20) Coombs, C. A., op. cit., pp. xiii-xiv, 前掲訳書, 8ページ。

21) Ibid., p. ix, 同上訳書, 3ページ。

第2篇　わが国におけるドルの基軸通貨化

第4章 わが国の対外決済制度の整備

第1節 通商協定方式の進展とドル依存

　敗戦後，わが国の対外取引や決済は占領軍である GHQ の全面的統制下に置かれていた。輸出入取引は GHQ が当事者として管理する政府貿易として行われ，民間取引は一切禁止されていた。アメリカとの貿易は主としてアメリカ国務省に設置されたトラスト・ファンドを通じて決済され，アメリカ以外の国との貿易は GHQ が相手国政府との間で非公式に交わした覚書に基づいてオープン・アカウント方式で行われ，相殺残がトラスト・ファンドに振り替えられた。他方，国内での物資の流れを管理するために1945年に貿易庁が，1947年には貿易庁のもとで実際に実務処理に当たる機関として繊維，食料，鉱工品，原材料の4貿易公団が置かれた。さらに，円での代金受払いを経理する貿易資金特別会計が1945年11月に設置された。輸出入にはすべて GHQ の指示もしくは承認を必要とし，それに基づいて貿易庁が4貿易公団を通じて国内業者から商品を買い上げ，また引渡しをしていた。公団と業者との取引の際，商品の買上げ価格や引渡し価格は，輸出入価格であるドル価格とは無関係に国内公定価格を基準にして決められ，輸出業者は取引額を貿易資金特別会計から円で受け取り，輸入業者は同会計に円を払い込んだ。したがって，個々の取引に外国為替を用いることがなく，対外的なドル決済と国内での円決済とは完全に切り離され，円とドルがまったく遮断された「為替なき決済」[1] だったわけである。

　1947年8月にようやく民間貿易が再開の運びとなり，GHQ に貿易決済用の商業勘定が開設された。海外のバイヤーが入国してわが国の輸出業者と直接に商談できるようになった。とはいえ，入国できる人数も限られ滞在日数も短く，

輸入は依然として認められないといった非常に制約の多いものであった。貿易制限はその後着実に緩和されていったのだが，世界中が慢性的なドル不足で貿易相手国が厳しい為替管理や貿易規制を実施していたので，国交も未回復のまま民間のイニシアティブだけで貿易振興を図るのは到底不可能な状況であった。とりわけ，経済復興になおも大量の原材料や機械設備等の輸入が必要であり，輸入業務を政府から民間に移行するとなれば，輸入代金を輸出で賄うことが重要となってくる。だが，国内産業はいまだ立ち直っておらず国際競争力も完全に失っているなかで，輸出業者が独力で市場を確保するのは至難の技といえた。加えて，ドル不足は外貨準備の乏しいわが国にとっても同様に深刻な問題であり，ドルの節約は緊迫の課題であった。

　GHQ は，これらの問題を解決しながら民間貿易を促進するために，従来の非公式の覚書方式から政府間で正式に結ばれた通商協定に基づく方式に切り換えた。1947年11月にスターリング地域との間で締結された「民間貿易のための暫定的支払協定」が最初であり，翌年5月に「一般的支払協定」に改訂された。それによって，「通商協定の本格的体系の第1歩が確立」[2]したとされている。通商協定は改訂後急速に拡大し，1948年にフランス連合，スウェーデン，タイ，インドネシア，オランダと，翌年には暫定的ではあるけれどもメキシコをはじめとする中南米8カ国との間で成立をみた。さらに，アジアやヨーロッパの他の諸国に広がり，ピーク時の1951年末には協定数は24を数えるに至った[3]。

　通商協定は双務主義に基づいて両国間の貿易の拡大均衡を目指した貿易協定と決済の仕方を規定した支払協定あるいは金融協定からなる。前者では拘束力はないが相互に協力を約した計画目標としての品目表，品目別金額及び総額等が定められ，後者では現金方式かオープン・アカウント方式のどちらを採用するかを規定している。一般的に期間を1年とし，両国政府の合意によって更新あるいは改訂が行われた。協定は必ずしも貿易協定と支払協定がすべてセットになっているわけではなく，どちらか一方のみという場合も少なくない。また，中南米諸国との例にも見られるように，暫定的なものも含まれている[4]。

　第4-1図は通商協定の内容を概略したものである。同図から，主な特徴を挙げてみよう。第1に，決済通貨としては当事国通貨である円や相手国通貨は使われず，第3国通貨であるドルとポンドが利用されているのが指摘できる。な

第4章　わが国の対外決済制度の整備　　　87

第4-1図　金融協定の概略（1951年6月15日現在）

国　名	開始時期	決済方式	スウィング ①金額②清算時期 ③清算方法	定期的清算方法
スターリング地域	1948年5月31日	ポンド現金		ドル条項
オランダ	1951年4月13日	ドル建てオープン・アカウント	①200万ドル②即時③金，ドル，その他受領可能通貨	
インドネシア	1950年7月1日	ドル建てオープン・アカウント	①1,000万ドル②即時③金，ドル，その他受領可能通貨	毎年6月末残高を45日以内に金，ドル，その他受領可能通貨で清算
タ　イ	1950年1月1日	ドル建てオープン・アカウント	①500万ドル②即時③ドル，その他受領可能通貨	
フィンランド	1949年7月1日	ドル建てオープン・アカウント	勘定残高は常に50万ドルを超えてはならない	毎年6月末残高を90日以内にドルで清算
フランス連合	1948年7月7日	ドル建てオープン・アカウント	①300万ドル②即時③金，ドル，その他受領可能通貨	
西ドイツ	1949年8月1日	ドル建てオープン・アカウント	①300万ドル②即時③ドル	毎年7月末残高を1ヶ月以内にドルで清算
ベルギー通貨地域	1950年6月1日	ドル現金		
スウェーデン	1950年4月1日	ドル建てオープン・アカウント	①300万ドル②勘定残高が90日間継続してスウィングを超えたとき③金，ドル，その他受領可能通貨	
韓　国	1950年4月1日	ドル建てオープン・アカウント	①200万ドル②即時③ドル，その他受領可能通貨	
アルゼンチン	1949年6月23日	ドル建てオープン・アカウント	①1,000万ドル②即時③金，ドル，その他自由に使用できる通貨	
ブラジル	1949年6月2日	ドル建てオープン・アカウント		毎年の有効期間の終わり時の勘定残高を50%は90日以内に，残り50%は180日以内に清算
チ　リ	1949年5月6日	ドル現金		
フィリピン	1950年5月18日	ドル建てオープン・アカウント	①250万ドル②勘定残高が30日間継続してスウィングを超えたとき③金，ドル	
台　湾	1950年9月6日	ドル建てオープン・アカウント	①400万ドル②即時③金，ドル，その他受領可能通貨	

（注）　①「ドル条項」とは，ポンド残高をいつでもイングランド銀行の仲値相場でドルに交換できる規定である。通常は毎年6月及び12月末に行う。

②中南米のコロンビア，メキシコ，ペルー，ウルグアイ，ヴェネズエラは現金方式を採用している。

（出所）　大蔵省財政史室編『昭和財政史』第15巻，東洋経済新報社，1976年，414～423ページ。

かでもドルの圧倒的な多さが際だっている。自国通貨の利用に厳しい制限を課していた戦後の国際経済環境のもとで，国民通貨の国際的な流通性や受領性から見て，この2通貨が選択されたのも当然である。わが国の場合，交渉の当事者が GHQ であったことが円ではなくドルが使われた理由の1つであろう。

当事国通貨を利用する動きがその後まったくなかったわけではない。当時西ヨーロッパ諸国では双務的支払協定において当事国通貨を利用するのが一般化していた。そこで，西ヨーロッパ諸国との協定の更新時には当事国通貨の利用に関する交渉がもたれていた。例えば，1951年8月の協定改訂時に西ドイツが提案した円とマルクの当事国通貨を使用する「2分割勘定制」5) がそうである。わが国は2分割勘定制を受け入れたが，当事国通貨の使用については，次のような認識に基づいて拒否したのである。1つは，決済通貨を多様化すれば為替管理がより複雑になり，外貨の効率的運用を妨げかねないからである。もう1つは，わが国の方が出超になって相手国通貨を取得しても，その通貨に交換性や振替性がなかったり厳しく制限されていれば，他の国からの輸入決済に充てることができない。また，そのまま外貨準備として保有することになれば，為替リスクを被りかねず，リスクを回避しようとすれば，スターリング地域との協定における「ドル条項」6) のように，相殺残をドルに転換する規定が必要になるからである。その結果，通商協定の契約通貨として当事国通貨の利用の道は閉ざされ，第3国通貨とりわけドル依存が決定的になってしまったのは，留意すべきである。

第2に，現金方式に比べてオープン・アカウント方式による決済が非常に多いのが目立つ。オープン・アカウント方式とは，まず各国政府は自国の中央銀行，場合によっては民間銀行に政府名義の清算勘定であるオープン・アカウントを開設する。輸出入取引は国内的には輸出業者と輸出国政府，輸入業者と輸入国政府との間で，1件毎に当該国通貨の受払いで決済される。他方，対外的には個々の取引は清算勘定への貸借記を通じて直ちに政府間の債権債務に振り替えられて，決済は決済期日まで繰り延べられる。そして，一定期間，通常は6ヶ月毎に貸借を相殺し，差額だけを両国政府が認める通貨，主としてドルかポンドで現金決済する。例えば，日本―タイ間の通商協定では，GHQ はナショナル・シティ・バンク東京支店に「タイ―日本オープン・アカウント」を

第4章　わが国の対外決済制度の整備　　　　89

第4-1表　わが国の貿易取引の通貨構成

(単位：100万ドル)

	合計額	ポンド	清算勘定	ドル
輸出				
1950年	772. 8	226. 0	182. 4	364. 4
1951年	1, 297. 3	562. 5	432. 7	302. 1
1952年	1, 289. 2	596. 5	297. 0	395. 7
1953年	1, 156. 4	314. 0	361. 0	481. 1
1954年	1, 532. 5	507. 7	538. 6	486. 0
1955年	1, 954. 2	728. 7	466. 3	757. 9
1956年	2, 402. 2	904. 8	374. 7	1, 098. 3
1957年	2, 781. 1	1, 184. 8	259. 2	1, 275. 6
1958年	2, 727. 6	1, 182. 2	144. 0	1, 340. 1
1959年	3, 164. 3	1, 148. 0	102. 0	1, 837. 4
輸入				
1950年	645. 5	200. 5	160. 7	284. 3
1951年	1, 725. 1	429. 1	316. 4	979. 6
1952年	1, 718. 4	532. 5	230. 9	955. 0
1953年	2, 101. 0	617. 3	464. 6	1, 019. 2
1954年	1, 961. 7	351. 9	480. 1	1, 129. 6
1955年	1, 848. 2	532. 4	442. 8	871. 2
1956年	2, 470. 2	864. 4	383. 9	1, 178. 9
1957年	3, 571. 7	1, 252. 6	266. 9	1, 946. 2
1958年	2, 468. 4	929. 3	128. 1	1, 329. 9
1959年	2, 855. 0	1, 174. 3	90. 7	1, 487. 9

(出所)　日本銀行『外国為替統計月報』1960年3月，17～22ページ。

設置し，タイは対応する勘定をタイ中央銀行に開設する。日本からの輸出は貸記，輸入は借記し，第1回目の決算は1948年12月31日に行われた。以後毎年6月30日と12月31日にナショナル・シティ・バンクとタイ中央銀行との間で決算報告書を突き合わせて，差額をドルで決済していた[7]。

　オープン・アカウント方式で注目されるのは，第1に個々の取引でドルは契約通貨として使われているけれども，企業間の決済にドルはまったく必要でないことである。ドルは政府レベルでの貸借差額の決済手段として使われ，相殺額についてはドルは完全に節約されている。したがって，相殺額が多額であればそれだけドルの節約効果は大きいわけである。第2に，タイの例でも明らかなように，わが国ではオープン・アカウントを中央銀行たる日本銀行にではなく，外国銀行在日支店，とりわけ米系銀行に開設し，外国銀行が管理している

点である。このことは，GHQ の統制下で対外取引の外国銀行支配の一端を示すものである。1950年に入ってからは，各協定が更新される都度オープン・アカウントは外国銀行在日支店から日本銀行に移され，翌年5月にすべてのオープン・アカウントは日本銀行が保有することになった。オープン・アカウントの管理・運用権が完全にわが国に移管されたのは，平和条約が発効した1952年4月になってからのことである。

　それでは，オープン・アカウント方式は戦後のわが国の貿易発展にとってどのような役割を演じたのか。通貨地域別の輸出入を表した第4-1表からオープン・アカウント方式の推移を見てみよう。1950年から54年にかけて，オープン・アカウント方式は輸出が1億8,240万ドルから5億3,860万ドルに，輸入は1億6,070万ドルから4億8,010万ドルと，両方とも3倍に増加している。わが国の貿易振興に果たした役割の大きさが窺える。ただし，オープン・アカウント方式の輸出入に占める割合は，輸入に比べて輸出の方がかなり高く常時1/4～1/3に及んでいる。わが国が輸出促進のためこの方式を積極的に活用したことが明らかである。しかし，1954年をピークに輸出入とも急速に低下し，1959年には輸出で1,000万ドル，輸入で900万ドルになり，オープン・アカウント方式以外の貿易が伸びたこともあって，輸出入に占める割合も3％程度にすぎなくなった。オープン・アカウント方式は1950年代末には基本的にその役割を終えている。為替銀行の対外信用力や自己資金力が不足していた戦後初期から1950年代前半にかけて，為替銀行がロンドン金融市場やニューヨーク金融市場にアクセスして，商業ベースでポンドやドル建ての貿易金融を受けるのは不可能であり，確保できたところできわめて割高であった。オープン・アカウント方式は，国家の信用力や対外決済能力をバックにして，商業ベースでは確保できない輸出市場を開拓していく役割を演じたのである。

　注意すべきもう1点は，わが国の貿易通貨構成に果たしたオープン・アカウント方式の役割である。まず，輸入においてドルはポンドをかなり上回り，ときにはその2，3倍の規模に達している。他方，輸出では1950年代前半はポンドがドルを押え，後半になってようやく逆転するとはいえ，両者の差はそれほど大きくはない。いま，第4-2表からわが国の貿易の対米及び対英比率を見ると，対米貿易比率は輸出で20％を超え，輸入ではさらに高く30％以上に達し，

第4章　わが国の対外決済制度の整備　　　91

第4-2表　わが国の対米・対英輸出入比率　(単位：％)

	アメリカ		イギリス	
	輸　出	輸　入	輸　出	輸　入
1950年	21.7	43.2	3.1	0.7
1955年	22.7	31.3	3.2	1.5
1960年	27.2	34.6	3.0	2.2
1965年	29.3	29.0	2.4	2.0
1970年	30.7	29.4	2.5	2.1

(出所)　日本銀行『経済統計年報』1971年，235～238ページ。

　対英貿易比率の2，3％程度に比べると，両者には圧倒的な格差がある。わが国の貿易取引通貨として，特に輸出においてポンドの健闘が注目されてよい。この時期ポンド圏に属するアジア地域への輸出が伸び，その際ポンドは第3国間貿易決済通貨として使われたからである。対米と対英貿易の比重の大きな違いを考慮に入れると，1950年代の前半わが国では，ポンドはドル以上に第3国間貿易決済通貨として機能しており，後半においてもドルと肩を並べていたのである。ポンドとドルの拮抗のなかで，オープン・アカウント方式のドル依存は，わが国の貿易取引通貨のドルへの傾斜を促す役割を果たしたのである。

　ちなみに，貿易外取引から生じる外国為替の受払いを見ると，ドルの受取額は，1950年の2億3,000万ドルから翌年には9億ドルに激増した後，次第に減少して1955年は約6億5,000万ドルであった。ただ，1951年から54年にかけて貿易外取引からの受取額は輸出による受取額の1.5倍から3倍の規模に達していたのが注目される。支払額は同期間2,400万ドルから1億8,000万ドルに増加したものの，輸入額に比べてはるかに少額である。他方，ポンドに関しては，同期間受取額は600万ドルから3,500万ドル，支払額は800万ドルから1億1,000万ドルと増大してはいるが，貿易（ポンド建て）に比較してもまたドルと対比しても，取引の規模はかなり小さい。したがって，為替取引におけるドルの取引量は，経常取引全体で見ると，1950年代前半の段階ですでにドルはポンドを圧倒していたことがわかる[8]。

　ところで，オープン・アカウント方式は，政府が個々の取引にまで介入するため，手続きが煩雑すぎるという欠点があり，加えて，双務主義から絶えず貸

借均衡が要求され，一方的な不均衡が続けばややもすると縮小均衡に陥る危険性を持っている。実際，わが国は通商協定貿易の均衡を図るため，強制的な制限措置を取ることを余儀なくされている。例えば，1951年末に西ドイツやスウェーデン向け鉄鋼製品の輸出制限が実施され，翌年3月にスターリング地域に対する出超傾向からわが国のポンド残高が累増した結果，スターリング地域への輸出調整が行われた。さらに同年インドネシア，アルゼンチン，フランス等の入超傾向にある国がわが国に対して輸入制限措置を実施している。通商協定の改訂時に，わが国が入超になるように貿易計画を作成するといった措置もそうである。

　にもかかわらず，通商協定方式が盛行したのは，1949年に発表された「ローガン構想」[9] の導入によるところが大きい。「ローガン構想」は，第1に決済にスウィング方式を取り入れていること，第2に輸入先行主義を打ち出した点で，従来の貿易協定と大きく異なる。スウィング方式とは，貸借差額を直ちに決済するのではなく，例えば貿易計画の10～20％内の出超や入超は次期に繰り延べ，それを超える部分についてのみ現金決済を行う方式である。輸入先行主義とは，輸入業者の輸入申請を優先的に許可することを義務づけ，輸入拡大を通してわが国の出超幅を抑えて，拡大均衡を目指すものである。「ローガン構想」は，1949年10月西ドイツとの支払協定で明示的に導入され，それ以後の協定でも取り入れられた。追加的措置としてスウィングの限度額も引き上げられ，相当額の貿易不均衡をより長期的に打開することが可能となったのである。

　平和条約が発効した1952年8月に，GHQ は通商協定を締結する権限を日本に委譲する考えを明らかにした。政府は，通商協定方式の廃止による輸出減退を懸念して，条約発効後もかつての GHQ の方針を踏襲して自主的に協定を締結していった。ところが，1950年代の中頃になって世界の情勢は大きく変化していた。とりわけ西ヨーロッパ諸国は戦後の混乱から順調に回復を遂げ，ドル不足の深刻さはもはやなく，域内を中心に為替管理の緩和や貿易・資本の自由化が急テンポで押し進められていた。規制緩和と自由化の動きを見て，IMF は戦後の過渡期が終わりつつあるとして，西ヨーロッパ諸国の14条国から8条国への移行を検討し始めた。1955年6月，IMF は双務的支払協定の縮小・撤廃の方針を打ち出し，IMF 協定の本来の精神である自由・多角・無差別の原

則に立ち戻るように勧告したわけである。世界の貿易・資本の自由化の流れを受けて，わが国も1955年10月に西ドイツとのオープン・アカウント方式を廃止して，ポンドもしくはマルクによる現金決済方式に移行する決定を下し，イタリア，スウェーデン，タイ，フランス連合との協定にも適用された。その後も，オープン・アカウント方式の廃止の動きは続き，1959年にはギリシア，韓国，台湾の3カ国のみを残すまでになった。1966年3月最後に残った韓国とのオープン・アカウントが廃止されて，ここにオープン・アカウント方式の歴史的使命は終わりを告げたのである[10]。

第2節　対外決済網の形成

制限付きながら民間貿易が再開されてから，貿易正常化に向けての措置が実施されるにつれて，重要になってきたのが為替レート問題であった。オープン・アカウント方式においては，ドルでの対外決済と円での国内決済が切り離されていたので，為替レートはある意味では必要ではなかった。当時は軍用レートが存在するだけであった。民間貿易を本格的に再開するとなれば，個々の取引に外国為替を利用しその売買が生じるので，当然為替レートが必要になってくる。GHQ は，すでに単一為替レートの設定を検討し始めていたが，戦後まもない状況からして一挙に導入するには無理がある。まず暫定措置としてPRS (Price Ratio System) 方式が採られた。つまり，為替レートは輸出促進・輸入抑制の観点から，品目別に輸出については1ドル＝200～600円と円安に，輸入については1ドル＝67～350円の円高に決定された。この制度は一種の複数為替相場制であったので，次に輸出レートの最高限度を450円，さらに425円へと引き下げる一方，輸入レートを一律330円に決定する等，輸出入レートの開きを縮小しようと努めた[11]。

単一為替レートは1949年4月に1ドル＝360円で実施され，6月には英米クロスからの裁定で1ポンド＝1450円80銭と決められた。12月には「外国為替及び外国貿易管理法」が制定されて，貿易取引の制度的な枠組みが基本的にでき上がり，政府管理貿易に代わって民間のイニシアティブを発揮できるようになった。民間貿易への移行のためには，何よりも対外決済制度と貿易金融制度

を確立することが急務である。しかし，為替銀行は資金力が弱く対外信用力もないため，独力で決済網を形成するのは不可能であった。為替銀行に代わって先兵の役割を引き受けたのが，外国為替管理委員会（Foreign Exchange Control Board, 以下FECB と略す）である。FECB は将来は GHQ に代わって外貨を管理する機関として1949年3月に発足し，同年末には GHQ の全権委任状にしたがって外貨の一部を管理運営していた。FECB はまず米系在日外国銀行のナショナル・シティ・バンク，バンク・オブ・アメリカ，チェース・ナショナル・バンクの東京支店に，合計5,300万ドルを預け入れてドル為替決済勘定として FECB 勘定を開設した。翌年1月には，英系在日外国銀行の香港上海銀行，チャータード・バンク，マーカンタイル・バンクのロンドン本支店に合計500万ポンドでもってポンド勘定を開設した。

　FECB によるコルレス網の一層の展開は，英系2行とオランダ系2行にドル勘定を，米系2行にポンド勘定を保有して在日外国銀行網を広げる一方で，在外外国銀行にまで進んだ。1950年2月に日本に支店を設置していない在米9行にコルレス先勘定を，ロンドンに本支店を持たないオランダ系2行については，それら銀行のロンドン・コルレス先にポンド勘定を開設した。こうして，FECB のコルレス網は1954年までに米ドルについては30行，ポンドについては19行へと拡張した[12]。国家自らがコルレス網＝在日・在外 depository banks 網を展開し，国際金融市場にアクセスしながら，対外決済の担い手としての役割を果たしていったわけである。

　為替銀行に関しては，1947年に民間輸出の一部が再開されたので，9行が為替取扱銀行の指定を受けて輸出業務を開始した。だが，GHQ とともに進出してきた外国銀行8行が，GHQ の営業許可を受けライセンスド・バンクとして，在日軍関係の資金取扱及び貿易業務を独占していた[13]。外国銀行が輸出手形の買取り，GHQ 勘定への外貨の振込，海外銀行との書類手続き等対外業務一切を取り仕切っていた。為替銀行は外国銀行のもとで外国銀行と輸出業者を繋ぐ単なるパイプ役にすぎなかったのである。1949年に「外国為替及び外国貿易管理法」が制定されたので，邦銀11行が外国為替銀行として改めて認可された。続いて，在日外国銀行10行に対して，国内業務及び為替業務を許可した[14]。新たな措置が意図するところは，外国銀行の業務が GHQ の許可に基づくもの

であって，わが国当局の権限が及ばなかったので，法律制定を機にわが国の管轄下に置き，邦銀と外国銀行を制度上平等にすることで，外国銀行の特権を制限しようとしたのである。

　為替銀行の対外決済網が整備されるのは1950年代に入ってからである。まず，1950年4月為替銀行11行は在外米系銀行12行とコルレス契約を結ぶことが許されて（翌年10月英系銀行にも適用）コルレス網が広がり，取引先が在外外国銀行にまで拡大した。とはいえ，自行名義のコルレス勘定の保有が許されなかったので，コルレス取引の決済は外国銀行に開設されている FECB 勘定を通して行うほかなく，輸出手形の取立や輸入手形の決済といっても，FECB勘定によって決済された自行為替の事務処理を行っているにすぎなかった。対外決済の主体は依然として FECB であって，為替銀行は国家の下請け的な機関にとどまっていた。

　為替銀行が自ら対外決済を行えるようになったのは，1950年6月にドル保有が許可されてからである。為替銀行は在日外国銀行に自行名義の為替決済勘定であるドル勘定を開設し，翌年10月に在米コルレス先銀行にも適用された。1953年3月にはすでにコルレス契約の締結が認められていた在英コルレス先銀行にポンド勘定を開設するに至った。1952年には海外支店の設置が認可され，東京銀行・ロンドン支店の開設をはじめとして，1954年初めにロンドン，ニューョーク，アジア地域を中心に東京銀行6支店，三井銀行2支店，三和，住友，三菱，富士銀行各1支店計6銀行12支店の海外支店網となった[15]。かくして，為替銀行は自らの在日・在外コルレス網と海外支店網の形成によって，対外決済を主体的に担えるようになったのである。

　為替銀行が主体的な対外決済機関になったとしても，直ちに在日外国銀行への従属から脱却しえたわけではなかった。1950年にコルレス取引が実施されて以来，為替銀行の貿易金融業務や為替業務は不振を極めた。1952年に至っても，ドル建て信用状の60％，ポンド建て信用状の全部が在日外国銀行の確認を必要としたし，為替銀行の買入手形の70％は在日外国銀行によって再割引されるという状況だったからである[16]。さらに，国家から完全に自立を遂げたわけでもなかった。為替銀行の対外信用力不足は，コルレス勘定を開設できても，輸入信用状の開設に米系銀行からは信用状金額の50％，英系銀行に至っては100％

のマージン・マネーの積立を要求された[17]。より一層深刻な事態は，コルレス先銀行から信用を受けられないことであった[18]。

　為替銀行の信用力や対外決済能力を補強して，対外決済を円滑に進める目的で2つの制度が実施された。1つは LUA (Letter of Undertaking and Authorization) 制度の創設である。同制度は，コルレス先銀行に置かれた為替銀行名義の勘定残高が不足した場合，外国銀行が MOF 勘定（1952年 FECB 勘定を変更）を引き落としてもよいことを保証したものである。もう1つは，「外貨預託制度」や「外貨預入制度」（両者は1954年3月に「外貨預金制度」として統合された）である。両制度は，為替銀行が在米及び在英コルレス先に自己勘定を開設するに併せて，政府が保有外貨を為替銀行に預けて為替銀行の外貨資金不足を補おうとするものであった。為替銀行は預け入れられた外貨を輸入信用状の開設に要求されるマージン・マネーに充当しただけでなく，特にドルについては在米日系商社に運転資金として貸し付けたり，在米コルレス先からの借入れの担保として差し入れるアメリカ政府証券の購入に利用した[19]。為替銀行は1952年に一応対外決済の担い手としての制度的条件を身に付けたとはいえ，資金不足や対外信用力不足に経験不足が重なって，依然として国家のバックアップを必要としたのである。そのため，為替銀行は在日外国銀行への従属からの脱却も思うように進まず，対外決済機関としての自立化もままならなかったのである。

第3節　貿易金融の整備

　為替銀行の在日外国銀行への従属は，対外決済面だけではなく前段階の貿易金融分野にまで及んでいる。対外信用度や国際的な著名度の低さから，手形は在日外国銀行の確認が必要とされ，再割引もきわめて不利な条件で在日外国銀行に頼らざるをえない状況だった。外国為替を専門業務とする東京銀行を別にすれば，為替銀行といっても商業銀行業務を主業務とした普通銀行であって，為替業務は付随的なものでしかなかった[20]。そして，証券市場の発達が著しく遅れていた当時にあっては，普通銀行とりわけ都市銀行は企業の運転資金だけでなく設備投資資金需要にも応えることを余儀なくされていた。そのため，国

第4章　わが国の対外決済制度の整備　　　97

内の経済復興に多額の資金を振り向けねばならなかったのである。そのうえ，国内金融市場における高金利のもとでは貿易金融に伴う資金負担は加重となる。それゆえ，貿易金融を自国通貨建ての国内金融で賄うのはきわめて困難で，やおら外貨金融に依存せざるをえない。そうだとしても，在日外国銀行への従属下では，割安の外貨金融のメリットを享受できない。資金負担のかからない一覧払決済をいつまでも続けていける環境ではなく，国際競争に勝ち抜いて輸出市場を確保するには，輸入業者にいかに低金利の信用を供与できるかが重要な要件になってきていた。

　1952年に輸出について期限付手形が標準決済と指定されたのを受けて，翌年2月「外国為替引当貸付制度」が創設された。為替銀行が例えば国内の輸出業者からドル建ての期限付手形を買い取って海外の輸入業者にユーザンスを与えることは，為替銀行にとっては手形というドル資産への投資を意味する。いわゆる円投型の短期対外投資である。投資収益は，為替手数料や為替リスクを無視すれば，手形期間の金利，手形がドル建てだからドル金利にほかならない。問題は，手形の買取円資金をどのようにして調達するか，すなわち邦貨為替資金調整である。いま円資金を国内金融市場で調達すれば，円金利が常にドル金利を上回っているような金利関係では，投資収益すなわち貸付金利より借入金利の方が高くなり，逆鞘になってしまう。また，在日外国銀行に再割引に出して，取得したドルを売却すれば円資金は調達できるけれども，割高な割引金利が適用されて投資収益を失う。

　「外国為替引当貸付制度」は，日本銀行が期限付手形を担保に欧米並みの低金利で輸出手形買取円資金を供給して，為替銀行の為替資金調整操作上のディレンマを肩代わりするものである。さらに，日本銀行が低利の資金を提供することで，在日外国銀行の不利な再割引に対抗する意図もあった。為替銀行にとって，通常の再割引金利よりも有利な優遇金利で，しかもそれとは別枠で日銀貸出が受けられるのだから，為替銀行がフルにこの制度を利用したことは，第4-3表からも知られよう。外国為替引当貸付残高は，制度が始まった当初の4億円から一貫して増加し，1959年には530億円を超え，制度が廃止された1961年9月末でも414億円の巨額に達している。1950年代の輸出の大半がこの制度によって金融されたわけである。本来なら為替銀行が輸出手形の直送・割引と

98　　　　　　　第2篇　わが国におけるドルの基軸通貨化

第4-3表　外国為替引当貸付制度

（単位：億円）

年/月末	1953/3	1953/9	1954/9	1955/9	1956/9	1957/9	1958/12	1959/12	1960/12	1961/6	1961/9
残高	4	15	38	143	175	323	345	531	526	567	414
内訳											
ドル							266	454	455	484	
ポンド							74	72	61	71	

（注）　ドル，ポンドは100万ドル。
（出所）『日本金融史資料』第13巻，43ページ。

　いう国際金融市場，アメリカ BA 市場あるいはロンドン手形割引市場を利用した国際的な横の銀行信用によるべきところを，それが困難な状況下にあって，日銀信用という縦の信用転嫁で解決を図ったのである。ここに日銀信用に依存した外貨建て輸出金融が制度化されたのである。

　輸入金融については，為替銀行に外貨保有が許されるまで，FECB が為替決済勘定としてロンドンやニューヨークのコルレス先に開設した FECB 勘定の引き落しで一覧払手形を決済をしていた。一覧払だったのは，外国銀行からユーザンスが得られなかったからである。それゆえ，輸入金融の整備は，ユーザンスをいかに確保するかに重点が置かれていた。ユーザンスの再開は，1950年4月に政府がビルマ米を輸入するときに，香港上海銀行が50％のマージン・マネーの積み立てを要求するとともに90日のユーザンス手形の利用を大阪（住友）銀行に許可したことに始まる。民間ベースでの本格的な再開のきっかけとなったのは，同じ時期に実施された「外国為替貸付制度」である。この制度は，日本銀行が FECB から買い入れた外貨を為替銀行に貸し付けて一覧払手形の決済に対処する一方，輸入業者は為替銀行に，為替銀行は日本銀行にそれぞれ確定日払いの外貨建て約束手形を差し入れて，手形期間（90〜120日）代金取立を猶予するものである。外国銀行から L/C 開設に要求されるマージン・マネーに充当するのが甲種貸付，輸入代金の支払に充当するのが乙種貸付であった。後者の乙種貸付がいわゆる「日銀ユーザンス」である。

　「日銀ユーザンス」方式は，仕組みからも明らかなように，ユーザンスといっても対外的には一覧払手形決済で輸入決済は終わっており，外貨代金取立猶予は貿易金融に関連するとはいえ対外決済後の国内金融問題に属するものである。確定日払外貨約束手形といっても本来のユーザンス手形ではなく，それ

第4章 わが国の対外決済制度の整備　　　　99

第4-4表　外国為替貸付制度（残高）

（単位：億円）

年/月	1950/12	1951/3	1951/6	1951/9	1951/12	1952/3	1952/6	1952/9	1952/12	1953/6	1953/12	1954/6
甲種	1,022	1,329	579	324	446	880	387	311	312	25	3.5	0
乙種	532	1,472	1,587	1,050	936	591	99	16	6	3	0.3	0
計	1,545	2,802	2,166	1,374	1,382	1,471	486	327	318	28	3.8	0

（出所）『日本金融史資料』第13巻，26ページ。

を模したものにすぎない。とはいえ，外国銀行に対抗し，また外国銀行間に競争心を刺激するには十分であった。1953年にポンド建て期間90日の外銀ユーザンス，54年に為替銀行が自己資金で90日以内のドル・ユーザンスを供与する邦銀ユーザンス，いわゆる「自行ユーザンス」が認められ，一覧払方式からユーザンス方式へと移行していった。さらに，1955年以降も邦銀ユーザンスがポンドにも利用できるようになり，ドル・ユーザンスの適用品目が拡大される等，ユーザンス方式は拡張されていった。他方，輸入為替規制の緩和に伴い，1951年にシッパーズ・ユーザンス，52年に石油輸入に対するスタンドバイ・クレジット，59年に BC ユーザンスが許可され，輸入ユーザンス方式の多様化が進められた。

　さて，第4-4表から「外国為替貸付制度」を通じての日本銀行の貸付を見ると，残高は創設された当初はマージン・マネーに使用される甲種貸付がユーザンスの意味を持つ乙種貸付の 2 倍近い1,000億円余りにのぼっていたが，次の年からは乙種貸付が急増し，1951年末には1,500億円を優に超えていた。しかしながら，貸付残高の合計額は1952年 6 月末には 3 月末の1/3弱の486億円に激減し，その後も減少していく。とりわけ乙種貸付の減少が著しいのが注目される。また，わが国のスターリング地域への輸出超過が恒常化してポンド残高の累積が問題化した1952年 2 月には，「別口外国為替貸付制度」が導入された。新たに制度が追加されたのは，1951年にスターリング地域との支払協定が改訂されてドル条項が撤廃されたため，ポンド残高をいつでもドルに転換できなくなったからである。為替リスク，もしくはポンドの平価切下げによる為替差損をポンド建て輸入を促進することで回避しようとしたのである[21]。この制度は，「外国為替貸付制度」とは別枠で実施され，適用地域はポンド地域とオープン・アカウント地域からドル地域にまで拡大されている。「別口制度」の貸付残

第4-5表　輸入ユーザンス残高

(単位：100万ドル)

年　末	1953	1954	1955	1956	1957	1958	1959	1960	1961	1962
邦銀ユーザンス	—	3.5	131.2	162.9	66.8	80.1	92.5	64.6	139.1	145.8
外銀ユーザンス	2.2	64.9	116.2	244.1	157.9	129.5	379.4	677.6	1,201.4	1,091.7
計	2.2	68.4	247.4	407.0	224.7	209.6	471.9	742.2	1,340.5	1,237.5
通貨別内訳										
ポンド	2.2	64.8	159.5	220.7	110.9	118.1	197.7	198.2	283.9	229.6
ド　ル	—	4.1	86.1	178.5	112.5	91.3	273.1	523.0	1,016.9	968.8
その他	—	0.1	1.8	7.8	1.3	0.2	1.1	21.0	39.7	39.1

(出所)　『日本金融史資料』第13巻，474ページ。

高を見ると，1952年12月末に626億円，53年は900億円を上回る[22]。つまり，1952年から53年にかけての「外国為替貸付制度」の急減は，「別口外国為替貸付制度」によって埋められていたわけである。

1954年に入ると，「外国為替貸付制度」は廃止され，他方「別口外国為替貸付制度」も450億円と前の年の1/2に激減し，以後も減少は続く。それは，制度金融自体が1954年を境に縮小していることを表している。制度金融の縮小の理由は，輸入ユーザンスの推移を示した第4-5表から読み取れる。銀行ユーザンスは1953年のわずか220万ドルにすぎなかったものが，年を追う毎に急増し，1956年には4億ドルを超える規模に達している。貿易金融の整備において最重要課題であったユーザンスの確保は，1954年の邦銀ユーザンスの開始とともに，外銀ユーザンスが急増してようやく軌道に乗ったのである。特に外銀ユーザンスは1953年の220万ドルから1956年の2億4,400万ドルに跳ね上がり，銀行ユーザンスが制度金融に取って代わったのである。銀行ユーザンス制はわが国の国際収支や国際経済情勢によって停止されたり再開されるといった紆余曲折を経て，1954〜55年頃に一般化して，呼び水的役割を果たすことが目的であった制度金融は役目を終えたのである。

第4-6表から，輸入ユーザンスにおいてドルとポンドの間に違いがあることが見い出される。ドルの場合は本邦ローン方式がユーザンス残高の半分以上を占め，アクセプタンス方式を加えると9割に及ぶ。ドルに対して，ポンドはリファイナンス方式が主流で，1957年以降はアクセプタンス方式にシフトする。その年にリファイナンス方式が激減し，以後利用されなくなったのは，イギリ

第4章　わが国の対外決済制度の整備　　　　　　　　　101

第4-6表　方式別輸入ユーザンス残高

(単位：ポンドは100万ポンド，ドルは100万ドル)

年/月末	(a) ポンド					(b) ドル		
	1956/12	1957/6	1957/12	1958/6	1958/12	1957/12	1958/6	1958/12
アクセプタンス方式	2.5	16.5	28.0	33.6	30.9	49.4	36.0	30.4
リファイナンス方式	45.0	66.9	4.8	—	—	11.4	9.2	8.0
本邦ローン方式	31.3	33.1	6.8	8.0	11.2	51.7	46.7	52.8
計	78.7	116.5	39.6	41.6	42.2	112.5	92.0	91.3

(出所)『日本金融史資料』第13巻，30ページ。

スがポンド危機に直面してこの方式を禁止する措置を取ったからである。貿易金融方式におけるドルとポンドの違いはきわめて興味深いものがある。ドル・ユーザンスを利用するときに本邦ローン方式が多いのは，対米貿易がわが国に占める比重が非常に高いことによる。なぜなら，アメリカからの輸入はすべてドル建てでかつそのほとんどが本邦ローン方式で金融されているからである。したがって，3割以上を占めるアクセプタンス方式は，主としてアメリカ以外の国からの輸入に使われていると推察できよう。輸入に関しては，アクセプタンス方式による貿易金融であるBA市場が，わが国におけるドルの第3国間貿易決済通貨として機能を支えているわけである。ドルによる貿易金融方式と比較すると，ポンドの場合は1957年まではリファイナンス方式が，それ以後はドルと同様アクセプタンス方式が第3国間貿易決済通貨としての機能を支えていたのである。

第4章　注

1）　佐藤委員会レポート「円の国際的地位」1967年，日本経済調査協議会編『円の国際化』銀行通信社，1976年，所収，255ページ。

2）　通産省通商局通商調査課編『日本貿易の展開』商工出版，1956年，602ページ。

3）　大蔵省財政史室編『昭和財政史──終戦から講和まで──』第15巻，1976年，東洋経済新報社，412ページ。

4）　わが国は1949年4月から中南米諸国に貿易使節団を派遣し，メキシコ，チリ，ウルグアイ，ブラジル，アルゼンチン，ペルー，コロンビア，ベネズエラの8カ国と暫定的な通商協定を締結した。同上書，411ページ。

102　　　第2篇　わが国におけるドルの基軸通貨化

5）　同上書，434ページ。「分割2勘定制」とは1つの勘定を両国に分割し，相
　　互に自国の輸出のみを借記し，仕向送金のみを貸記する方式である。ちなみに，
　　フィリピンのケースは「対応2勘定制」といわれ，本勘定をお互いが保有して，
　　自国の輸出だけでなく輸入についても本記帳を行う方式である。2勘定制を採
　　用しているのは両国のみで，他はすべて1勘定制が採用されている。同上書，
　　433ページ。
6）　「ドル条項」とは，スターリング地域との支払協定において，SCAP（連合
　　国最高司令官）が要求すればポンド残高を取引当日のイングランド銀行のドル
　　対ポンドの仲値相場でドルの購入に使用でき，通常は6ヶ月毎にドルに転換す
　　るというポンド残高のドルへの交換の権利を定めた規定である。外務省・通産
　　省管理貿易研究会編『戦後日本の貿易・金融協定』実業之日本社，1949年，20
　　～21ページ。
7）　日本銀行金融研究所編『日本金融史資料——昭和続編——』第13巻，大蔵
　　省印刷局，1983年，155ページ。
8）　通産省通商局通商調査課編，前掲書，116ページ。
9）　大蔵省財政史室編，前掲書，412ページ。
10）　三井銀行『外国貿易為替便覧』1966年，99ページ。
11）　日本経済調査協議会編，前掲書，256ページ。
12）　坂本信明編『日本における外国為替市場の形成』外国為替貿易研究会，1959
　　年，26～29ページ。東京銀行がドル及びポンドのディポジトリー・コルレスと
　　して指定を受けたのは1954年9月である。同上書，27ページ。
13）　8行とはナショナル・シティ，インドシナ，香港上海，チャータード，バ
　　ンク・オブ・アメリカ，チェース・ナショナル，オランダ，蘭印商業銀行であ
　　る。大蔵省財政史室編，前掲書，114ページ。
14）　これら為替銀行がいわゆる甲種為銀で東京，三菱，第一，富士，住友，三
　　和，大和，神戸，日本勧業，東海銀行がそうである。翌年日本興業銀行が認可
　　されて甲種為銀12行体制となった。外国銀行10行は先の8行とマーカンタイル
　　と中国銀行である。同上書，127，129～130ページ。
15）　同上書，128ページ。
16）　日本経済調査協議会編，前掲書，260ページ。
17）　坂本信明編，前掲書，30ページ。
18）　1967年2月末時点で，わが国の外貨準備は20億500万ドルであった。そのう
　　ち，定期預金形態で保有されている部分は7億5,000万ドルで，約37％を占め
　　ていた。興味深いのは外貨準備を定期預金形態で運用する目的である。それは，

為替銀行が米銀から「相当額の credit line を合理的な条件で維持乃至獲得するために」，提供せざるをえなかった見合い預金（歩積み）であった。そして，1966年6月末時点で，MOF 預金，日本銀行預金，為替銀行預金の合計額は米銀のクレジット・ラインの45.5％を占めていた。日本経済が高度成長を遂げ，1964年には OECD に加盟して先進国の仲間入りを果たしたにもかかわらず，為替銀行が米銀からクレジット・ラインを設定してもらうのに，なおも国家が相当額の担保を提供していたのである。このような実状を思うと，1950年代に為替銀行が米銀をはじめ外国銀行にクレジット・ラインを設定してもらうのがいかに困難であったのかがわかる。大蔵省財政史室編『昭和財政史』第12巻，東洋経済新報社，1992年，203〜204ページ。

19) 坂本信明編，前掲書，40〜44ページ。為替銀行の外貨資金補強策の1つとして，1953年9月に実施された「外貨預入制度」における，ドル利用の仕組みは次のようである。為替銀行は，①MOF 勘定からドル預金を受け入れ，②そのドルで在米支店や在米コルレス先を通じてアメリカ証券市場でアメリカ政府証券を購入する。次に，③購入した証券を担保に，④コルレス先からドルを借り入れて，⑤日系商社の在米支店に運転資金として現地貸を行う。

20) ちなみに，数字は1968年のものであるが，外国為替専門銀行である東京銀行一行の国内の外国為替取扱高は，甲種為銀11行と乙種為銀6行の合計額の輸出で3倍，輸入で2.5倍にのぼる。海外支店の外国為替売買高も東京銀行は1966年で全体の73％，1968年では77％を占める。また，総資金量に占める外貨資金の比率は東京銀行が57％なのに対して，甲種為銀は8％，乙種為銀に至っては1.3％にすぎない。金融制度調査会（大蔵省銀行局）『普通銀行制度・貿易金融』金融財政事情研究会，1970年，296〜297ページ。

21) 日本銀行金融研究所編，前掲書，27ページ。

22) 別口外国為替貸付を品目別に見ると，1953年末で綿花244億円，技術および機械172億円，鉄鉱石と強粘結炭がどちらも199億円，羊毛69億円，くず鉄57億円等となっている。翌年末の貸付残高は，技術および機械187億円，船舶24億円の2品目だけとなっている。日本銀行金融研究所編，前掲書，28ページ。

第5章　1960年代のわが国貿易金融の特徴

第1節　米BA市場とドル依存

1　輸出金融の日銀依存

　第5-1表は，1968～74年のわが国の貿易の通貨構成を示したものである。例えば，1968年を見てみると，円建て比率は，輸出で1％前後，輸入で0.1～0.3％とないに等しく，すべてが外貨建てといっても誇張ではない。なかでもドル建ては圧倒的で，輸出の85.8％，輸入の81.7％に達し，ポンド建てがそれぞれ10％，12.6％にすぎないのに比べると，両通貨の格差は歴然としている。わが国の貿易金融は外貨建て，とりわけドル金融に大きく依存していたのである[1]。注目すべきは，同じくドル金融といっても，輸出金融と輸入金融とでは内容に食違いを見せている点である。

　まず，輸出金融から検討しよう。1960年代の輸出金融の大半は，「外国為替資金貸付制度」によってまかなわれた。「外国為替引当貸付制度」が国際収支の大幅な黒字のもとで輸出優遇策として海外からの批判を浴び，1960年に廃止された。ところが，同年末再び国際収支危機が生じたので，翌年復活されたのがこの制度である。第5-2表から同制度の利用を見ると，創設された1961年末の803億円から毎年の増加は著しく，1970年末には1兆1,601億円に達し，この10年間で14倍以上の伸びを示している。貸付規模の大きさは日本銀行サイドからも明らかである。貿易関係貸出が貸出総額に占める割合は着実に上昇していき，1969年末には1/2以上に達している。貿易関係貸出の中心が「外国為替資金貸付制度」であって常にその80％近辺を占め，貸出総額においても20％相当になっている。日本銀行が貿易金融をいかに優遇していたか，「外国為替貸付

第5章　1960年代のわが国貿易金融の特徴　　　105

第5-1表　通貨別輸出入の推移

（単位：％）

	1968年		1969年		1970年		1971年		1972年		1973年		1974年	
	輸出	輸入	輸出	輸入	輸出	輸入	輸出	輸入	輸出	輸入	輸出	輸入	輸出	輸入
ドル	85.8	81.7	90.1	83.3	90.5	86.0	90.4	87.9	82.8	85.7	81.0	85.4	77.7	88.7
ポンド	10.0	12.6	7.8	11.6	7.1	8.8	6.3	7.1	5.4	7.4	2.2	4.3	1.6	3.7
円	1.2	0.1	0.6	0.0	0.9	0.1	2.0	0.2	8.7	0.6	11.3	1.1	15.0	0.8
マルク	—	—	0.5	2.7	0.5	2.7	0.6	2.3	1.3	2.4	1.5	2.8	1.3	1.9
フランス・フラン	—	—	0.4	0.5	0.5	0.4	0.1	0.4	0.3	0.9	0.2	1.0	0.2	0.6
スイス・フラン	—	—	0.0	0.9	0.1	1.0	0.2	0.9	0.2	1.1	0.1	1.1	0.1	0.8
その他	—	—	0.6	1.0	0.4	1.0	1.4	1.2	1.4	1.9	1.4	4.3	4.1	3.5
計	100.0	100.0	100.0	100.0	100.0	100.0	100.0	100.0	100.0	100.0	100.0	100.0	100.0	100.0

（出所）　1968年は金融制度調査『普通銀行制度・貿易金融』金融財政事情研究会，1970年，294ページ。
　　　　1969年以降は日本経済調査協議会編『円の国際化』銀行通信社，1976年，74〜75ページ。

第5-2表　外国為替資金貸付制度及び輸出手形買取制度

（単位：億円）

年/月末	日本銀行貸出計 (A)	貿易関係貸出計 (B)	外為資金貸付 (C)	輸出貿易手形 (D)	輸入貿易手形 (E)	その他 (F)	% (B)／(A)	% (C)／(B)	輸出手形買取残高 (100万ドル)
1961/9	10,272	953	243	200	96	414	9.3	25.5	—
1961/12	12,845	1,177	803	335	39	—	9.2	68.2	—
1962/12	12,851	1,966	1,522	432	12	—	15.3	77.4	—
1963/12	11,556	2,463	1,978	465	20	—	21.3	80.3	—
1964/12	11,103	3,658	2,889	747	22	—	32.9	79.0	—
1965/12	16,277	4,811	3,829	939	43	—	29.6	79.6	—
1966/12	17,412	5,438	4,417	1,021	—	—	31.2	81.2	—
1967/12	15,151	5,334	4,085	1,249	—	—	35.2	76.6	133
1968/12	15,632	7,583	6,066	1,517	—	—	48.5	80.0	171
1969/12	19,417	10,550	8,543	2,007	—	—	54.3	81.0	213
1970/12	23,534	15,794	11,601	2,301	—	1,892	67.1	73.5	328
1971/12	6,808	5,837	35	1,091	—	4,731	85.7	—	216
1972/3	6,511	—	—	1,100	—	—	—	—	35

（出所）　大蔵省財政史室編『昭和財政史』第12巻，東洋経済新報社，1992年，319ページ。

制度」は輸出金融にほかならないから，輸出貿易手形と合わせると，わが国が
輸出にいかに力を注いでいたかがわかる。

　「外国為替資金貸付制度」の仕組みは，廃止された「外国為替引当貸付制
度」と基本的になんら変わらない。したがって，為替銀行が同制度を利用する
限り，手形買取に適用される金利と日本銀行からの借入金利との差だけ利鞘は

確保されている。「外国為替資金貸付制度」の問題点は，為替銀行がユーザンス供与に伴う邦貨の資金調整，すなわちドル手形買取によって生じる円資金不足を日銀信用に依存するとしても為替持高調整の必要性までもなくならないことであった[2]。特に輸出が急増して貿易収支の黒字が大きくなると，外貨手形保有による買持ち要因を輸入での売為替でマリーできなくなり，買持ち部分については為替リスクを回避するために直物市場あるいは先物市場でドル売カバーを大規模に行わざるをえない[3]。直物市場での大量のドル売は急激な円高を招いて輸出を阻害する一方，先物市場での大量のドル売は先物ドル相場を大幅にディスカウントさせて二重のディレンマを生じさせる。

　1つは，為替銀行にとって先物ドルの大幅なディスカウントは，ドルを高く買って安く売る結果となるので，為替差損が発生して「外国為替資金貸付制度」の利用で確保した利鞘を食いつぶしてしまう。もう1つは，輸出業者にとっては割安のユーザンスが利用できても，輸出予約レートが大幅に下がれば輸出代金の目減りが生じる。本来ならば，輸出の増加によるドル余剰，円不足という為替資金の過不足は，買い取ったドル手形をBA市場で再割引に出し，代わり金を東京市場で売却して円資金を調達すれば調整でき，同時に為替リスクも回避できる。BA市場での再割引方式は為替資金操作と持高操作の両方を兼ねていたのに，「資金貸付制度」によっては為替銀行と輸出業者双方とも依然として為替リスクが残ることになる。

　そのような欠点を取り除き為替リスクも日本銀行が引き受けようとしたのが，1965年に創設された「外国為替手形買取制度」である[4]。「手形買取制度」は為替銀行が買い取った外貨建て期限付手形を引当てとして，為替銀行が振り出したドル建て手形を満期日での売戻条件付きで，さらにニューヨークBAレートよりも低い優遇レートで日本銀行が買い取り，為替銀行に輸出手形の買取円資金を供与するものである[5]。前掲表から日本銀行の輸出手形買取残高を見ると，1967年末の1億3,300万ドルから1970年末にはほぼ2.5倍の3億2,800万ドルに達している。金額のうえでは「外国為替資金貸付制度」の10分の1程度のすぎないが，それは為替銀行が買持ちのオープン・ポジションになっている部分だけ買い取ればいいからである。為替銀行は輸出超過に伴う買持ちを，買持ち額だけ日本銀行に対して外貨手形を売ることで売カバーができるのである[6]。

第5章　1960年代のわが国貿易金融の特徴　　107

　為替銀行は為替資金調整を「外国為替資金貸付制度」に，為替持高調整を
「外国為替手形買取制度」に大きく依存し，同時に輸出手形の買取円資金をも
低金利で調達することができたのである。要するに，1960年代の輸出金融の特
徴は，「外国為替資金貸付制度」とそれを補完する「外国為替手形買取制度」
を通じて全面的な日銀依存体制にある。中央銀行信用に依存した輸出金融は，
国際収支の黒字が定着し黒字幅が大きくなると，再び輸出優遇策として海外か
らの批判の的になり，1971年には両制度とも廃止されるに至った。

　「外国為替資金貸付制度」において円金融を日銀信用に依存するとしても，
形式的であれ海外の輸入業者にユーザンスを供与しているのは為替銀行である。
「外国為替手形買取制度」にまで進むと，為替銀行が輸出業者から買い取った
手形を直接日本銀行に売却するわけではないとしても，結局は外貨手形の肩代
わりが行われているから，ユーザンスの供与者は実質的には日本銀行自体とな
る[7]。高度経済成長を国是としていた当時は，国際収支の天井が経済成長に
とっての大きなネックとなっていた。だから，日本銀行による制度金融は重要
な輸出促進策として機能し，輸出拡大を通じて国際収支の天井を引き上げる作
用を持っていたのである。

　一方では，ドル不足の解消に伴って貿易・資本の自由化という世界の流れに
呼応して，わが国においても貿易及び資本の自由化を経済政策の1つの柱に据
え，政策目的の実現に向かっての措置が次々に打ち出されていった。1960年に
は円為替の導入が実行され，「貿易為替自由化大綱」の閣議決定を受けて輸入
自由化が急速に進められた[8]。輸入自由化率は1960年4月の40％から63年7月
には92％に上昇し，わずか3年余りで先進国並みとなった[9]。資本自由化につ
いても，1964年に先進国クラブといわれる OECD への加盟を果たし，「資本
移動の自由化に関する規約」を守る義務を負い，さらに1967年には第1次資本
自由化を実施して本格的にその道を歩み始めた[10]。「自由化」とは，市場メカ
ニズムを重視し，規制を緩和して国家の経済過程への介入を減らすこと，すな
わち管理経済から市場経済への移行にほかならない。ところが，貿易金融にみ
られる制度金融の強化はまさにそれに逆行するものである。中長期貿易金融
に国家が介入するという事態は，第2次大戦後の先進国に共通の特徴である。
1950年の日本輸出銀行の設立（1952年日本輸出入銀行に改組），1960年の海外協

力基金の設置等，わが国も例外ではない。だが，短期の貿易金融において国家がこれほどまでに介入しているのは日本の著しい特色である[11]。

ただ留意しておきたいのは，短期の貿易金融に国家が大々的に介入すること自体は，歴史的に見れば必ずしも特殊的とはいえない。例えば，アメリカは1913年に中央銀行として連邦準備制度（FRS）を創設し，第1次大戦後それまでの貿易金融のポンド依存から脱却して，自国通貨ドルでの貿易金融体制を打ち立てようと企図したのである。商業銀行に対して引受信用や海外支店設置を許可し，BA市場の創設はその柱であった。ところが，民間ベースではBA市場の発展は到底望めなかった。なぜなら，BAの低金利は輸出入業者にとっては貿易金融面で大きなメリットとなった反面，商業銀行や一般投資家にとっては信用リスクはないとはいえ，低金利であるが故に短期の投資対象にならなかったからである。そのため，BA市場は発行市場は活発になりえても，流通市場は停滞せざるをえなかった。そこで，連邦準備銀行は流通市場の狭溢さを克服してBA市場を育成するために商業銀行からの再割引に積極的に応じていった。1920年代後半には連邦準備銀行の自己勘定での保有分がBA残高の1/4から1/3を，ときには半分以上を占めるに至った。連邦準備銀行自身が流通市場の代わりを果たしたのである。BA市場はインターバンクを中心とする割引市場としては自立できず，中央銀行信用である連銀信用に大きく依存してしか存在しえなかったわけである[12]。

わが国の場合は様相が異なる。なぜなら，輸入業者に与える信用は外貨のドルであって自国通貨の円ではないからである。対外的なドル建て貿易金融を日銀信用に依存した円金融で賄うことはきわめて変則的な事態である。だからこそ，円金融であっても適用金利は国内の円金利ではなく海外の外貨金利，すなわちドル金利が基準となり，為替リスクもなくならないのである[13]。先ほどのアメリカの場合は，連銀信用によって支えられたBA市場は，アメリカの輸出入だけではなく，第3国間の貿易にも使われることによってドルを世界貿易における取引通貨として機能させる梃子になった。さらに外国の中央銀行がBAを保有することを通じて，ドルは準備通貨の機能を果たすようになった。かくて，BA市場はドルの国際通貨化を推し進める役割を果たしたけれども，わが国の場合には，中央銀行信用の動員は決して円の国際通貨化に結び付くことは

なく，貿易金融のドル依存を支える役割を担ったのである。

2　輸入金融の米銀依存

　輸入金融に関しては，1954～55年頃を境に一覧払方式からユーザンス方式に
シフトしていき，1960年代にはユーザンス方式が一般化した。第5-3表を見る
と，一般化には1950年代と比較して2つのシフトを伴っていたことがわかる。
1つは外銀ユーザンスへのシフトである。邦銀ユーザンスは導入された直後の
1950年代半ばにおいてはユーザンス全体の半分近くを占めていたが，1960年代
に入ってほぼ1億5,000万ドルから2億ドル程度にとどまった。他方，外銀
ユーザンスは1960年代に入って急増して，残高は常に10億ドルを超え1964年3
月末には16億7,000万ドルに達している。邦銀ユーザンスの停滞と対照的に外
銀ユーザンスの増加の結果，外銀ユーザンスは1960年代には輸入ユーザンス残
高の9割近くを占めるに至った[14]。輸入ユーザンスの外国銀行依存が確立し，
輸出金融における日銀依存と著しい相違となっている。

　もう1つはドル・シフトである。前章で明らかになったように，1950年代に
おいて，ボンドは一時ドルを抑えるほど両者は拮抗していた。しかし，1960年
代になると，ボンドの利用が伸び悩むなかで，ドル利用は大幅に伸びボンドの
5，6倍の規模に膨張し，輸入ユーザンス残高全体の優に3/4を超えている。輸
入ユーザンスのドル依存は決定的となり，外国銀行依存とは米銀依存にほかな
らない。いわゆる軟化圏の国際通貨としてのボンドの地位低下は，1958年の西
ヨーロッパ諸国の，1960年のわが国の通貨交換性の回復によって対ドル差別が

第5-3表　輸入ユーザンス残高

（単位：100万ドル）

年/月末	1961/12	（%）	1962/12	（%）	1963/6	（%）	1963/12	（%）	1964/3	（%）
邦銀ユーザンス	139	10.4	146	11.8	227	14.4	206	11.8	230	12.1
外銀ユーザンス	1,201	89.6	1,092	88.2	1,352	85.6	1,547	88.2	1,670	87.9
計	1,341	100.0	1,238	100.0	1,579	100.0	1,753	100.0	1,901	100.0
通貨別										
ボンド	284	21.2	230	18.6	298	18.9	365	20.8	398	20.9
ドル	1,017	75.9	969	78.3	1,243	78.7	1,342	76.6	1,455	76.5
その他	40	2.9	39	3.1	38	2.4	46	2.6	48	2.6

（出所）　日本銀行金融研究所『日本金融史資料』第13巻，1983年，70ページ。

110 　第2篇　わが国におけるドルの基軸通貨化

第5-4表　方式別輸入ユーザンス残高

(単位：100万ドル)

	1960年末	(%)	1961年末	(%)	1962年末	(%)	1963年末	(%)
アクセプタンス	181	24.4	402	29.9	347	28.0	299	17.1
BCユーザンス	52	7.0	141	10.5	184	14.9	516	29.4
本邦ローン	509	68.6	798	59.6	695	56.2	923	52.7
リファイナンス	0	0.0	0	0.0	11	0.9	15	0.8
計	742	100.0	1,341	100.0	1,238	100.0	1,753	100.0

(出所)　『日本金融史資料』第13巻，71ページ。

取り除かれ，わが国においてポンドがドルによって駆逐されていく一端を物語っている。

　また，第5-4表から輸入ユーザンスの利用方式にかなりの変動があったことが読み取れる。本邦ローン方式は依然としてユーザンス全体の半分以上を占め，1960年代においても輸入ユーザンスの中心であることに変わりはない。1950年代と比べて60年代の注目すべき新たな傾向は，BCユーザンス方式の大幅な利用である。この方式は，1959年に導入を認可されて以来，急激に増加して，1963年には輸入ユーザンス全体の30％近くまで伸び，アクセプタンス方式に取って代わるまでになっている。反対に，減少しているのがアクセプタンス方式とリファイナンス方式であり，前者は1963年においても17％を維持しているものの，後者は1960年代に入ってほとんど利用されなくなった。要するに，輸入は本邦ローン，BCユーザンス並びにアクセプタンスの3方式によって金融されてきたのである。

　次にこれら3方式を若干詳しく検討して輸入金融の特徴を明確にしよう[15]。第1の本邦ローン方式は，為替銀行が輸入業者に代わって海外の輸出業者に対して一覧払決済を行う一方，輸入業者に対しては船積書類と引換えに外貨建て期限付手形＝約束手形を別に振り出させて，輸入代金決済を手形期間猶予するものである（第5-1図の実線部分）。外貨貸付がわが国サイドで行われるから本邦ローンと呼ばれる。一覧払手形の決済時点で対外決済は完了しているので，外貨貸付は純粋に国内金融問題であり，本邦ローンは本来ここまでを指している。為替銀行にとって重要なのは一覧払手形の決済資金をいかに調達するか，すなわち外貨の為替資金調整問題である。1940年代後半から50年代前半にかけては，決済資金の調達は「外貨預託制度」や「外貨預入制度」の制度金融に

第5章 1960年代のわが国貿易金融の特徴

第5-1図 本邦ローン方式

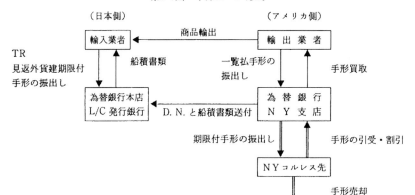

よって解決されていた。本邦ローン方式も，問題の解決を制度金融の改変によって行うという流れを引き継いだものである。当時は外国銀行からユーザンスを受けられなかったので余儀なく取られた措置だったのに対して，1960年代においては，為替銀行の信用力も向上して決済資金を国際金融市場で調達するケースが多いと指摘されている[16]。

　第5-1図では，為替銀行のニューヨーク支店がコルレス先宛に別途期限付手形を振り出し，コルレス先に引受・割引をしてもらって，その代わり金を一覧払手形の決済に充てている（第5-1図の二重線の部分）。本邦ローン方式では実線の部分と二重線の部分が独立して行われる点で，当初の契約のなかに含まれているいわゆるリファイナンス方式と相違する[17]。しかし，為替銀行本店が輸入業者にユーザンスを供与しうるのは，BA市場のリファイナンス機能に依存してのことで，実質的な負担者がコルレス先であることに変わりはない。

　第2がBCユーザンス方式である。輸出入業者がわが国商社の本支店間のように信用リスクがほとんど問題にならない場合，輸出業者が直接輸入業者に商業信用を与えて，L/C発行や引受手数料を節約する。国際間にまたがる企業内あるいは企業間信用とでもいうべきものに基づいて，輸出業者が輸入業者宛に振り出した期限付手形を，輸出地の銀行が買い取って輸入業者にユーザンスを供与するのがこの方式である。

第5-2図 BCユーザンス方式

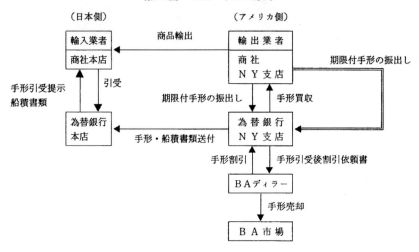

第5-2図において，日系商社ニューヨーク支店が本店宛に振り出した期限付手形，いわゆる House Bill を単に取立扱いにすれば，銀行信用は介在しない。本邦為替銀行のニューヨーク支店が買い取ると，為替銀行が商社に手形期間の支払猶予を与えることになるので，銀行ユーザンスであるBCユーザンスとなる（第5-2図の実線の部分）。ニューヨーク支店が手形を買い取った場合の外貨資金調整問題は，為替銀行本店がニューヨーク支店に前もって送金しておく必要のある手形買取資金をいかに調達するかにある。自己資金に余裕があれば問題はないが，不足する場合為替銀行ニューヨーク支店が商社ニューヨーク支店にもう1枚別に自行宛の期限付手形を振り出させて，自ら引受後BAディーラーに割り引いてもらって，手形買取資金を調達する（第5-2図の二重線の部分）。商社の対外信用力を利用した貿易金融方式といえよう。

第3のアクセプタンス方式は，伝統的な貿易金融方式であり，BA市場は直接貿易金融市場として機能する。為替銀行は L/C 発行によって輸入業者の支払保証をするだけで，支払猶予を与えるわけではない。米銀が引受銀行や割引銀行として直接輸入業者にユーザンスを供与するから，外貨ユーザンスの典型といわれる。為替銀行は貿易金融の仲介的な役割を果たしているだけで，立替払をしていないから外貨資金調整の必要性もない。

第5章 1960年代のわが国貿易金融の特徴　　113

　以上の輸出入金融の検討から，1960年代におけるわが国の貿易金融の特徴を
要約しよう。まず，輸出金融は対外的には為替銀行が海外の輸入業者に自国通
貨の円ではなく外貨であるドルでユーザンスを供与している。それが可能なの
は，日本銀行による制度金融を通じて低金利の円資金が供給されたからである。
したがって，制度金融の利用は為替銀行ではなく日本銀行が為替資金調整を
行っているのと同じであり，ドルと円のアンバランスの調整という対外金融問
題は国内金融問題に転化されている。他方，輸入金融に関しては，アクセプタ
ンス方式は直接の貿易金融市場として，本邦ローン方式やBCユーザンス方式
は間接的に，すなわち為替銀行の為替資金，それも外貨のみの資金操作の一環
としてBA市場と強く結びついていた。この点で，BA市場はわが国にとって
国際金融市場，すなわち貿易金融市場及び短期の国際金融市場の根幹をなし，
貿易金融をドル・シフトさせるうえで決定的な役割を果たしたのである。さら
に，ドル・シフトの背後には，米銀がわが国の為替銀行に対して巨額の短期信
用を供与する積極的な貸出姿勢があった。例えば，1961年4月末の米銀のわ
が国に対する短期信用残高は，総額41億2,100万ドルの実に28.2％に及ぶ11億
6,200万ドルに達し，前年度の4億5,700万ドルの3倍弱に増大している[18]。ド
ル・シフトは同時に米銀依存にほかならなかった。

　問題は，輸出金融も輸入金融も同じドルに依存しながら，両者の繋がりが断
ち切られている点である。為替取引は元来2通貨の交換だから，輸出入がドル
建てであれば，輸出におけるドルと円の資金過不足は輸入でのそれと連動し，
両者一体となって資金調整されるべきものである。ところが，輸出金融の制度
金融への全面的な依存によって，両者はばらばらに行われる結果となっている。
「外国為替資金貸付制度」や「外国為替手形買取制度」の適格手形要件である
L/C付き期限付手形は，為替銀行が輸出業者から買い取った後，輸入業者の
取引先銀行であるL/C発行銀行あるいは国際金融市場所在の一流銀行によっ
て引き受けられて銀行引受手形，BAに転化されるべきものである。もちろん
BAに転化されたからといってすべてをBA市場に再割引に出す必要はなく，
自己資金に余裕があれば満期までBAを保有してもいい。

　輸出超過であれば，当然ドル資金（ドル債権）過剰，円資金不足の状態に
陥っているわけだから，BA市場での再割引を通して輸出手形という対外債権

を現金化し，円転することで外貨と邦貨のアンバランスを調整でき，輸入決済資金に充てることも可能となる。為替銀行にとって，BA 市場の再割引機能は単にドル資金の過不足を調整する市場にとどまらず，ドル手形の再割引を通して為替取引全体から生じるドル資金と円資金のアンバランスを調整する場でもある。とするならば，輸出手形というドル債権が過剰であり，それゆえ円資金が不足している状況下であるにもかかわらず，日銀信用に全面的に依存して輸出手形を満期まで保有したり，BA 市場に再割引に出さないで日本銀行に買い取ってもらうことや，BA 市場をただ輸入決済資金を調達するために利用するといったきわめて変則的な BA 市場の利用の仕方は，「自由為替市場の本来の姿」[19]とはほど遠い。

　とはいえ，BA 市場のみをもってドル依存をいうならば，それは不十分といえるかもしれない。なぜなら，現代の国際通貨ドルにとっての国際金融市場とは，アメリカ本国のニューヨーク金融市場だけでなく，ロンドンを中心にヨーロッパで発展したアメリカ外部に存在するドル建て国際金融市場，すなわちユーロダラー市場も射程に入れなければならないからである。

　為替銀行がユーロダラーを取り入れだしたのは，1960年頃に遡る。1960年に，円の対ドル交換性が回復し，海外から短期資本を取り入れる道が開かれたからである。同じ時期に，ロンドン自由金市場での金価格暴騰に始まったドル危機に対して，アメリカ通貨当局は1961年に金利平衡税を，1963年には対外投融資自主規制を導入する等の積極的なドル防衛策を打ち出した。ケネディのドル防衛策は，アメリカの国際収支の赤字是正，資本流出抑制を目指したものであったから，ニューヨーク金融市場の国際金融機能を著しく阻害した。為替銀行はドル資金の調達に支障を来さないためにも，新たな資金源を探すことを迫られた。注目されたのがアメリカ通貨当局の規制の及ばないユーロダラー市場であり，ロンドン支店を有する銀行が中心になって，活発にユーロダラーを取り入れだしたのである。為替銀行のユーロマネー（90%以上がユーロダラーといわれる）[20]の借入残高は1960年末の 2 億4,100万ドルから65年末には 7 億5,500万ドルと 3 倍以上の伸びを示し，67年 3 月末には10億を突破して10億2,600万ドルになり，68年末には12億4,800万ドルに急増した[21]。

　ユーロダラーについては，残高の急増のほかに，大量のユーロダラーを取り

入れる一方で返済額も大きいため，フローの変動が非常に激しいという特徴を持っている。それは，為替銀行が取り入れたユーロダラーを輸入決済に使うだけではなく，例えば米銀からの借入れ返済に充てたり，またその逆の操作を行っているからである。つまり，為替銀行はBAレートを含むアメリカの国内金利やコルレス先のクレジット・ラインの使用額とユーロダラー金利を比較考量しながらそれぞれの市場を使い分け，ユーロダラー市場をドル資金調整の限界的な市場として利用しているわけである[22]。だが，ユーロダラー市場がニューヨーク金融市場（BA市場）に取って代わったのではないにしても[23]，その意味するところは大きい。ボンドの凋落がボンド金融とロンドン外国為替市場での英米クロスの重要性を低下させるに伴い，ロンドン支店がボンド金融からドル金融へのシフト，すなわちユーロダラー取入口へと機能変化しつつあることを示しているからである。

第2節　第3国間貿易決済通貨ドルと非対称性

1950年代前半ボンドはドルと並ぶ貿易取引通貨であって，すでに前章で見たように，両者はオープン・アカウント方式を別にすれば輸出入ともかなり拮抗していた。だから，ドルがわが国において取引通貨として支配的地位を占めるには，何よりもボンドを駆逐することが必要であった。輸出金融の在日外国銀行支配が，「外国為替引当貸付制度」や「外国為替資金貸付制度」を通じて日本銀行の介入によって崩されるなか，輸入ユーザンス供与を巡る英米銀行間競争は，日本におけるドルとボンドの角逐の焦点であった。この角逐にドルが勝利した最大の要因は，米銀の引受信用供与にある。いま，ドル建て銀行引受手形（90日物）とボンド建て銀行引受手形（3ヶ月物）の割引レートを比較したのが，第5-5表である。同表によると，ドルの割引レートはボンドのそれを絶えず下回り，0.5〜3.0％の金利差があることを示している。低金利こそがドルの武器だったわけである。

さらに遡れば，英米両国による占領期に，イギリスは為替管理法上ボンドの受払をあくまでイギリス本国で行うことしか認めなかったのに対して，アメリカは，当時の国際金融上の慣習に反して，わが国でドル預金口座を開設して，

第2篇　わが国におけるドルの基軸通貨化

第5-5表　ドルとポンドの割引レートの推移

（単位：％）

	ドル銀行引受手形（90日物）	ポンド銀行引受手形（3ヶ月物）
1951年	1.60	1 1/2
1952年	1.75	3
1953年	1.88	2 3/16
1954年	1.35	1 25/35
1955年	1.71	4 3/16〜4 1/4
1956年	2.64	5 3/8〜5 5/32
1957年	3.45	6 5/8〜6 3/4
1958年	2.04	3 1/4〜3 5/16
1959年	3.49	3 11/16〜3 3/4
1960年	3.51	4 1/2〜4 9/16
1961年	2.81	5 9/16〜5 5/8
1962年	3.01	3 13/16〜3 15/16
1963年	3.36	3 7/8〜3 15/16
1964年	3.77	6 13/16〜6 7/8
1965年	4.22	5 7/8〜5 15/16
1966年	5.36	6 7/8〜6 15/16
1967年	4.75	7 3/4〜7 13/16
1968年	5.75	7 1/4〜7 5/16
1969年	7.61	8 3/4〜9

（出所）　日本銀行統計局『外国経済統計年報』1971年，27ページ，56ページ。

わが国の対外決済におけるドルの受払を米系銀行在日支店で行うことを認め
た[24]。為替銀行にとっては，海外の銀行から信用が十分には得られず海外支店
網の展開もままならない状況下で，国内でしかも外貨で対外決済が行えるのは，
為替銀行のドル利用を大いに促すものであった。ドルの利用を促した最大の要
因は，もちろんわが国の対米貿易が輸出入全体に占める比率の異常な高さであ
り，そのほとんどすべてがドル建てだったことにある。前掲第4-2表によれば，
1950年代，60年代を通じて，輸出では20〜30％，輸入に至っては30〜40％にも
達する。当然アメリカはわが国にとって第1位の貿易相手国である。対英貿易
が同時期輸出で3％，輸入で2％程度しかないのに比べて，その差は著しい。

　ドルが取引通貨としての地位を確立するうえで重要なのは，アメリカ以外の
諸国との貿易においてもドルが使用されることである。これをアメリカ側から
見ると，ドルが第3国間貿易決済通貨として機能することにほかならない。貿
易取引通貨としてドルがポンドを追い込んでいく焦点もそこにあった。なぜな

ら，ポンドは，スターリング地域が弱体化しつつも1960年代後半に入っても根強く存続し，ポンド圏での基軸通貨としての地位を基盤にして，依然として第3国間貿易決済通貨として機能していたからである。わが国において，ポンド建て比率が対英貿易比率の3〜4倍にも達するのは，それを物語っている。

ドルとポンドの角逐において，わが国の輸出入業者が最終的に契約通貨としてドルを選好したのはなぜなのか。すでに明らかなように，貿易金融面から見て，ドル金利がポンド金利より低利であったからである。次に，わが国の対米貿易依存度が対英貿易のそれよりもはるかに高かったからである。対米貿易量の大きさが東京外国為替市場のドル需給量を増大させ，直物市場だけでなく先物市場においても簡単に出合のつく広さと深さを与え，輸出入に伴う為替リスクの回避を容易にさせたのである。為替リスクの点では，1949年にイギリスが実施した平価切下げが海外の貿易業者に多大の為替差損を被らせ，ポンド建てのリスクの大きさを認識させたことも付け加える必要があろう[25]。さらに，次章で述べるように，日本銀行がポンド相場に介入しないためポンドの変動幅はドルの2倍になり，為替銀行が日常の為替業務を遂行するうえでポンド取引がドル取引に対して為替リスクの点から不利になったことは否めない。

対米貿易のほとんどすべてがドル建てで行われるので，わが国の輸出入業者は輸出代金の取立や輸入代金の支払のため，取引先銀行との間でドル為替を売買することが必要である。さらに，外貨建てということから一方的に押し付けられる為替リスクを回避するために，銀行に対して先物為替取引である輸出入予約をしなければならない。為替銀行の方は，輸出入業者を相手とする対顧客取引でドル為替を売買するのだから，為替持高もドル建てとなる。それを受けて，為替銀行は為替持高をスクウェアーの状態にもっていくために，買持ちの場合は売カバーの，売持ちの場合は買カバーの出合を他の銀行に対して求めていく。いま為替持高がドル建てなのだから，為替リスクを回避するためのカバー取引が行われるインターバンク市場も当然ドル取引となるわけである。

他方，アメリカの輸出入業者は対外取引であっても，自国通貨建てだから円為替を売買する必要も為替リスクを負担することもまったくない。米銀についても事情は同じである。日米間の貿易がドル建てで行われることから，円対ドルの通貨交換はもっぱら日本側で行われ，それゆえ，外国為替市場はドル為替

市場として日本側でのみ形成され，アメリカ側に円為替市場が形成されること
はない[26]。したがって，日米間の外国為替市場は，両通貨の交換比率である為
替相場も円がドルに対して一方的に建てることになり，「為替相場は劣勢市場
から優勢市場に向かって建ち，優勢市場では為替取引が生じない」という為替
の不動の原理が当てはまる。そのような2国間の外国為替市場の関係は，両
国通貨の直接交換市場としては一方通行的なあり方，すなわち典型的な one-
way street の構造である[27]。資本主義社会において外国為替制度を通じて国
際決済を行うのが本来の姿であるが，外国為替市場の one-way street の構
造は，国際通貨制度における非対称性を論じる場合の，そもそもの出発点とな
る為替取引から生じるもっとも基底的な非対称性にほかならない。

　為替銀行は対顧客取引やインターバンク取引でのドル為替を決済するために，
米銀（例えばニューヨーク所在の銀行）とコルレス契約を締結し，コルレス先
に為替決済勘定＝当座預金勘定を開設しなければならない。もちろん米銀は貿
易決済に関する限り円為替を利用しないのだから，わが国の銀行に円建ての当
座預金勘定を開設する必要はない。為替銀行の為替持高操作は日本で行われる
が，資金調整についてはニューヨーク金融市場あるいはユーロダラー市場を利
用して，コルレス残高としてのドル残高の調整として行われる。コルレス先か
らクレジット・ライン（信用供与限度枠）を設定してもらって，資金不足が生
じたとき当座借越を受けるのもその1つである。また，例えば，第5-1図の為
替銀行ニューヨーク支店や第5-2図の商社ニューヨーク支店が振り出す手形は
貿易金融に直結してはいるが，為替銀行にとっては為替資金操作の一環であり，
短期国際金融取引に入れるべきものである。商業信用を直接の基礎にしていな
いという意味では，一種の金融手形（Finance Bill）と見なすこともできよう。
わが国の米 BA 市場の利用の仕方には変則的な面が確かにあるけれども，米
BA 市場は国際貿易金融市場と並んで，対外決済資金の過不足調整市場である
短期国際金融市場として機能しているのも事実である。

　以上のように，日米間の国際金融構造は，私的レベルにおいて，ドル為替市
場の one-way street の構造を基底にして，アメリカ側に国際金融市場（貿
易金融市場と短期国際金融市場）が成立し，日本側にドル建ての外国為替市場
が形成されるという非対称的な構造を特質としている。私的レベルでの非対称

第5章 1960年代のわが国貿易金融の特徴 119

性とは，いわゆる国際通貨論にいう中心国—周辺国の2国モデルが，典型的に当てはまる両極分裂型の構造である。もちろんユーロダラー市場はアメリカ以外に存在するわけだから，その点で若干の修正が必要かもしれない。しかしながら，1960年代のユーロダラー市場の役割からいって基本的に変わらないであろう。日本の商業銀行は周辺国に位置する外国為替銀行であり，他方米銀はドル為替の決済機関だが，通貨交換という意味での為替業務を行わない中心国の商業銀行，いわば「国際的な手形交換所」におけるクリアリング・バンクの位置づけになろう。日米間の国際金融構造の非対称性は，わが国の対米貿易がドル建てドル金融で行われ，ドル為替がアメリカの銀行信用制度を利用して決済される当然の帰結である。

わが国の貿易における取引通貨としてのドルの地位，とりわけ第3国間貿易決済通貨としてのドルの圧倒的な強さは，日米間の構造を規定しているだけでなく，対外的なインパクトの大きさも重要である。ドルの強さは為替銀行の対米貿易以外の貿易金融業務，さらに海外活動全般にも及んでいるのが，第1に指摘できる。為替銀行の対外進出は1952年の海外支店設置の認可に始まり，1969年8月末時点でアメリカの17支店，イギリスの11支店，アジア・大洋州の20支店を中心に12行57支店の海外支店網を形成するに至っている。このうち東京銀行が1行で27支店と半分近くを占めているものの，海外拠点規模で見ると，フランスの68支店に匹敵する。しかしながら，アメリカはナショナル・シティ・バンク，バンク・オブ・アメリカ，チェイス・マンハッタン・バンクの3大銀行で283支店，全体では340支店を有し，イギリスは海外銀行13行を中心4千以上の海外支店網を持っている。これら両国と比較すると大きな隔たりが存在しているのは明らかである[28]。

規模の格差以上に注目されるのは，邦銀の海外進出は米銀のそれとは様相を異にしている点である。第1に，米銀の進出がメーカーの多国籍化の後に続いたのに対して，邦銀の場合は商社，特に総合商社の多国籍化に続いたことである。1950年代，60年代のわが国の対外直接投資が，商社主導型であったからである。商社は自らの海外販売子会社や支店を設立しただけでなく，メーカーとの合弁形式でも海外進出をしてその貿易部門を担当した。わが国の貿易における商社の比重は，輸出では1960年の83％から徐々に低下していったが，それで

も1967年にはなおも71％を占めていた。商社の役割の低下は，メーカーが直接に輸出業務に乗り出してきたからで，メーカーによる輸出の比率は1960年の16％から67年の28％に上昇している。他方，輸入を見ると，商社の割合はその間80％以上を維持していた[29]。輸出入の大部分が商社によって担われていたことから，為替銀行は商社の重要な海外拠点に次々に支店を設置していったのである。1960年代の為替銀行の国際金融業務の中心が貿易金融であったのも，商社の貿易業務との繋がりのなかで理解されよう。第2に，米銀が対外進出に際し国際金融業務の軸になる通貨は自国通貨のドルであったのに対して，邦銀は自国通貨の円ではなく外貨であるドルを軸に据えた点である。したがって，米銀の対外進出・海外拠点網の形成は，ドル金融制度の外延的拡大となってドルの国際通貨化を促すのに対して，邦銀の場合はドル建ての貿易金融網の形成にすぎず，円の国際通貨化と結び付かなかったわけである。

さらに，米銀と邦銀のビヘイビアの相違は重大な結果を生む。米銀海外支店の進出先での為替業務は現地通貨を対価とするドル取引が軸になる。ドルは現地通貨と直接交換され，進出先でドル為替市場が形成される一要因となる。邦銀の場合はドル金融のための海外進出だから，進出先での為替業務は米銀と同じく現地通貨を対価とするドル為替取引である。現地通貨を対価とする円為替取引をする必要はないので，現地通貨を対価とする円為替市場が形成されることはない。現地通貨がドルであるニューヨーク支店は，アメリカの輸出業者からドル建て手形をドルで買い取り，輸入業者からドルで手形を取り立てるのだから，米銀と同じ立場に建つ。本店は円対ドル取引が中心になる。そうすると，円を軸にしているのは邦銀本店だけで，それもドル対価であることを考えると，本支店間の共通項はドルにほかならない。円ではなくドルが邦銀の本支店間ネットワークを統合しているのである。

最後に挙げられるのは，わが国でのドルの地位がアジアにおけるポンドからドルへのシフトに果たした役割である。わが国のドル利用の増大は戦前までスターリング地域に属していたアジア諸国にドル取引を促し，ドル圏に組み込む作用をしたからである。わが国の対アジア貿易が増加すればするほど，ドルはますますアジアに浸透していくことになる。特にわが国のドル建て輸入は，これら諸国にドル残高を形成せしめた。米BA市場はわが国の輸入貿易にドル金

融を付けることによって，アジアにおけるドルの国際通貨化を押し進めていく主要手段だったといえる。戦後アメリカは，アジア諸国に軍事援助や経済援助を通じて大量のドル資金を散布してきた。ドル散布がこれら諸国のドル残高，すなわち準備通貨としてのドルの形成を促しドルの国際通貨化に果たした役割は大きい。わが国がドル金融に傾斜していった要因の1つとして，わが国の取引先の多くがドル圏に属していたことが挙げられる。だが逆に，日本がドル圏に入ることによって，相手国がドル圏に組み込まれるという側面にも留意すべきである。

第5章 注

1) 1960年代のわが国の貿易の通貨構成については，資料の関係上1968〜69年の2年間しか明らかではないが，貿易金融のドル依存は後述する輸出における制度金融や輸入ユーザンスのあり方から見て，1960年代を通しての一般的特徴といえる。

2) 奥田宏司『日本の国際金融とドル・円』青木書店，1992年，33〜34ページ。

3) 大佐正之『貿易金融と外国為替』東洋経済新報社，1975年，242〜243ページ。

4) 三井銀行『外国貿易為替便覧』121ページ。

5) 引当手形の要件は，金利が海外の輸入者負担となっていること，L/C付き手形であること，荷為替手形であること，輸出業者振出しの手形であること等である。金融制度調査会『普通銀行制度・貿易金融』金融財政事情研究会，1970年，253ページ。大佐正之，前掲書，239〜241，243ページ。

6) 大佐正之，前掲書，244〜245ページ。

7) 三井銀行，前掲書，120〜121ページ。

8) 大蔵省財政史室編『昭和財政史』第12巻，東洋経済新報社，1992年，34〜35ページ。

9) 経済企画庁編『現代日本経済の展開——経済企画庁30年史——』大蔵省印刷局，1976年，146ページ。

10) 同上書，222ページ。

11) 他の先進国が短期の貿易金融に介入しているのはフランスのみで，それもフランス産品の輸出に限ってフランス銀行による再割引を受けられる程度にすぎない。アメリカ，イギリス，西ドイツはそうした措置をまったく取っていない。金融制度調査会，前掲書，292，311〜312ページ。

12) 連邦準備銀行は自己勘定以外に外国の中央銀行勘定でも BA を保有している。この部分は連邦準備銀行が外国の中央銀行の代理人としてその指図に基づいて保有している部分である。金額は「その他」部分と同じく連邦準備銀行の自己勘定部分に匹敵する。外国の中央銀行勘定分はドルの準備通貨としての，「その他」のうち一般外国銀行が保有する部分は取引通貨としてのドルの国際通貨化を表している。東京銀行調査部『ニューヨーク・アクセプタンス・マーケット』東銀調査資料第26号，1960年，3～4ページ。中尾茂夫『世界マネーフロー』同文館，1988年，特に第3章「債権国アメリカの台頭」を参照されたい。

13) 大佐正之，前掲書，245ページ。

14) 輸入ユーザンスのドル・シフトを促進した一要因に原油輸入の際のドル・ユーザンスの利用が挙げられる。石油輸入業に対する特例外貨金融において，ドル・ユーザンスの利用残高は1959年末の7,200万ドルから1962年末には1億2,300万ドルに，さらにわが国の原油輸入の増大に併せて増加していった。ドル・ユーザンスとは対照的に，ポンド・ユーザンスは1959年末の1,000万ドルから1961年6月末には300万ドルにすぎなくなり，その後は利用されていない。日本銀行金融研究所編『日本金融史資料』第13巻，大蔵省印刷局，1983年，48ページ。

15) 輸入金融の実際の手続き及び第5-1図，第5-2図を作成するにあたって，大佐正之，前掲書，第7章「輸入為替金融」を参考にしている。

16) 日本銀行金融研究所編，前掲書，69ページ。

17) 大佐正之，前掲書，163ページ。

18) 大蔵省財政史室編，前掲書，88～89ページ。

19) 大佐正之，前掲書，144ページ。

20) 和田謙三編『ユーロダラーのはなし』金融財政事情研究会，1969年，234ページ。

21) 大蔵省財政史室編，前掲書，88，189ページ。

22) 和田謙三編，前掲書，238～239ページ。

23) ユーロダラーはドルのまま使われるだけではなく，高度成長に伴う設備投資を中心とする旺盛な国内資金需要に応じるために，かなりの部分が円に転換された。例えば，1961年5月ユーロマネー取入額5億3,630万ドル（うちユーロダラーは3億3,040万ドル）の37.4％に当たる2億50万ドルが，62年3月には5億7,390万ドル（うちユーロダラーは2億5,890万ドル）の50.2％の2億8,820万ドルが円に転換された。同上書，101ページ。

第5章　1960年代のわが国貿易金融の特徴　　123

24)　足立禎『新外国為替論序説』外国為替貿易研究会，1969年，146～147ペー
ジ。直物ドル取引の実際の決済手続きは，買手銀行が売手銀行から外貨小切手
（外貨指図書）を受け取り，在日外国銀行に持ち込んで勘定の振替が行われる。
代り金の円貨の受払は外貨小切手の受取と引換えに，買手銀行が自行振出しの
日銀小切手を売手銀行に引き渡すことで行われる。円小切手を手形交換決済時
間前に引き渡すと交換決済もの，日本銀行営業時間締切時に引き渡すと最終決
済ものとなる。坂本信明編『日本における外国為替市場の形成』外国為替貿易
研究会，1959年，129～130ページ。1971年に米系銀行在日支店を決済機関とし
たドル・コール市場がわが国為替銀行のドル資金の過不足調整市場として発足
したが，戦後初期から始まったわが国でのドル資金の受払が慣習として根付い
たことが大きく寄与したのは間違いない。

25)　このポンド切下げによって，わが国の外為会計は24億円という巨額の為替
差損を出したといわれている。同上書，38ページ。

26)　木下悦二『国際経済の理論』有斐閣，1979年，139ページ。

27)　Holmes, A. R., *The New York Foreign Exchange Market*, Federal Re-
serve Bank of New York, 1960.

28)　金融制度調査会編，前掲書，305ページ。

29)　同上書，234ページ。

第6章　日米間国際金融構造の非対称性

第1節　介入通貨のドルへの一元化

1　集中通貨ポンドとドル

1949年12月1日「外国為替及び外国貿易管理法」が公布され，ドルとポンドが「指定通貨」とされた。「指定通貨」とは，同法第8条によって，大蔵大臣が指定した対外取引に使用できる決済通貨を指している。基本的には，標準決済規則において使用される通貨，すなわち輸出の際の「指定受領通貨」と輸入の際の「指定支払通貨」のことである[1]。いまだ諸外国が厳しい為替管理を敷いて通貨の交換性や振替性を制限している情勢を考慮して，できる限り有利な通貨を取得しうるように，特に受領通貨に重きが置かれていた。

「指定通貨」は1954年にいわゆる硬貨圏に属するカナダ・ドルとスイス・フランが新たに追加された。さらに，1950年代後半に入って，諸外国の為替管理が緩和され，各国通貨の利用範囲が広がるにつれて大幅に増加した。とりわけ，1958年の西ヨーロッパ諸国の通貨交換性の回復を契機に，59年までに従来のドルとポンドを入れて，マルクやフランス・フラン等の西ヨーロッパ諸国の通貨を中心に計14ヵ国の通貨にまで拡大した[2]。1950年代前半わが国の貿易においてポンドが重要な役割を果たしていたのは，ポンドがドルとともに国際通貨であったこと，ドル不足のもとで各国が金交換性のあるドルの節約を図ったことと並んで[3]，決済通貨としてドルとポンド以外に利用できなかった点も無視できない要因であった。円が「指定通貨」の指定を受けたのは1960年7月になってからである。いわゆる円為替の導入がそれである。

西ヨーロッパ諸国の通貨交換性回復まで，わが国の標準決済規則では決済地

第6章　日米間国際金融構造の非対称性　　　　125

第6-1表　外国為替引当及び外国為替資金貸付残高

(単位：100万円)

年月	ドル	ポンド	マルク	スイス・フラン	その他共計
1960年6月末	46,742	4,402	152	111	51,525
12月末	45,545	6,107	384	449	52,600
1961年6月末	48,407	7,106	584	224	56,731
12月末	67,205	11,818	808	224	30,355
1962年3月末	89,023	23,087	1,362	290	114,130
6月末	107,489	27,111	1,461	491	137,016
9月末	120,137	25,844	1,437	512	148,490
12月末	126,093	23,910	1,348	445	152,266

(注)　1961年6月までは「外国為替引当貸付制度」，それ以降は「外国為替資金貸付制度」。
(出所)　『外為年鑑』1963年版，外国為替情報社，161ページ。

域を3つに分類していた。第1はオープン・アカウント地域で，双務的通商協定を締結してオープン・アカウント方式で決済を行っている地域である。第2はドル地域で，硬貨すなわち金との交換可能通貨で決済され硬貨圏とも呼ばれる。金交換性を有するドル，対ドル交換性を介して金に結び付いているカナダ・ドルとスイス・フランの3通貨の使用が許される。第3のその他地域は軟化圏とも呼ばれ，基本的に対ドル交換性を回復していない地域である。受領は軟貨でも硬貨でもいいが，支払は貴重な硬貨をできるだけ温存させる意図で，軟貨しか許されていない。しかしながら，西ヨーロッパ諸国が通貨の交換性を回復させるに及んで，軟貨はいつでもドルに交換できるようになったので，硬貨圏と軟貨圏を区別する理由はなくなった。そこで，1959年1月30日に実施された標準決済規則の改正では，硬貨圏と軟貨圏がその他地域に統合され，オープン・アカウント地域との2本立てになった[4]。

「指定通貨」の拡大は，本来わが国の貿易取引通貨の多様化を促すはずであった。実際，「指定通貨」が追加される都度，その通貨建ての期限付手形を「外国為替引当貸付制度」の適用手形として認め，ドルやポンドと等しく優遇措置を実施している。「外国為替引当貸付制度」が廃止され新たに発足した「外国為替資金貸付制度」のもとでも同様の取扱いがなされてきた。にもかかわらず，両制度の利用は圧倒的にドルとポンドで占められていた。第6-1表から明らかなように，ドルとポンド以外の通貨ではマルクとスイス・フランが使用されている。しかしながら，両制度の貸付残高は，1960年6月末から1962年

12月末までの期間，マルクは1億5,200万円から13億4,800万円と約12倍に，スイス・フランも1億1,100万円から4億4,500万円と4倍に伸びたとはいえ，金額自体がドルとポンドに比べるとはるかに小さい。1962年12月末時点でマルクとスイス・フランは貸付残高全体の1％にも満たない。輸出はこの両制度によってほとんど金融されてきたのだから，指定通貨の拡大は貿易取引通貨の多様化をもたらさなかったのである。円とて例外ではない。

　第5章では貿易金融の視点から論じたが，本章では別の角度からその点を明らかにするために，ここでは「集中通貨」に着目したい。集中通貨とはMOFが為替銀行からの売買の申し出があれば，いつでも無制限に応じる用意のある通貨のことである。申し出のときのMOFが売買する相場が「集中相場」と呼ばれ，公定されている。当初ドルとポンドが集中通貨の指定を受け，その他の非集中通貨についてはMOFは売買に応じない[5]。

　ところで，先述の標準決済規則ではオープン・アカウント地域のほかに硬貨圏と軟貨圏に分類されていた。金交換性を有するドル以外の通貨に関しては，対ドル交換性の有無が分類の基準であった。後者の通貨に共通するもう1つの点は，イギリスの為替管理法上振替可能勘定地域に属しており，西ヨーロッパ域内での多角的裁定取引に参加している国であって，そのもとでポンドと直接に交換されることである。そこで，MOFは非集中通貨に対しては為替銀行からの売買に応じないとしても，カナダ・ドルとスイス・フランはドルを媒介にして，ドイツ・マルク，スウェーデン・クローネ，フランス・フラン，オランダ・ギルダー，ベルギー・フラン，オーストリア・シリング，デンマーク・クローネ，イタリア・リラ，ノルウェー・クローネ，ポルトガル・エスクードはポンドを媒介にして，間接的に集中していた[6]。というのも，為替銀行は非集中通貨の為替持高のカバーを国内ではMOFに求められず，また円の通貨交換性が回復していない段階では，相手国の外国為替市場に当該国通貨を対価とする円取引が生じないので，いわゆる2店間取引の出合を取ることができない[7]。それゆえ，カナダ・ドルやスイス・フランについては一旦ドルを対価として，マルクやフランス・フラン等はポンドを対価としてカバーし，最終的にドルやポンドの為替持高のカバーをMOFを相手に行ったのである。スイス・フランやカナダ・ドルの為替持高はドルの為替持高に転化されるから，これら2

第6章　日米間国際金融構造の非対称性　　127

通貨はドルの為替持高に含められて為替持高規制を受ける。マルクやフランス・フラン等も同様にポンドの為替持高規制の中に含まれることになる[8]。

　わが国では非集中通貨建ての貿易取引自体が少ないので，ドルやポンドを対価とした取引は東京市場では出合を取るのは非常に困難であり，当時はそもそもクロス取引自体が認められていなかった。そこで，例えばスイス・フランについてはニューヨーク市場とチューリヒ市場で，カナダ・ドルはモントリオール市場とニューヨーク市場で，マルクはフランクフルト市場とロンドン市場で，スウェーデン・クローネはロンドン市場で，といった具合いに通貨発行国の外国為替市場かニューヨークやロンドンの国際為替市場で取引を行っていた[9]。為替銀行のこのような為替操作がいわゆる3店間出合取引といわれるものである[10]。重要なのは，集中通貨をドルとポンドに限定したことから，非集中通貨はドルかポンドを媒介にしてしか円と結び付かなくなった点である。非集中通貨が間接的に円と交換されることは，ドルやポンドが為替媒介通貨として機能していることを意味している。集中通貨の指定という外国為替市場への通貨当局の対応が，戦後初期の段階での，ドルとポンドの為替媒介通貨としての機能を規定したのである。非集中通貨の対ドル交換性が回復されてからは，硬貨圏と軟貨圏の区別は廃止され，非集中通貨はドルかポンドのどちらかを介して集中されたわけである。

　1952年にわが国はIMFに加盟し，翌年1ドル＝360円のIMF平価を設定してドル相場を基準相場とした。一方では，14条国としての特権をフルに利用しながら，他方では，経常勘定の自由化に向けて為替管理を次第に緩和していった。為替相場の自由化については，結局は集中通貨であるドルとポンドの集中相場の売買幅を広げることに帰着する。非集中通貨はそもそも取引が少額で，自由化が進められてもわが国に与える影響は小さいからである。まず，1956年に非集中通貨であるカナダ・ドル，スイス・フラン，ドイツ・マルク，スウェーデン・クローネの為替相場を自由化した後，1957年にポンドの直物相場が上下各0.75％内で自由化され，翌年変動幅が上下各1％に拡大された。続いて，1959年にドル直物相場を上下各0.5％内で自由化した。ドルの自由化が一番遅かったのは，わが国においてドルがもっとも重要な通貨であることを表している。

第6-2表　インターバンク市場および MOF の取引高

(単位：ポンドは100万ポンド，ドルは100万ドル)

| | インターバンク市場取引高 | | MOF 取引高 | | | | | |
| | | | MOF 買 | | | MOF 売 | | |
	直物	先物	直物	予約実行	小計	直物	予約実行	小計
	ポンド							
1955年	16.2	7.4	1.9	107.9	109.8	20.2	107.6	127.8
1956年	64.3	34.7	133.9	25.4	159.3	7.8	86.0	93.8
1957年	98.8	42.1	176.8	2.2	179.0	12.6	61.6	74.2
1958年	56.5	35.5	—	0.02	0.02	1.1	8.9	10.0
	ドル							
1955年	103.3	13.8	3.7	248.8	252.5	162.8	8.7	171.5
1956年	241.4	48.8	56.1	116.2	172.3	41.9	1.4	43.3
1957年	260.5	18.9	690.6	21.8	712.4	115.8	—	115.8
1958年	262.7	54.9	16.4	94.2	110.6	244.1	8.1	252.2

(注)　1958年のインターバンク市場取引高の先物はスワップを含む。
(出所)　坂本信明編『日本における外国為替市場の形成』外国為替貿易研究会，1959年，140～145ページ。

為替相場の自由化によって，為替銀行の為替操作の余地は広がり，為替持高調整の場であるインターバンク市場が拡大した。為替銀行はインターバンク市場でカバーが取れないときは，MOF 勘定と集中相場でポンドもしくはドルを売買した。第6-2表は1950年代後半のインターバンク市場での取引高と MOFの売買高を示したものである。インターバンクの取引高は，ポンドが1955年の2,400万ポンドから1957年には約6.5倍増加して1億5,000万ポンドにのぼり，ドルについても同期間に2倍以上の伸びを示して1958年には3億ドル台に達している。他方，MOF の売買高から，第1に概してインターバンクの取引高を上回っていること，第2に MOF 売買全体に占める先物予約の実行部分が相当程度あること，が指摘できる。為替相場の自由化によってインターバンク市場は確かに拡大したものの，為替銀行にとっては MOF との売買がインターバンク市場の代わりの役割を果たしていたのである。1950年代後半の段階では，MOF 勘定の代理人である日本銀行は受動的な立場に立ち，単に為替銀行の売買要求に応じていたにすぎない[11]。日本銀行が自らの判断に基づいて行動していないという意味では，ポンドやドルは集中通貨であっても介入通貨として機能しているとは言い難かった。

2 介入通貨ドルの確立

ドルが明確に介入通貨として使用されるようになるのは，1963年に日本銀行が市場介入による為替平衡操作を開始してからである。同年に，ドル直物相場の変動幅が上下各0.75％に拡大されるとともに，日本銀行の集中相場もドルに限定され，ポンドは市場の裁定に委ねられた。ここに至って，ドルは外貨準備＝準備通貨としてだけでなく，介入通貨としての機能も兼ね備えるようになり，ドル相場がわが国の為替相場体系における基準相場にふさわしい内実を持つようになった。

為替相場とは国民経済が国際経済に組み込まれる接点にほかならず，どの通貨を基準とするかはその国の命運をも決死かねないものである。わが国がドル相場を基準相場に据えたことは，IMF体制に照応した公的レベルでの国際金融構造が事実上確立し，1964年のわが国の8条国への移行はその制度的完成といえよう。周辺国としての日本の介入義務・ドル平衡操作と基軸通貨国としてのアメリカの金・ドル交換性という国際通貨制度上の非対称性は，日本側でのドル為替市場の形成とアメリカ側での国際金融市場の成立という私的レベルでの非対称性に対応した上部構造である。

次に注目したいのは，集中相場をドルに限定しポンドを市場の裁定に委ねることが，為替銀行の為替操作にいかなる作用を与えるかである。それはドルについては上下限の相場であればMOF勘定と無制限に売買できること，言い換えれば，ドルの為替持高は必ずカバーが取れることを意味する。固定相場制を守るために，日本銀行がドルに対しては上下限で必ず介入するからである。制度上の通貨当局（中央銀行あるいは大蔵省）による外国為替市場への介入を通して，為替銀行は為替リスクを最終的に国家に転嫁できるのである[12]。それに対して，ポンドは日本銀行による市場介入がなされないので，ポンドの為替持高のカバーはインターバンク市場でしか取れない。そうすると，ポンドについては必ずしもカバーが取れるとは限らなくなる。カバーできない部分については一旦ドルに転化して，ドルの持高としてカバーせざるをえない。ポンドについての一連の過程を図式化すると，下記のようになる。

$$\frac{ポンド}{円} \rightarrow \frac{ドル}{ポンド} \cdot \frac{円}{ドル}$$

上図はポンドと円をドルが媒介していることを示している[13]。ここにわが国の外国為替市場においてポンド対ドルの取引，いわゆる英米クロスが生じる根拠がある。

第6-3表は1960年代におけるインターバンク市場の取引高の推移を示したものである。まず，ドル取引は1960年の7億ドルから63年に29億ドルと4倍以上の伸びを示し，さらに65年には48億ドルと7倍近くに急増した。その後1968年から再び激増して70年には118億ドルに達し，取引量は10年余りで17倍に増加している。他方，ポンド取引は1960年の8,300万ポンドから漸増して1967年には1億2,100万ポンドになった。だが，それ以降取引量は急減して，1970年には1960年の半分以下の水準にまで落ち込んでしまった。1967年以降のドル取引の激増とポンド取引の急減という正反対の傾向は，この時期のインターバンク市場の大きな特徴である。その年のポンドの切下げが，国際通貨としてのポンドの地位を低下させるうえで，いかに決定的なダメージを与えたのかが知られよう。第2に注目されるのは，ドルとポンドの取引規模の格差である。ドルはすでに1960年にポンドの3倍の取引量を誇り，63年にはその差は10倍以上に一段と広がった。1960年代前半の時点で，ドルはポンドを圧倒していたことがわかる。同年ポンドが集中通貨から外され，市場の裁定に委ねられるに至ったのも当然である。前掲表のMOF売買の推移を見ても，1958年にはMOFのポン

第6-3表　外国為替市場のインターバンク取引高の推移

(単位：100万ドル)

	ドル				ポンド						
	直物	先物	スワップ	計	直物		先物		スワップ		計
1960年	330	318	48	696	165	(59)	59	(21)	8	(3)	232 (83)
1963年	1,310	1,083	511	2,904	210	(75)	25	(9)	3	(1)	238 (85)
1965年	2,163	1,844	829	4,836	246	(88)	39	(14)	11	(4)	297 (106)
1966年	1,962	1,885	677	4,524	283	(101)	36	(13)	11	(4)	329 (118)
1967年	2,149	1,806	618	4,573	228	(95)	34	(14)	29	(12)	291 (121)
1968年	3,109	2,636	727	6,472	163	(68)	12	(5)	2	(1)	176 (74)
1969年	4,217	2,977	1,220	8,415	123	(51)	3	(1)	—	(1)	130 (52)
1970年	4,915	4,237	2,604	11,757	77	(32)	4	(2)	—	—	81 (34)

(注)　①ポンドは1966年までは1ポンド=2.8ドル，1967年以降は1ポンド=2.4ドルでドル換算している。
　　　②ポンドの（　）は100万ポンド。

(出所)　1960年から1968年までは『普通銀行制度・貿易金融』270ページ。
　　　　1969年と1970年は『外為年鑑』外国為替情報社，1970年版と1971年版。

ドの売買は極端に小さくなっている。実際，MOF のポンド売はその年の7月から，買は9月からまったく行われていない[14]。MOF の動向に着目すると，集中通貨のドルへの一元化は実質的には1958年に達成されていたのである。

ドルは日本やアジアにおいて第3国間貿易決済通貨としてポンドを駆逐していき，インターバンク為替市場での為替媒介通貨としての地位を不動のものにした。1963年の集中通貨のドルへの一元化は，取引通貨としてのドルの実情を反映したものであり，ドルのポンドに対する勝利を公式に宣言するものだったといえよう。ポンドの伸悩みと1967年以降の急減によって，ポンドと円との直接取引はますます少なくなっていった。わが国の国内インターバンク取引は戦後一貫して円を対価とする取引に限定されていたけれども，1959年9月ドル相場の自由化の実施に合わせて，ドル対ポンドのクロス取引，いわゆる英米クロスが認められた[15]。この措置によって，ポンドとドル間の資金過不足の調整が英米クロスを通じて直接に行えるようになった。ポンドは集中通貨であっても実際にはすでに集中されていなかったから，英米クロスはポンドの為替持高・資金の最終的調整をドルを介して MOF に取り次ぐ役割を果たすことになった。

第6-4表　英米クロスの取引高

（単位：1,000ポンド）

	1965年	1967年	1969年	1970年
1月	450	1,130	30	1,070
2月	350	1,070	80	600
3月	880	2,100	230	920
4月	272	1,400	450	200
5月	640	1,680	300	300
6月	1,465	1,305	915	470
7月	1,360	1,290	710	270
8月	1,450	270	50	300
9月	1,700	650	200	300
10月	620	1,160	300	981
11月	960	280	440	580
12月	690	250	1,240	1,110
計	10,837	12,585	4,945	7,101

（注）　①取引は当日物と翌日物。
　　　　②1969年3月，11月，12月および1970年1月，3月，5月，10月はスワップを含む。
（出所）　『外為年鑑』1966年，68年，70年，71年版。

第6-4表から窺えるように，1960年代の後半になって，わが国のインターバンク市場でも英米クロス取引がかなり成立するようになってきている。英米クロス取引は当初ポンド取引の10％程度にすぎなかったものが，1970年には20％余りに達している。英米クロス取引の増大は，ポンドがより一層ドルを媒介にして円と結び付くようになったこと，ポンドの為替持高・資金調整自体も円を対価とせずにドルを媒介にして行われるようになってきたことを表している。1960年代を通してポンドは国際通貨としての地位を低下させ，マルクやスイス・フランと同様の一取引通貨にすぎなくなっていったのである。

　ドルがインターバンク市場において為替媒介通貨としての地位を独占したからといって，わが国では為替媒介通貨の重要性が高いわけではなく，むしろ低い点は注意を要する。第6-1図は1968年のわが国の貿易構成を通貨別及び国別（地域別）に図式化したものである。輸出入とも対米貿易は30％近くを占め，対英貿易の３％弱に比して異常なほど高い。通貨別ではドル建て比率が80％以上，ポンド建て比率が10％を超え，対米，対英貿易比率よりもそれぞれ54％，７～10％程度高い。比率の違いは両通貨とも第３国間貿易決済通貨として利用されていることを示している。わが国では EEC の比率が６％弱にすぎないのに対して，とりわけアジアの占める比率は高く，30％以上に達している。第３国間貿易決済通貨を巡ってのドルとポンドの角逐の焦点がアジア地域にあったことが窺える。アジア地域でのドルの浸透がわが国の貿易のドル建て比率の圧倒的な高さとなって現れたのである。

　契約通貨を見る限り，為替持高がドルに転化される部分，すなわちドルが為替媒介通貨として機能する部分は，ポンドやマルク等の非ドル通貨建てで行われる貿易についてだけだから，せいぜい15～20％程度にすぎず，対米貿易比率よりも低い。また，為替取引高を見ると，そのほとんどがドルで占められているけれども，貿易のドル建て比率がきわめて高いゆえに，為替媒介通貨として使われている部分は小さい。他方，ポンドの割合は対英貿易比率と同程度であって，もはやポンドは為替媒介通貨として使われていないことが明らかである。ドルは貿易レベルですでに圧倒的な地位を占め，その独占的地位がかえってインターバンク為替市場におけるドルの為替媒介通貨としての役割を低めているのである。

第6章　日米間国際金融構造の非対称性

第6-1図　わが国の貿易取引の構成（1968年）　（単位：％）

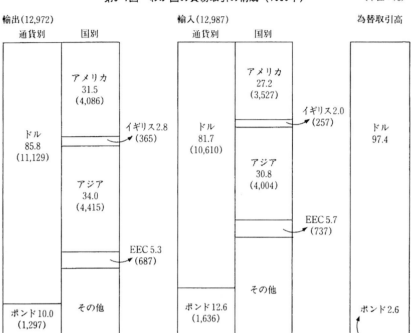

（注）①（　）内は金額，単位100万ドル。
　　　②EECはオランダ，ベルギー，ルクセンブルグ，フランス，西ドイツ，イタリアの6カ国。
（出所）　日本銀行『経済統計年報』1969年版，235～238ページ。
　　　　通貨別及び為替取引高の比率は『普通銀行制度・貿易金融』294，270ページ。

　わが国におけるドルの国際通貨化を論じる場合，IMF協定上の固定相場制を守る義務から，準備通貨→介入通貨→インターバンク為替市場における為替媒介通貨という上からの国際通貨化を軽視すべきではない[16]。また，国家が制度金融を通して短期の貿易金融にも大幅に介入しているのも事実がある。しかしながら，わが国においては，第3国間貿易決済通貨の決定的重要性からして，契約通貨→第3国間貿易決済通貨→インターバンク為替市場における取引通貨という下からの国際通貨化の方が，はるかに重要であったということができる。なぜなら，介入通貨がドルに一元化された1963年以前に，ドルは貿易取引通貨，とりわけ第3国間貿易決済通貨としての地位をすでに確立していて，インター

バンク為替市場においても圧倒的な強さを持っていたからである。当時の経済実態に目を向けるなら、わが国においては為替媒介通貨よりも第3国間貿易決済通貨が介入通貨を規定したのである。

ポンドが集中されなくなったことが、直ちにポンドの為替媒介通貨や第3国間貿易決済通貨としての機能停止をもたらすわけではない[17]。ある国民通貨が国際通貨の諸機能を果たすかどうかは、通貨当局の政策が重要な決定要因であるとしても、政策だけで規定されるわけではなく、基本的には市場自体が決めることである。第3国間貿易決済通貨については、ポンドはドルにますます侵食されながらも、なおもその機能を果たし続けている。他方、インターバンク為替市場においてはポンドはすでにドルに駆逐され、市場メカニズムによってドルと並んで為替媒介通貨として機能する地盤はもはやなかったのである。介入通貨のドルへの一元化は、為替媒介通貨としてのドルの独占化に決定的な意義を持っていた。しかしながら、わが国において、そもそもインターバンク市場において為替媒介通貨として機能する余地は非常に小さかったことも忘れるべきではない。

第2節　為替媒介通貨ドルと円為替市場の構造

1　円建て化とブーメラン効果

1960年7月に円が「指定通貨」に指定され決済通貨として使用できるようになったけれども、貿易の円建て化は輸出入とも遅々として進まなかった。確かに金額ベースで見ると、輸出は1960年の500万ドルから68年には1億5,800万ドルへと30倍以上の伸びを示している。ところが、その間わが国の輸出規模が大きく拡大したため、円建て輸出のシェアは0.1%から1.3%に増えたにすぎない。輸入に至っては、金額ベースでも伸び悩み、輸入全体に占めるシェアも0.1〜0.3%と完全に停滞していた[18]。円金利が外貨金利、すなわちドル金利より恒常的に高いこと、円建ての貿易金融を提供するBA市場あるいは割引市場を中心とした短期金融市場が未整備であること、固定相場制下でわが国の通貨当局が1ドル＝360円の平価を死守する強い姿勢を持っていたので、ドル建てであっても為替リスクは平価の上下2%以内に抑えられそれほど大きくはなく、

第6章　日米間国際金融構造の非対称性　　135

特に貿易を実際に担当していた総合商社は輸出入ともドル建てであれば為替リスクは相殺可能であったこと，ドル建てが主である1次産品の輸入に占める割合が高く円建てに切り換えられないこと等，理由についてはいくつか挙げられる。また，円建て化が進まなければ，海外で円取引が行われる要因に乏しく，海外の輸出入業者は円建て取引に伴う為替リスクをカバーするのが困難であった点も指摘されよう。

　わが国では貿易取引の自国通貨建て化を推し進める要因が乏しかった。そもそも1960年の円為替導入にしても政策的意図は自国通貨建て貿易や金融を促進するというよりも，海外資本を導入するルートを確保する方に重きが置かれていた[19]。とはいえ，貿易の円建て化や円金融を進める機会が皆無だったわけではない。いわゆる「円シフト」は，そのような機会があったことを教えている。

　貿易金融のドル・シフトは米BAレートの低金利を主要な要因としていた。BAレートはアメリカの金融状況を反映して市場要因で決まるのだから，日米の金融動向によっては，日米金利の逆転が起こりうる可能性は絶えずあり，現実に1965～66年にかけて戦後初めての内外金利の逆転現象が生じた。アメリカではベトナム戦争の影響で金融逼迫と好景気の持続によるインフレの高進が生じたため，1965年12月に公定歩合が4％から4.5％に引き上げられた。公定歩合の引上げを受けて，長短の市場金利が全般的に急上昇した。例えば，90日物BAレートは1965年12月の4.625％から翌年2月に5％，さらに8月には5.875％と1.25％も高くなった[20]。他方わが国ではアメリカの好景気とは反対に景気の落込みのなかで公定歩合（商業手形割引金利）は1965年1月に6.57％から6.205％に，4月に5.84％，6月に5.475％と3回にわたって立て続けに引き下げられた。制度金融の輸入貿易手形担保貸付金利も同じく1月に6.57％から6.205％に，4月には5.84％に下げられた。公定歩合の引下げを反映して銀行の市中貸出自主規制金利も引き下げられた。例えば，日本銀行再割引適格商業手形割引金利（1件当たり300万円超）は公定歩合に連動して，その他手形割引・貸付金利は4月に8.03％から7.665％に，6月には7.3％に引き下げられた[21]。またコール・レート（無条件物）も1964年12月中平均10.95％から65年12月中平均5.84％に5％以上も低下した[22]。

　なかでも輸入金融はドルと米銀に決定的に依存していたので，輸入ユーザン

第2篇　わが国におけるドルの基軸通貨化

第6-5表　輸入ユーザンス円シフト関連諸指標の推移

年　月	ユーザンス利用度（%）	ユーザンス残高(100万ドル)	外国銀行依存度（%）	外国銀行借入残高(100万ドル)	ユーザンス期間3ヶ月以内（%）
1965年10~12月	90.3	1,944	90.9	1,768	9.2
1966年1~3月	92.5	2,036	88.3	1,797	9.5
4~6月	88.8	2,150	84.6	1,819	8.9
7~9月	83.8	1,951	83.6	1,630	15.8
10~12月	80.6	1,927	84.6	1,630	21.4
1967年1~3月	81.5	2,063	83.2	1,716	21.2
4~6月	84.4	2,416	84.5	2,042	20.3
7~9月	85.6	2,388	85.2	2,034	20.0
10~12月	88.9	2,502	87.3	2,224	19.5
1968年1~3月	90.5	2,740	87.2	2,393	14.7
4~6月	88.6	2,742	86.6	2,362	12.7
7~9月	87.6	2,701	84.6	2,285	12.8

（注）　①ユーザンス利用度は，期間中輸入為替に占めるユーザンスの比率。
　　　　②外国銀行依存度は，為替銀行の対顧客ユーザンス供与残高に対する同供与見返りの外国銀行借入の比率。
（出所）『昭和財政史』第12巻，188ページ。

スが日米金利の逆転によってもっとも大きな影響を受けたのも当然である。BAレートの高騰は直接に輸入ユーザンス金利の高騰となって跳ね返り，円金利の低下によってコスト上割高となったため，円シフトが集中して現れたのである[23]。第6-5表から輸入ユーザンスの円シフトがどの程度行われたのかを見ると，企業レベルでは，第1にユーザンスの利用度が1965年末に90%を超えていたものが翌年末には約80%にまで落ち，第2にユーザンス期間が3ヶ月以内のものが同期間に9%近くから20%以上に増加した。輸入業者はユーザンスから一覧払に切り換えたり，ユーザンスの期間の短縮を図ったのである。銀行レベルでは，外国銀行からの借入残高が同時期17億6,800万ドルから16億3,000万ドルに減少し，外国銀行への依存度も91%から約85%に低下した。銀行は低利の円資金でドルを購入して外国銀行からの借入れを返済したのである[24]。

　輸出金融に関しては，日本銀行の「外国為替資金貸付制度」を通じて絶えずBAレートを下回る円資金が供給されるので，為替銀行は利鞘を確実に確保できる。さらに，為替銀行にとってドル建て輸出手形の買取りは重要なドル資金の獲得源であったから，為替銀行の側から円建て輸出へのシフト要因は容易に働かない。

第6章　日米間国際金融構造の非対称性　　　　　　137

第6-6表　自由円勘定残高の推移

（単位：億円）

	1960年末	1961年末	1962年末	1963年末	1964年末
本邦銀行	654	905	1,142	1,285	1,697
うち本支店分	379	379	479	357	396
外国銀行	34	119	218	340	554
うち本支店分	21	51	92	160	217
計	688	1,024	1,361	1,625	2,251
うち本支店分	401	448	571	517	614
	1965年末	1966年末	1967年末	1968年末	1969年末
本邦銀行	1,473	928	920	859	861
うち本支店分	483	204	410	327	311
外国銀行	488	225	447	508	483
うち本支店分	155	73	270	345	329
計	1,961	1,184	1,367	1,368	1,344
うち本支店分	638	277	680	672	641

（出所）『昭和財政史』第12巻，49ページ。

　結局，円シフトは，輸入金融でのドル・ユーザンスの利用減少，ユーザンス
期間の短縮化，ユーザンスから一覧払への切り換えというドル建てドル金融か
らドル建て円金融への移行にとどまり，輸出入業者レベルでの契約通貨の円建
て化に始まる円建て円金融には至らなかった。円シフトによっては，輸出入の
金融構造は基本的には変わらなかったわけである。
　ところで，海外の輸出入業者が円建て取引を決済するには，当該国の銀行が
わが国の為替銀行に円為替勘定＝当座預金勘定を開設する必要がある。だから，
円為替の導入と同時に，対ドル交換性を有する「非居住者自由円預金勘定」が
創設されたのである。自由円勘定残高は，第6-6表によれば，1960年の創設時
の688億円から64年には約3.3倍の2,251億円に膨張し，その後減少したとはい
え1968年時点でも当初の2倍近い1,368億円となっている。問題は自由円預金
の源泉と使途である。第1の源泉は，為替銀行の本支店自由円勘定であり，残
高全体の半分以上を占めていることを同表は明らかにしている。この部分は為
替銀行の海外支店，なかでもロンドン支店がユーロダラー預金を取り入れて本
店に回金する場合，ドル資金はニューヨーク支店やコルレス先に振り込まれる
が，振替代わり金を本店がロンドン支店名義の自由円預金として設定したもの
である。結局のところ，円建て本支店勘定はユーロダラーの転用部分にほかな

らない[25]。

第2の源泉である海外の一般個人や法人（銀行も含む）からの預金は，わが国為替銀行に送金したドルの売却代わり円が預金されたものであって，ドル売却時に円の預入れ期間に相当する先物を売って為替リスクをカバーしている。これはアインチィヒが言うところのインベストメント・アンド・ディポジット[26]，つまり，直物円買（ドル売）・先物円売（ドル買）のスワップ形態を取ったカバー付き金利裁定取引にほかならない。したがって，これら2つの源泉から形成される自由円預金は短期資本移動に含められるものであって，円建て取引の決済資金として機能していない。自由円預金のうちそうした部分が大半を占めているという事実は，円建て輸出代金が為替銀行に当座預金残高として残り，それが円建て輸入の決済に使われる部分はきわめて小さく，国際通貨と呼ばれるドル残高やポンド残高と同じ意味での円残高ではないということである。自由円預金残高の増大は，円が短期資本取引において国際的に利用されるようになった点では円の国際化と評せられるけれども，必ずしも円の国際通貨化を表してはいない。

円為替の導入後貿易の円建て化は進まなかったが，他方で円建て化が着実に進展した分野があることも事実である。中長期延払い信用や借款がそうである。造船，機械，プラント等を輸出する場合，金額が巨額にのぼり，建設期間や支払期間が長期にわたるため，民間銀行では融資に伴うリスク，とりわけ発展途上国向けの信用リスクを負担しきれない。商業ベースでは不可能なリスクを引き受けられるのは国家をおいてほかにない。そこで，政府は輸出促進策の一環として，輸出保険や直接の信用供与に乗り出したのである。その場合，財政資金が使われるので当該国通貨建てとなることが多い。中長期の貿易信用に国家が介入するのは，戦後の先進諸国に共通する特徴であるが，日本も例外ではない。1950年に輸出信用保険法が施行され，翌年日本輸出銀行（1952年に日本輸出入銀行に改組）が開業している。さらに，発展途上国への経済援助を押し進めるために1960年に海外経済協力基金が設置された。また，財政資金は世銀や第2世銀等の国際援助機関の出資にも充てられ，それら機関を窓口に，円建て借款としても利用されている。

輸銀を通じての円借款は，1949年の第1回インド借款を最初に融資実行額は

着実に増加し，円建て比率も高まる傾向にある。これら延払い輸出は，円建て取引で大半が紐付きとなっているので，融資された円はそのままわが国の輸出業者の手に入る。したがって，わが国の輸出業者は円建てで契約をし輸出代金を円で受け取っているので，輸出入業者間では円が決済通貨とし機能しているのは確かである。問題点は，借入人（輸入業者）がどのようにして債務を返済しているかにある。一般的には，彼らは元利金返済期毎に自国通貨で円を購入しているのではなく，外貨であるドルを送金しそれを売却して円を調達している[27]。海外輸入業者の返済の仕方を図式化すると，

$$\frac{ドル買}{現地通貨売} \cdot \frac{円買}{ドル売}$$

となろう。ドルは現地通貨と円とを繋ぐ為替媒介通貨として機能している。借入人が円をもっとも調達しやすい市場といえば東京外国為替市場なのだから，そこでドルは売られよう。東京市場でドルのマーケット・メーカーとしての役割を果たしているのはわが国の為替銀行だから，借手がドルを売る相手とはわが国の為替銀行にほかならない。つまるところ輸出入業者間では円決済であっても，為替銀行は輸出から発生する対外債権を円建てではなくドル建てで保有する結果となる。もし輸出超過が大幅で大量のドル売が起こって，日本銀行がドル買介入を実施することになれば，わが国のドル準備の増加に連なる。

　借入返済のための為替取引を借入国サイドから見れば，当該国で行われている取引はドル対現地通貨であって，円対現地通貨ではない。円建て貿易は現地通貨を対価とする円為替市場の形成に結び付いていない。円建てによって為替取引や為替リスクを相手国に押し付けながら，為替媒介通貨としてのドルの機能を介して結局のところわが国に戻ってくるのである。為替媒介通貨の持つブーメラン効果といえよう。そして，ブーメラン効果が作用する限り，貿易の円建て化は輸出入業者の為替リスク回避にはなっても，為替銀行にとってまた国民経済にとっての為替リスク回避策にはならない。貿易の円建て化は必ずしも直線的に円の国際通貨化に繋がるわけではなく，いかに円建て化を進めようとも，為替媒介通貨としてのドルを排除できない限り，円の国際通貨化には限界が画されているのである。

2 資本取引と海外円為替市場の形成

前節ではわが国において，ドルは第3国間貿易決済通貨の重要性が高いが故に為替媒介通貨としての機能は逆に低いと指摘した。しかし，それはわが国の国内での話であって，対外的な側面ではむしろ重要性ははるかに高くなる。というのも，ドルの為替媒介通貨としての機能が，円の世界的な為替市場の構造を決定しているからである。

わが国の対米貿易比率が非常に高くてドル建てが続く限り，アメリカ側で円取引を生じさせる誘引は働かないから，日米間の外国為替市場を特徴付ける one-way street の構造は基本的に変わることはない。アメリカ以外との貿易においても第3国間貿易決済通貨としてのドルを排除して円建て化を進めない限り，同じく海外で円が取引されることはない。

しかしながら，変化は確実に起こっている。第1の変化は，既述したように，中長期の貿易分野で生じている。わが国の延払い信用供与額は，1962年の2億8,750ドルから毎年増加の一途をたどり69年には12億6,800万ドルにのぼり，また借款は同期間1,250万ドルから3億3,600万ドルに伸びた[28]。中長期信用において中心的役割を果たしている輸銀の融資の推移からも，その点は確認できる。輸銀の輸出金融は，1960年の798億円から69年の3,131億円と約4倍に増加し，その大半を船舶と一般プラントが占めている。また，直接借款も加えた貸付残高は，1960年代の10年間で1,044億円かち1兆3,146億円と約13倍に膨張している[29]。

延払い信用や借款の供与に伴って，融資実行額や融資残高が増えるにつれて利払いや償還額も毎年増加するから，それだけドルを対価とする円買取引が大量に発生する。円対ドル取引の最大の市場は東京市場だから当初は東京市場が利用されても，取引量が大幅に増加して取引コストの低下をもたらし，容易に出合が取れさえすれば，東京市場以外の海外でも円対ドル取引は行われるようになる。円取引がどこの市場でどの通貨を対価にして行われるかが，海外での円為替市場の形成にとってのキー・ポイントである。

第2の変化は資本取引から引き起こされる。対日直接投資はわが国の厳しい為替管理に阻まれて戦後から低調で1億ドル以下の水準にある。一方対日証券投資は1960年代の末，特にネットで68年に2億2,900万ドル，69年には7億

3,000万ドルと顕著な増加を示している[30]。例えばアメリカの投資家がわが国の株式や債券を購入すると，投資元本と投資収益を回収する際に円為替の売買が必要になってくる。そこで，為替銀行ニューヨーク支店や在日支店を持つ米銀は，投資家と円為替を売買し，円取引の結果生じる円の為替持高カバーをアメリカの国内インターバンク市場で求めることになる。アメリカ側に円為替市場が形成される誘因が働くわけである。とはいえ，取引量自体が少ないため，米銀は国内のインターバンク市場で円の為替持高を十分に調整できない。そのうえ，アメリカ側に円相場への介入義務はなく，実際にドル危機に対する対応においてもニューヨーク連銀は円相場への介入を実施していないから，必ず出合が取れるという保証はない。だから，インターバンク市場での為替尻は，米銀の本支店勘定や邦銀とのコルレス勘定を通じて東京市場に持ち込まれる[31]。ドル対価の円為替も円対価のドル為替も，表現は逆であっても同じ円とドルの交換取引となるからである[32]。東京市場は規模から見ても介入の有無からいってもはるかに優位に立っているため，ニューヨーク市場の円相場は東京市場のドル相場に追随する形となっている。つまり，円の取引規模が小さければ，インターバンク市場は直接交換市場として自立できず，ニューヨーク市場の円相場はそこでの需給関係を反映して決定されるのではなく，東京市場のドル相場を基準とする「写真相場」となる[33]。

　アメリカ側で円取引量が増大すれば，円の為替持高調整は国内インターバンク市場で十分に行えるようになり，インターバンク市場が直接交換市場として自立し，円相場は国内の需給関係を反映して決定される。日米双方の銀行がニューヨーク市場と東京市場間で2店間出合取引が可能な状況が生まれるのである。実際に，1960年代後半には，ニューヨーク外国為替市場の日々の取引額は，東京インターバンク市場の15～20％に達していたという指摘もある[34]。ニューヨーク市場での円取引の増大は，日米間で円対ドル取引が次第に one-way street からtwo-way street の構造[35] へと変容しつつあることを物語っている。

　資本取引を通じての円為替市場の形成は，アメリカにとどまらずヨーロッパにも及んでいる[36]。注目されるのは，ヨーロッパでの円為替市場の形成はアメリカのそれとは意味合が若干異なる点である。イギリスを例に取ると，円対ポ

ンド取引は，対日証券投資が増大したとはいえ，そもそも取引高が小さくイン
グランド銀行が介入しないため，インターバンク市場で円建ての為替持高カ
バーをポンドを対価として出合を取るのは不可能な状態である。したがって，
東京市場ですでに触れたように，一旦ドルを介してカバーを取らざるをえない。
つまり，

$$\frac{ドル}{ポンド} \cdot \frac{円}{ドル}$$

の2つの取引を行う必要がある。円取引が増大すれば，円対ドル取引は東京市
場だけでなく，ロンドン市場でも出合が取れるようになる。ロンドン市場での
円取引は，イギリスやヨーロッパの居住者に限定されているわけではないから，
もちろんわが国の為替銀行もロンドン支店等を通して市場に参加し，市場拡大
の一要因となる。しかしながら，ロンドン市場で活発に円取引が行われようと
も，円取引はポンド対円の直接交換取引ではなく，ドル対円のクロス取引であ
る。ロンドン市場で実際に建つ円相場とは後者の相場，すなわちイギリス側か
ら見たクロス・レートにほかならない。為替銀行の為替操作から見れば，ポン
ド対円取引はロンドン市場と東京市場間での2店間出合取引は成立せず，もっ
ぱら3店間出合取引が中心になる。その点が，同じく当事国の外国為替市場で
あってもロンドン市場はニューヨーク市場と大きく異なる。

　イギリスにおける円取引の状況は，他のヨーロッパ諸国にも等しく当てはま
る。ヨーロッパの外国為替市場はロンドン，パリ，ハンブルグ，フランクフル
ト，チューリヒを中心とし，特にロンドン市場はニューヨーク市場と時間帯が
重なるので，ニューヨーク市場との間で円相場に乖離があれば裁定が行われ両
市場は同一市場を形成しつつあるといわれる。こうして，円為替市場は海外市
場と東京市場が隔離された市場から，時間の移動とともに，東京→ロンドン→
ニューヨーク→サンフランシスコ→東京という円環を形成する。東京市場は円
環の出発点であると同時に終着点でもあり，諸外国にとっては円為替の最終の
清算場所である。なぜなら，各国銀行の円の為替尻に出合を付けられるのは，
東京市場における日本銀行の介入以外にないからである。

　円為替市場のグローバルな構造とは，ドルの為替媒介通貨としての機能に
よって，当事国通貨の市場である東京市場とニューヨーク市場を別にして，ク

ロス取引で連結された変則的な multi-way street の構造である。為替取引は必ず2通貨の交換を伴うから，円為替とは裏を返せばドル為替にほかならない。とすれば，円為替の変則的な multi-way street の構造とは，結局はグローバルドルに統合されたドル為替市場の一部分にすぎない。換言すれば，いかに円建て取引が進展しようとも，為替媒介通貨としてのドルを排除できない限り，円と各国通貨との直接交換取引市場が東京市場を中心にして各国市場を放射線状に結ぶという構造には決してならないわけである。

第6章　注

1）　中井省三『自由化の貿易と外国為替』関書院新社，1961年，178ページ。
2）　大蔵省財政史室編『昭和財政史』第15巻，東洋経済新報社，1976年，498ページ。1950年代後半の「指定通貨」の追加は，1955年ドイツ・マルク，56年スウェーデン・クローネ，57年オランダ・ギルダー，58年ベルギー・フラン，59年オーストリア・シリング，デンマーク・クローネ，イタリア・リラ，ノルウェー・クローネ，ポルトガル・エスクードである。
3）　和田正康『外国為替業務』銀行実務講座6，ダイヤモンド社，1960年，246ページ。
4）　中井省三，前掲書，178～179ページ。
5）　坂本信明編『日本における外国為替市場の形成』外国為替貿易研究会，1959年，37ページ。
6）　中井省三，前掲書，178～179ページ。
7）　和田正康，前掲書，75ページ。
8）　坂本信明編，前掲書，118ページ。
9）　海外市場といっても当時の状況から実際に取引できる市場は当事国の外国為替市場に限られていた。同上書，119ページ。
10）　和田正康，前掲書，75ページ。
11）　坂本信明編，前掲書，37ページ。
12）　通貨当局の外国為替市場への介入が為替銀行，したがってインターバンク為替市場に対して持つ意義については，深町郁弥「アメリカの「債務国」への転化とドルの基軸通貨性の侵食」，『経済学研究』（九州大学）第53巻第4・5合併号，1987年12月を参照されたい。
13）　為替銀行が為替持高操作に2店間出合より3店間出合を多く用いる理由として，「米ドルやポンドといった国際通貨でないもの，たとえばイタリア・リ

ラの買持を東京または Rome で Cover しようとしても（すなわち2店間出
合取引——引用者），元来の取引量が少ないから，出合をみつけるのがむずか
しく，むしろいったんリラの買持をドルの買持に切り替えたうえ，ドルを売る
ほうが操作の目的が容易に達せられること」（和田正康，前掲書，74〜75ペー
ジ）が挙げられている。わが国や相手国のインターバンク市場で円が直接交換
として取引されないでドルを媒介にすることが為替銀行にとっては通常の操作
であった。3店間出合の重要性は，1960年代においてドルが為替媒介通貨とし
て確立していたことの証左である。

14） ボンドが MOF に集中されなくなった理由として EMA と関連する技術的
要因が指摘されている。この当時ドル相場の変動幅は平価の上下各0.5％に設
定されていた。したがって，MOF の集中相場は上限が1ドル＝361.8円，
下限が358.2円となる。ポンドはドル相場から裁定されるので変動幅は上下各
1.5％に設定され，MOF の集中相場は上限が1ポンド＝1023.12円，下限は
992.88円である。一方，EMA の規定では，加盟国の対ドル相場を平価の上下
各0.75％以内に抑えなければならない。例えば，ポンドの場合，対ドル相場は
上限が1ポンド＝2.82ドル，下限が2.78ドルになる。したがって，ポンドの対
円相場の変動幅は，上限（ドルが円に対してもっとも高くかつポンドがドルに
対してもっとも高いとき）は361.8×2.82＝1020.276円，下限（ドルが円に
対してもっとも安くかつポンドがドルに対してもっとも安いとき）は358.2×
2.78＝995.796円となる。つまり，ポンドは EMA の規定によって MOF の集
中相場より狭い範囲内で変動することになるので，為替銀行が MOF に対して
ポンドを売買することは生じない。和田正康，前掲書，33〜35ページ。

15） 『外為年鑑』1960年版，外国為替情報社，38ページ。『わが国の外国為替市
場』日本割引短資（株），1982年，24ページ。

16） 山本栄治『基軸通貨の交替とドル』有斐閣，1988年，特に第5章「旧ＩＭ
Ｆ体制下のドル」。

17） Swoboda, A., "Vehicle Currencies and the Foreign Exchange Market :
the Case of the Dollar", Aliber, R. Z., ed., *The International Market for
Foreign Exchange,* Frederick A. Praeger, 1969, p. 35.

18） 大蔵省財政史室編『昭和財政史』第12巻，東洋経済新報社，1992年，46ペ
ージ。

19） 同上書，35ページ。戦後高度経済成長が始まり先進国への仲間入りを目指
していた当時にあってはやむをえないとしても，同じく先進国へのキャッチ
アップを国是として金本位制の導入に踏み切った明治政府の発想を想起させ，

当時の状況を知るうえで非常に興味深い。

20) 大佐正之『貿易金融と外国為替』東洋経済新報社，1982年，196ページ。

21) 『外為年鑑』1966年版，145ページ。

22) 大蔵省財政史室編，前掲書，187ページ。

23) 実際の輸入業者にとっての輸入ユーザンスのコストは，BAレートに米銀の引受手数料（1.5%）と邦銀の手数料（0.625%）を加算した金利である。他方，円金融の金利は日本銀行の制度金融を使えば輸入決済手形貸付金利に銀行の手数料（0.183%）を加算した金利か制度金融を使わない場合は一般貸付金利である。円シフトはこうしたドルと円の金利差に為替の要因（ユーザンスの場合のドルの先物レートとユーザンスから一覧払に切り換えた場合のドルの直物レートの差）を考慮して行われる。大佐正之，前掲書，191～192ページ。

24) 銀行がこのような操作を大々的に行って仮に輸入ユーザンス残高全額を返済するようなことになれば，外国為替市場では一斉に銀行がドルを買うからドルの売手は日本銀行だけとなり，外貨準備の大量流出を招く。当時そうした危険性が指摘されたが，実際にはそのような事態に陥るだけの外国為替市場でのドル買に繋がる円シフトは生じなかった。その理由として，①ユーロダラーの取入れが増加したこと，②外国銀行による信用供与枠の削減を恐れて外国銀行からの借入れの減少を抑制したこと，③企業が円シフトを一時的な現象と見ていたこと，④日本銀行による円シフト対策，が挙げられている。大蔵省財政史室編，前掲書，187～191ページ。

25) 佐藤委員会レポート「円の国際的地位」1967年，日本経済調査協議会編『円の国際化』銀行通信社，1976年，273ページ。

26) Einzig, P., *A Textbook on Foreign Exchange,* second ed., Macmillan, 1969, p. 244, 東京銀行調査部訳『外国為替入門』ダイヤモンド社，1967年，292ページ。

27) 佐藤委員会レポート，前掲書，277ページ，佐藤委員会レポート「国際通貨および国際金融問題」1970年，同上書，454ページ。

28) 日本銀行『本邦経済統計』1967年版，263ページ，同『経済統計年報』1970年版，248ページ。

29) 『昭和財政史』第12巻，315ページ。

30) 日本銀行『経済統計年報』1970年版，248ページ。

31) 中井省三，前掲書，213ページ。

32) 東京市場の円相場というのは，外国為替市場の原理からいって，ニューヨーク市場のドル相場と同じく，きわめて不適切な表現である。というのは，

元来，その通貨の母国市場では，当該国通貨を対価にいろいろな国の通貨に対して相場が建っているからである。例えばニューヨーク市場では，ドルを対価としてマルク相場，ポンド相場，フランス・フラン相場，もちろん円相場等が建つ。それゆえ，ニューヨーク市場でドル相場といえば，どの通貨に対する相場なのかは明らかにならない。にもかかわらず，わが国で円相場という表現が使われるのは，対価となる通貨の大部分がドルだからである。ある意味では，わが国の外国為替市場におけるドル一辺倒という歪な構造が，円相場という不適切な表現を違和感なく受け入れさせている土壌といえる。

33) 中井省三，前掲書，213ページ。インターバンク市場で円相場が自立的に決定されなければ，対顧客円相場の基準を国内インターバンク相場に求めることはできない。それゆえ，東京市場のドル相場がニューヨーク市場における対顧客円相場の基準となるわけである。円相場が国内の需給関係を反映して決定されるようになれば，国内インターバンク相場が対顧客相場の基準となる。

34) 佐藤委員会レポート，前掲書，285ページ。

35) 外国為替市場の two-way street 構造については第2章第2-1図を参照されたい。

36) 佐藤委員会レポート「国際通貨および国際金融問題」1970年，前掲書，456ページ。

第3篇　西ヨーロッパにおけるドルの基軸通貨化

第7章 対ドル差別と
西ヨーロッパ域内決済メカニズムの形成

第1節 双務的支払協定から多角的支払協定へ

1 双務的支払協定の意義

　第2次大戦後，西ヨーロッパ諸国は，戦勝国であれ敗戦国であれ，経済復興のため膨大な原材料や機械をドル地域とりわけアメリカやカナダから輸入しなければならなかった。だが，戦争遂行によって巨額の戦時債務を抱え，また外貨準備を費消していたので，深刻なドル不足に直面し，ドルを極力節減することが緊急の課題であった。そこで，西ヨーロッパ諸国は戦時の厳しい為替管理を戦後も継続する一方，貿易振興を図りながら当面のドル節約策として双務的支払協定を採用した。双務的支払協定は，1944年10月にイギリスとベルギー間で締結された the Anglo-Belgian Agreement を契機に西ヨーロッパ諸国に次々に普及して，「支払協定網はとりわけ西ヨーロッパ一面に張り巡らされ」[1]，1947年3月までに約200にものぼるといわれた。初めに，the Anglo-Belgian Agreement を例にとって，双務的支払協定の仕組みを簡単に見ておこう[2]。

　まずイギリスとベルギーの中央銀行は，それぞれ自行内に相手中央銀行名義の口座を開設し，相手行の口座を貸記することで相互に信用を供与し合う。信用供与には「スウィング」と呼ばれる限度が設定され，通貨交換レートとともに，協定によってあらかじめ決められている。中央銀行間の相互信用ファシリティに基づいて，例えばイングランド銀行はポンドと引換えに対ベルギー取引を決済するためのベルギー・フランを取得しうる。実際の貿易取引は為替取引形式によって行われるので，協定国の為替銀行は相互に相手国通貨建ての為替

勘定を開設する。といっても，外貨の全面集中制がとられているので，貿易業者間の貸借関係は，為替銀行を媒介にして個々の取引毎に直ちに中央銀行に振り替えられる。したがって，為替銀行には為替操作の余地はなく，貿易取引への介在は単なる取次にすぎず，その意味できわめて形式的である。「スウィング」を超える相手国中央銀行の保有する自国通貨残高については，双務勘定なので他国への振替は許されず，金もしくは交換可能通貨すなわちドルで決済しなければならない。

双務的支払協定の仕組みの最大の特徴は，協定国間の貿易を「協定通貨」として当事国通貨で行い，第3国通貨であるドルを利用しない点である。貿易業者や為替銀行はドルを使うことなく，ドルは中央銀行間の債権債務の決済手段としてのみ機能する。つまり，双務的支払協定は，私的レベルで当事国通貨を使用してドルを排除し，中央銀行レベルでも相殺残高に一定限度まで信用を供与し合い，ドルの登場をできる限り遅らせてドルの節約を図ろうとするものであった。

協定当事国間の貿易が均衡しているなら，もしくは均衡に近い状態にあるなら，ドル節約効果は非常に高いといえる。さらに，拡大均衡であれば，それだけドル節約効果及び貿易拡大効果は大きくなる。実際，戦後まもなくヨーロッパ諸国が貿易とりわけ域内貿易を急速に回復しえたのは，これら諸国間で普及した双務的支払協定によるところが大きかった。しかし，貿易の不均衡が拡大して一方的に偏る事態に陥れば問題が生じる。出超国にとって，たとえ「スウィング」内であっても，保有する相手国通貨残高を他国への支払に使えない限り，相手国から追加輸入をしなければ信用供与は焦げ付き債権になりかねない。他方，入超国にとっても「スウィング」を超える債務については，金もしくはドルで決済しなければならないから，不均衡が大きければ大きいだけ大量の金・ドル準備を失うことになる。金・ドル準備の喪失を阻止するには，相手国からの輸入を制限して強制的に均衡にもっていかざるをえない。貿易レベルから中央銀行レベルに至るまで双務主義を貫く点に双務的支払協定の限界がある。

2 多角的支払協定の展開

双務主義を私的レベルに限定し，中央銀行レベルに多角主義を取り入れることで多角的相殺を促して，地域レベルでドルの節約を一層押し進めようとしたのが多角的支払協定であった。多角的支払協定は，双務的支払協定を基礎にしているから，貿易取引には「協定通貨」の当事国通貨を使用してドルを排除し，中央銀行間での相殺残高の決済にのみドルを登場させるという双務的支払協定の決済メカニズムを基本的に受け継いでいる。中央銀行間での多角的相殺は，2種類の操作で行われるが，ここではマイクセルに依拠して具体的に説明しよう[3]。

第1種相殺は，既存の双務的ポジションを減少させるための「回路」状的相殺である。まず，例えばABCD 4カ国の双務的ポジションを，各国を前者に対して債務者，後者に対して債権者となるように回路状に配列していき，連鎖の最後の国が最初の国に対して債権者となれば回路を閉じる。その際，回路ができるだけ長くなるように，回路の長さが同じであれば相殺できる双務的ポジションが多額になるように配列操作をする。

第7-1（a）図はABCD 4カ国の配列表である。閉回路A→B→C→D→Aにおいて共通となる4を帳消しにすると，4×4＝16が相殺される。相殺後（第7-1（b）図）も新たに閉回路A→C→D→Aが作成されるから，共通の1を帳消しにして1×3＝3を相殺する。だが，これ以上の閉回路は作成できないから第1種相殺は終了し，第2種相殺である振替的相殺が行われる。第7-1（d）図においてBは対D債権（B→D）を対A債務（B←A）の支払に充てる。つまり，Bは対D債権（B→D）を対A債権（B⇢A）に振り替えて，Aの対B債権（A→B）とBの対A債権（B⇢A）を相殺する。ところが，振替によって新たにAの対D債権（A⇢D）が形成されたので，相殺額は7×2－7＝7となる。同様にして，Cは対D債権（C→D）を対A債権（C⇢A）に振り替えて相殺すると，相殺額は3×2－3＝3となる。最終結果である第7-1（e）図からわかるように，Aが一方的債権者，CとDが一方的債務者となるので，これ以上の振替的相殺は不可能となる。こうして，第1種相殺額16＋3＝19，第2種相殺額7＋3＝10，したがって相殺額は29となり，双務的ポジションは当初の41から12に削減されるわけである。

第7-1図　第1種及び第2種相殺

(a) 第1種相殺
　　閉回路 A→B→C→D→A

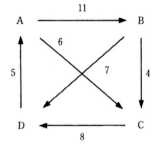

(b) 第1種相殺
　　閉回路 A→C→D→A

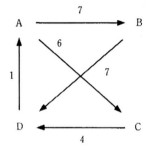

(c) 第1種相殺残

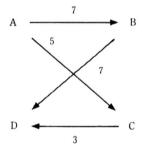

(d) 第2種相殺
　　(⇒は振替の方向)

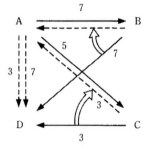

(e) 第2種相殺残

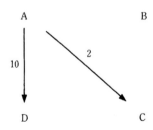

(注)　矢印は，債権から債務の方向。

第7章　対ドル差別と西ヨーロッパ域内決済メカニズムの形成　　153

　さて，多角的支払協定の最初の試みは，マーシャル援助機関であるヨーロッ
パ経済協力委員会（Committee of European Economic Co-operation）の後押
しを受け，1947年11月に成立した多角的通貨清算協定（Agreement on Multi-
lateral Monetary Compensation）である。ベルギー，ルクセンブルグ，フラン
ス，イタリア，オランダ，英米占領地域ドイツが常時加盟国として，オースト
リア，デンマーク，ギリシャ，ノルウェー，ポルトガル，スウェーデン，イギ
リス，フランス占領地域ドイツが臨時加盟国として協定に参加している。
　実際の手続きは，毎月末に事務処理機関の加盟国中央銀行が，自行の双務的
ポジションを管理機関の BIS に報告する。BIS は常時加盟国については自動
的に，臨時加盟国については各国の承認を得て，第1種相殺を実行する。続い
て BIS は第2種相殺の提案を行い，関係国が承認すれば実施する。しかしな
がら，相殺操作を実施するに当たって種々の困難が生じ，協定存続中実際に相
殺が実行されたのは総額5,160万ドルにとどまった。とりわけ第1種相殺はわ
ずか500万ドルにすぎなかった[4]。というのは，第1種相殺には加盟国が債権
債務連鎖において中間的立場に立つという条件がなければならないが，常時加
盟国だけでこの条件を満たすのが非常に限られていたからである。そのうえ，
臨時加盟国の承認もなかなか得られなかった。一方的な債権国になりがちなべ
ルギーに対して黒字傾向を持っていたのはデンマークだけであったが，デン
マークは臨時加盟国だったから同意が得られたときしか操作できなかったので
ある。デンマークが同意を渋ったのは，操作が強い通貨国に対する債権と弱い
通貨国に対する債務との相殺を意味したからである[5]。第2種相殺については，
各国が厳しい為替管理を実施して自国通貨の振替性を制限していたので，振替
に使用される通貨国の承認が得られなかった。その結果，実際の相殺実行額は
理論上の可能相殺額に比べて非常に少額だったわけである。
　次の多角的支払協定である第1次ヨーロッパ域内支払協定（First Agree-
ment for Intra-European Payments and Compensations, 1948年10月～1949年6
月）では，第1に第1種相殺の自動承認国としての常時加盟国がポルトガルと
スイスを除く OEEC 全加盟国に拡大され，第2に外部からの資金援助が導入
された。それが間接援助条項である。2国間で大幅な出超を持つと予想される
債権国があらかじめ引出権の形態で入超予想国に援助を与え，出超国は引出権

の代償として援助額だけマーシャル援助資金のなかからドルを受け取るという
ものである。

　第1種と第2種相殺は期間中総額1億70万ドルが実行され，うち第1種相殺
は自動的承認国の増加によって9,940万ドルと大きく増大した[6]。だが，両操
作の月別実行合計額を見ると，1949年1～2月こそ1ヶ月当たり3,000万ドル
を超えているけれども，それ以降は200～400万ドルと低迷し，4月はまったく
実行されていない[7]。引出権については，供与総額8億550万ドルのうち実際
に使用されたのは全体の84％，6億7,700万ドルにすぎなかった。約1/6が使用
されないまま残されたわけである[8]。引出権が双務的で第3国への支払に転用
できなかったのが最大の理由であった。

　第2次ヨーロッパ域内支払協定（Second Intra-European Payments Agree-
ment, 1949年7月～1950年6月）では，引出権の多角化を図るために，引出権総
額の25％が多角的引出権として第3国への振替が認められることになった。多
角的引出権は3つに分けられる。第1は，自動的な多角的引出権であり，双務
的引出権を全額使い果たした後もなお赤字が残る場合，双務的引出権の1/3ま
での赤字を決済するために自動的に使用できる。第2は，双務的引出権の1/3
以上に達する赤字を決済するためか，双務的引出権が設定されていない国に対
する赤字を決済するために，債務国の要求によって使用される多角的引出権で
ある。第3は，ヨーロッパ諸国に対して大幅な黒字が予想されるベルギーが供
与した1億1,250万ドルの特別多角的引出権である。

　協定期間中の相殺は，第1種相殺が6,300万ドル，第2種相殺が8,640万ドル，
合計1億4,940万ドルに増加した[9]。引出権は双務的引出権が4億9,940万ドル
全額使用された。けれども，多角的引出権の方は，自動的及び債務国の要求に
よるものが設定額1億7,240万ドルの約9割に当たる1億5,320万ドル，ベル
ギーの特別引出権は半分以下の5,010万ドルしか使用されなかった。結果的に
は，8,000万ドル余りが使用されずに無駄となったわけである[10]。

　以上のように，多角的支払協定は改訂されるたびに種々の工夫が施されて，
第1種と第2種相殺額は着実に増加している。多角的通貨清算協定の約5,000
万ドルから，第2次ヨーロッパ域内支払協定の約1億5,000万ドルと3倍に達
している。にもかかわらず，絶対額それ自体が小さく，結局双務主義の限界を

第7章 対ドル差別と西ヨーロッパ域内決済メカニズムの形成   155

克服するには至らなかった。なぜなら，多角的相殺後の参加国のネット・ポジションが，依然として個々の国に対する双務的債権債務として残るために，第2種相殺や多角的引出権による振替操作によって「特定の他の国の非自発的債権者になることを債権国側が厭がった」[11] からにほかならない。多角的支払協定を一歩進めて，参加国の双務的債権債務関係に介在し，自ら債権債務の中間的当事者となって信用を授受する清算機関を設置して，双務主義を克服しようとしたのが EPU (European Payments Union, ヨーロッパ支払同盟) であった。

第2節 EPU とドルの節約

1 EPU のメカニズム

　EPU は1950年9月19日に調印され，7月1日に遡って実施された。EPU には OEEC 18ヵ国が参加し，OEEC 理事会が任命した加盟国代表7名と OEEC からのオブザーバー1名で EPU 運営委員会を構成する。実際の業務は代理機関としての BIS が行う。当初は有効期間を2ヵ年としていたが，期限が来るたびに1ヶ年ずつ更新されて1958年12月に清算されるまでの約8年半の間，ヨーロッパ的規模でのドル節約機構として機能した。EPU における決済プロセスは，まず初めに双務的支払協定に基づいて月中の決済を中央銀行の相互信用供与で行う。もしイギリスがフランスに対して入超であれば，月末にはイングランド銀行内に開設されているフランス銀行名義の口座に入超額だけの貸方残高が生じる。この貸方残高はイギリスのフランスに対する1ヶ月のネット・ポジション，純債務額を表している。他の加盟国中央銀行の口座にも貸方残高があればすべて BIS に報告する。他の中央銀行もイングランド銀行と同様にするから，すべての2国間の1ヶ月のネット・ポジションが BIS に集中される。

　EPU 加盟国間の貿易取引においては当事国通貨が用いられるので，各国のポジションは域内通貨建てであってドル建てではない。したがって，各中央銀行から報告を受けた BIS は，各種通貨建ての2国間のネット・ポジションを米ドルと等価の共通計算単位に換算し直したうえで，加盟国毎に純債権総額と純債務総額を計算して両者を相殺する。相殺残高は，各加盟国の他の加盟国全体に対するネット・ポジションである。すべての加盟国は相殺操作を経て純債

第7-1表　EPU の割当額の変更

（単位：100万ドル）

加　盟　国	1950年7月	1954年7月	1955年8月
オーストリア	70	84	168
ベルギー	360	432	864
デンマーク	195	234	468
フランス	520	624	1,248
ドイツ	320	600	1,200
ギリシャ	45	54	108
アイスランド	15	18	36
イタリア	205	246	492
オランダ	330	426	852
ノルウェー	200	240	480
ポルトガル	70	84	168
スウェーデン	260	312	624
スイス	250	300	600
トルコ	50	60	120
イギリス	1,060	1,272	2,544
合　　計	3,950	4,986	9,972

（注）　ドイツとオランダは1951年7月に割当額が調整され，それぞれ5億ドルと3億5,500
　　　　万ドルに引き上げられた。その結果，総額は41億5,500万ドルに増加した。
（出所）　BIS『第26次年次報告』東京銀行調査部訳，有斐閣，1956年，280ページ。

権国と純債務国に分けられる。次に，BIS は自行内にある加盟国中央銀行名義
の口座に，純債権国の場合には純債権額を貸方に，純債務国の場合には純債務
額を借方に記帳する。各口座の貸借記を通して，各国の加盟国全体に対する
ネット・ポジションは EPU に対するものに振り替えられる。

　最後に，それ以前の各国の対 EPU ポジションと相殺し，若干の調整を加え
て最終的決済を必要とする累積的ネット・ポジションを算出する。加盟国には
国毎に1949年度のヨーロッパ域内貿易と貿易外取引額の15％を基準にして第
7-1表のように「割当額」（quota）が設定されており，「割当額」を超過する分
については原則として直ちに金で決済しなければならない[12]。「割当額」以内
のポジションは，一定の比率に従って金とクレジットで決済される。両者の比
率は当初平均して金が40％，クレジットが60％であったが，1954年6月にそれ
ぞれ50％と50％，1955年8月に75％と25％に変更されて，金の比率が次第に高
められていった[13]。クレジットは1年以内の短期信用が自動的に供与され，1
年以上の中期信用への乗り換えも可能であった。

第7-2表　双務的ポジション総額の決済内訳　　（単位：10億ドル）

	1950-51年	1951-52年1)	1952-53年	1953-54年2)	1954-55年	1955-56年	1956-57年	1957-58年	1958年7~12月	総額
1 双務的ポジション総額（黒字額＋赤字額）	6.3	8.7	5.3	3.9	3.5	3.9	5.7	6.5	2.6	46.4
2 多角的相殺	3.0	3.5	2.9	1.9	1.7	1.4	2.0	2.6	1.0	20.0
3 ポジション逆転による相殺	1.0	3.0	2.0	0.9	1.4	1.1	0.9	2.1	0.3	12.6
4 特別決済と調整3)	0.7	0.0	0.0	+0.0	+0.0	+0.0	+0.0	+0.0	+0.0	0.5
5 差額(1—2—3—4)	1.6	2.2	0.4	1.2	0.5	1.4	2.8	1.9	1.3	13.4
6 金4)	0.4	1.3	0.3	1.3	0.6	1.5	2.3	1.8	1.0	10.7
7 クレジット	1.2	0.9	0.1	−0.1	−0.1	−0.1	0.4	0.1	0.3	2.7
割合（％）										
2 多角的相殺	47 ⎫	40 ⎫	54 ⎫	49 ⎫	47 ⎫	37 ⎫	35 ⎫	39 ⎫	40 ⎫	43 ⎫
3 ポジションの逆転による相殺	16 ⎬64	34 ⎬74	37 ⎬92	22 ⎬71	39 ⎬86	28 ⎬65	16 ⎬51	32 ⎬71	12 ⎬52	27 ⎬70
4 特別決済と調整3)	10	0	0	+1	+1	+1	+0	+0	+2	1
5 差額(1—2—3—4)	26	26	8	30	14	36	49	29	50	29
6 金4)	7	16	7	33	17	39	41	27	38	23
7 クレジット	19	10	2	−4	−3	−3	8	2	12	6

（注）　①1952年7月1日の特別決済（主としてベネルックスとポルトガルの黒字決済）を含む。
　　　　②1954年7月21日の債務国とEPUの債権国へのクレジット返済を含む。
　　　　③当初のポジションとネットの金利支払を含む。
　　　　④ドルによる決済を含む。
（出所）　OEEC, *European Payments Union; Final Report*, p. 393

2　EPU の成果

　第7-2表を見ると，8年半の期間中に EPU に持ち込まれた双務的ポジション（黒字と赤字の合計額）の累積額は，464億ドルであった。ポジションの決済の特徴は，第1に多角的相殺と累積的ポジションの逆転による決済が全体の7割に達していることである。前者は全体の43％の200億ドル，後者は全体の27％の126億ドルにのぼっている。特に累積的ポジションの逆転によるものが，1/4以上を占めているのが注目される。これは，EPU が信用供与機関として赤字国に短中期信用を供与して，赤字国に国際収支の是正策を取るまでの息継ぎ期間を与えたからである。EPU が従来の多角的支払協定と性格上大きく異なる点である。第2に，残りの134億ドルのうち107億ドル（全体の23％）が金で，27億ドル（3％）がクレジットで決済され，金とクレジットの決済比率は金が80％を占めていることである。きわめて高い金の決済比率は，債権国にとって

第7-3表　ネット・ポジションの推移1)

（単位：100万ドル）

加 盟 国	1950 -51年	1951 -52年2)	1952 -53年	1953 -54年	1954 -55年	1955 -56年	1956 -57年	1957 -58年	1958年 7~12月	累積額
オーストリア	− 104	− 38	+ 42	+ 106	− 103	− 6	+ 23	− 4	+ 24	− 61
ベルギー3)	+ 236	+ 509	− 33	− 55	+ 80	+ 222	+ 14	+ 153	+ 66	+1,192
デンマーク	− 68	+ 46	− 17	− 92	− 94	+ 4	− 43	+ 10	− 1	+ 255
フランス	+ 194	− 602	− 417	− 149	+ 115	− 180	− 969	− 576	− 317	−2,900
ドイツ	− 281	+ 584	+ 260	+ 518	+ 296	+ 584	+1,336	+ 826	+ 350	+4,473
ギリシャ	− 140	− 83	− 28	− 40	− 27	+ 40	+ 5	+ 7	− 49	− 317
アイスランド	− 7	− 6	− 4	− 5	− 2	− 4	− 3	− 3	− 9	− 43
イタリア	− 30	+ 194	− 223	− 210	− 225	− 125	− 94	+ 219	+ 73	− 420
オランダ	− 270	+ 477	+ 139	− 42	+ 84	− 62	− 36	+ 86	+ 181	+ 557
ノルウェー	− 80	+ 21	− 59	− 61	− 70	− 27	+ 41	− 78	− 30	− 342
ポルトガル	+ 59	+ 28	− 23	− 19	− 59	− 33	− 38	− 54	− 37	− 177
スウェーデン	− 59	+ 284	− 44	− 37	− 104	+ 6	+ 111	− 30	+ 11	+ 137
スイス	+ 11	+ 158	+ 85	+ 73	+ 10	− 66	− 83	− 189	+ 20	+ 20
トルコ	− 64	− 96	− 50	− 94	− 38	− 27	− 36	− 50	− 14	− 469
イギリス	+ 604	−1,476	+ 371	+ 107	+ 136	− 327	− 225	− 317	− 267	−1,396
合 計	±1,104	±2,301	± 897	± 802	± 722	± 856	±1,529	±1,301	± 725	±6,379

（注）　①利子を除く。
　　　　②1952年7月1日の調整の一部として，ベルギーの5,000万ドル，フランスとイギリスの2,500万ドルを控除。
　　　　③ルクセンブルグを含む。
（出所）　OEEC, *op. cit.,* p. 36.

EPU を通じて金獲得の道が開かれていたことを意味したわけで，債権国がEPU に対する信用供与を容易にする作用を持った。また，債務国が金決済を受け入れたことが，EPU が円滑に機能するうえで大きな役割を演じた。そして，債務国が金決済を実行できたのは，生産力の回復に伴って EPU 加盟国以外，とりわけドル地域への輸出増加やアメリカ政府の対外支出によるドル取得によって，外貨準備の増強があったからである。

　次に，加盟国のネット・ポジションの推移を示した第7-3表から，以下の3点が指摘できる。第1点は，ポジションの逆転がかなり頻繁に生じていることである。それは，上述したポジションの逆転による相殺が全体の1/4以上を占めていたことと符合する。第2点は，逆転現象にもかかわらず，特定の国が持続的に黒字や赤字を計上していることも明らかにしている。例えば，ドイツは2年度目に赤字から黒字に転化して以来黒字を続け，他方アイスランドやトルコは最初から一貫して赤字であった。第3点は，累積額では債権ポジションと

債務ポジションが特定国に集中していることである。債権ポジションでは西ドイツが全体の70%，ベルギーが19%を占め，2国だけで約9割に達する。債務ポジションの方はフランスが全体の45%，イギリスが22%，両国で約7割を占めている。言い換えれば，西ドイツとベルギーは極端な債権国，フランスとイギリスは極端な債務国であったわけである。それゆえ，国際収支の逆転が頻繁に起こったにもかかわらず，一方的な債権国と債務国の偏在，すなわち国際収支の不均衡問題はEPUにとっても大きな課題であったといえる。実際，このことは，クレジットの期間別構造において，クレジット1年以下から1年以上のものに乗り換えられ，特に1954年以降3年以上のものが5億ドル以上も滞留している。その結果，1958年末にはクレジット残高13億1,500万ドルのうち，3年を超えるものが7億1,900万ドルと半分以上を占めている[14]。

　では，EPUは国際収支の不均衡問題にどう対応したのか。対応の1つは「追加割当額」の新規設定である。「追加割当額」とは，「割当額」を超える部分は原則上金で決済しなければならないが，一定限度まで金とクレジットの各50%の決済を認める特別の取決めである。したがって，債権国は「追加割当額」の50%まで追加信用を与えて，金決済を猶予してやるわけである。このファシリティは，1951年8月にベルギーが「割当額」を大幅に超える債権国になったときに初めて導入された。それは永続的なものではなく，債権国のポジションの変化に応じて調整されている。例えば，ベルギーは当初の8,500万ドルから2億5,000万ドルに引き上げられたが，経常収支が赤字になったので7,500万ドルに減額され，再び黒字を計上するにつれて1億2,500万ドルに増額された。また，西ドイツは1億ドルから1億5,000万ドル，4億9,000万ドルに引き上げられ，最後には限度を設けないことになった。

　もう1つの対応は2国間償還協定の締結である。協定は，EPUに対するポジションを再び2国間のポジションに戻して，その決済をEPUの枠外で当事国間の交渉に委ねるものである。協定の内容は，大体最低25%をドルで直ちに支払い，残額を平均7年の月賦払いで返済するというものであった。償還協定が成立した金額だけ協定国のEPUポジションは帳消しにされるから，EPUポジションの総額やクレジット残高が減少して，EPUの機能する余地が広がる。2国間の償還協定は，1954年6月にイギリス，フランスをはじめとする5

160　　　　第3篇　西ヨーロッパにおけるドルの基軸通貨化

債務国と，西ドイツ等の債権国との間で締結され，12月に債務国アイスランド
が加わった。それによって，協定数33，総額8億6,300万ドルにのぼり，3億
9,500万ドルのイギリス，2億3,200万ドルのフランスの2国だけで全体の7割
以上を占めている[15]。

　EPUが成功を収めたのは，機能の再活性化を促す措置が施されたからであ
る。要因はほかにもいろいろ挙げられる。加盟諸国が妥協の精神を発揮したこ
ともその1つであろう。なかでも次の2点はもっとも重要である。第1は加盟
諸国間の貿易比率が高かったことである。いま，OEEC加盟国の輸入につい
て見ると，域内貿易は戦前の1938年には39.3％であったのが，1950年代半ばに
は43〜45％に達している。域内からの輸入に対して，アメリカとカナダからの
輸入は1955年になってようやく戦前水準（14.7％）を超えるにとどまった。域
内貿易の伸び率が，月平均額で戦前（1938年）の4億1,700万ドルから1953年
には10億ドルを超え，1956年には15億ドル以上の増加を示したように，他地域
との貿易の伸び率に比べて著しく高かったからである[16]。EPUは貿易レベル
でのドル利用を回避して当事国通貨を使用することでドルの節約を図ろうとし
たわけだから，貿易が域内相互間で行われれば行われるほど，EPUは効果的
に機能する。だからこそ，域内の貿易自由化は対ドル地域の貿易自由化に比し
てはるかに速いテンポで進められたのである[17]。ギリシャを除くOEEC諸国
の貿易自由化率は，1956年4月時点で域内貿易に関しては平均87％（1948年基
準，ただし西ドイツは1949年，オーストリアは1952年基準）に達しているのに，ド
ル輸入については平均54％（1953年基準）にすぎない。もちろん，EPUの主た
る目的の1つは，対ドル差別のもとで，貿易自由化を進めて域内における多
角的貿易を促進するための決済上の枠組みを提供することにある。事実，
EPU自体が域内の貿易比率を高めるように作用したのである。

　第2は為替取引の自由化である。これは外国為替市場の機能を復活させて，
私的レベルでも多角的相殺を促進し，中央銀行レベルでのポジションそのもの
を削減しようとするものである。この点については次節で論じよう。

　さて，EPUの主要加盟国は1958年12月27日に非居住者勘定の対ドル交換性
を回復した。と同時に，EPUは割当額の合計額が全体の72％を占めるイギリ
ス，フランス，西ドイツをはじめとする8カ国が，EPUの終結をOEECに通

告することで消滅し，EMA (European Monetary Agreement，ヨーロッパ通貨協定）に取って代わられた。まずその日をもって終了する期間の最終計算が行われた後清算手続きがなされた。EPU の最終的な資産と負債が計算され，次に EPU に対するクレジットが104の双務的債権債務に還元され，当事国間の返済交渉に委ねられた[18]。通貨交換性の回復は，とりも直さず西ヨーロッパにおけるドル不足の解消を意味しているのであって，EPU を通じてのドル節約が大きく貢献したといえる。しかしながら，ドル不足の解消自体は通貨交換性の回復以前に達成されていたと見ることもできる。すでに1955年に EMA は調印され，EPU の廃止に続くプロセスとして EMA を発効させる合意ができあがっていたからである。ただ，通貨交換性の回復が1958年にまでずれ込んだのは，1947年のポンドの単独通貨交換性回復の失敗を教訓として，できるだけ多くの諸国が足並みを揃えることを目指したからにほかならない。

第3節　外国為替市場の自由化

1　外国為替市場の再開

　EPU は域内通貨協力に基づくヨーロッパ規模でのドル節約機構であると同時に，通貨交換性の回復に向けての西ヨーロッパ諸国の協同行動でもあった。1947年のポンドの交換性回復が失敗したのは，イギリスの単独行動に大きな原因の１つがあったという反省がなされていたからである。通貨交換性が成功するためには，外国為替市場の機能を復活して，国際決済を本来の姿に戻すことが必要である。為替取引の自由化は，双務的支払協定を基礎にしながら私的レベルにも多角主義を取り入れ，為替銀行の為替操作を通じて多角的相殺を押し進めるものである。EPU 加盟諸国において，1948〜50年にかけてベルギー，フランス，イタリアが，1951年にイギリス，1952年にオランダとスウェーデン，1953年に西ドイツが外国為替市場を再開し，スイスはもともと外国為替市場を閉鎖していなかった。では，外国為替市場の再開によってどのような外国為替市場の構造が形成されたのか。イギリスを取り上げてみよう[19]。

　1951年12月イギリスは為替管理を緩和して，公認為替銀行とブローカー108社に対して，為替取引を一部自由化する措置を取った。まず，指定通貨及び北

欧3カ国通貨の直物取引の公定相場，すなわちイングランド銀行の集中相場の売買幅を拡大した。例えば，米ドル相場は1ポンド＝2.79 7/8〜2.80 1/8ドルを1ポンド＝2.78〜2.82ドルに変更した。この措置と併せて，これまで公認為替銀行は個々の取引毎にイングランド銀行とカバー取引をしなければならなかったのを，国内の公認為替銀行だけでなく，特定の地域の他の為替銀行にもカバーを求めることが許された[20]。ただし，イングランド銀行は公認為替銀行の先物カバーには応じず，先物為替相場は為替銀行間の自由取引に委ねられた。為替取引の自由化と相場変動幅の拡大によって，為替銀行は自己の裁量で為替操作ができるようになった反面，為替リスクを負担しなければならない。為替銀行は対顧客取引の結果生じる為替持高をカバーするために，公定相場の売買幅の範囲内で自由に売買相場を建てて他の為替銀行に出合を求め始めた。為替持高操作といっても出合は通貨毎にばらばらに行われており，外国為替市場も通貨毎に分断されている。限定付きではあるけれども，ここにロンドン外国為替市場，インターバンク市場が再開されたわけである。

　いわゆる外貨の全面集中制から持高集中制への移行によって，為替銀行は国家の下請け機関から脱し私的レベルでの国際決済の担い手となった。為替相場が公定売買相場の範囲内で自由に変動するようになった結果，為替平衡勘定（EEA），したがって，代理人としてのイングランド銀行は本来の機能を取り戻した。イングランド銀行は為替相場が上下限に達したとき，また場合によっては上下限に達する前に外国為替市場に介入して，ポンド相場を調整・維持することになった。

　翌年1月には，フランス・フランと北欧3カ国通貨について当該通貨国の為替銀行との間で双務的な為替取引が認められ，後にベルギー・フランとオランダ・ギルダーにも適用された。双務的取引によってこれら通貨に関しては，イギリスの為替銀行は為替持高のカバーを相手通貨国の外国為替市場に求めることができる。具体的には，イギリスの為替銀行は，フランス・フランの買持ちをカバーするのに，国内インターバンク市場でフランス・フランを売ってもいいし，パリ市場でポンド為替を買ってもいいわけである。フランスの為替銀行についても，為替持高がポンド建てになるけれども，同じことがいえる。そうすると，イギリス側のロンドン市場には自国通貨ポンドを対価とするフランス

・フラン為替市場が，フランス側のパリ市場にはフランス・フランを対価とするポンド為替市場が形成される。さらにロンドンとパリの両市場は，両国為替銀行の相手国市場への参入を媒介にしてポンドとフランス・フランとの直接交換市場として統合される結果，両市場間で two-way street の構造が成立するのである。しかしながら，多角的取引が許されていない状況のもとでは，ポンド対フランス・フラン間で成立する two-way street の構造は，他の2通貨間，例えばポンド対ベルギー・フラン間のそれとは分断されている。加えて，為替銀行にとって，コルレス勘定や本支店勘定を通して相手国市場に出動できるので2点間の為替裁定取引が可能になり，両国市場におけるポンド対フランス・フラン間の為替相場の乖離を縮小させる。だが，それは多角的裁定取引が行れないので，「クロス・レート」[21] の一致を保証するものではなかった。

2 多角的裁定取引の導入

1953年5月18日，イギリス，フランス，西ドイツ，オランダ，デンマーク，スウェーデン，スイスの8カ国は，多角的裁定取引に関する協定を締結した[22]。協定において，第1に，参加国はこれまで他の参加国通貨の公定売買相場を2国間為替平価の上下各0.25%から1%に至るまで国によって大きく相違していたのを，上下各0.75%に統一することにした。参加国の為替銀行はその範囲内で8カ国通貨間の為替相場を自由に建てることができる。第2に，為替銀行に8カ国通貨相互間の直物裁定取引を，どこの国の銀行とも自由に行えるようにした。続いて，為替裁定取引を決済しうるために，参加国為替銀行の為替勘定に相互振替性を認めた。

では，多角的裁定取引の導入は，為替銀行の為替操作や参加国の外国為替市場の構造にどのように作用したのか。為替銀行の為替操作について具体的に見ていくことから始めよう。

EPU においても双務的支払協定が基礎になっているので，多角的裁定取引参加国間の貿易には当事国通貨が使用される。為替銀行は輸出入為替の売買によって，7カ国通貨建ての為替持高を持つことになる。これまで双務的取引しか許されていなかったので，為替持高のカバーは各通貨毎に行われていた。一例を挙げると，イギリスの為替銀行にとってフランス・フランの買持ちは，ロ

ンドン市場かパリ市場でフランス・フランを売り，オランダ・ギルダーの売持ちはロンドン市場かアムステルダム市場でギルダーを買ってカバーするしかなかった。

為替銀行にとって，為替がある通貨は買持ち，他の通貨が売持ちというのは通常のことだから，多角的裁定取引が許されるもとでは個々にカバーを取らないで，上の例ではフランス・フラン売ギルダー買をすればいい。この為替取引によって，両通貨の為替持高カバーが同時に達成される。また，フランス・フランの買持ちをフランス・フラン売マルク買によって一旦マルクの買持ちに転換し，それからマルクのカバーを取ることも可能である。例えば，ロンドン市場で建っているポンド対価のフランス・フラン相場よりも，フランクフルト市場で建っているマルク対価のフランス・フラン相場と，マルク対価のポンド相場から裁定されるポンド対フランス・フランの相場の方が安ければ，初めにフランス・フランを売ってマルクを買い，それからマルクを売ってポンドを買えばいいわけである。これは通貨間の為替相場の乖離を利用した裁定操作にほかならない。

多角的裁定取引によるカバー操作とは，ある国に対する債権あるいは債務を他の国のそれに振り替えて債権債務を相殺することを意味する。いまや為替銀行は中央銀行とのカバー取引を双務的ポジション毎に独立して行うのではなく，総合的ポジションついて行えばよい。したがって，外国為替市場での多角的相殺が進めば進むほど，為替銀行は中央銀行にカバーを求める必要が少なくなる。中央銀行の立場からすれば，為替銀行が持ち込んでくる双務的ポジションが減少するので，それだけ EPU に持ち込む双務的ポジションも減少するわけである。

為替資金操作に関しても，為替銀行はより弾力的に行えるようになる。為替銀行は自国通貨以外の７ヵ国通貨で貿易を決済するために，各通貨毎に当該国の銀行に為替勘定を開設してコルレス残高を保有しておく必要がある。もしコルレス残高に過不足が生じた場合，例えばマルク残高は過剰だがフランス・フラン残高は不足しているといった場合，マルクを売ってフランス・フランを買うことでフランス・フラン残高を補充できる。つまり，為替資金の場所的過不足を通貨毎に別々に中央銀行を通して行う必要はなく，外国為替市場で過不足

第7章 対ドル差別と西ヨーロッパ域内決済メカニズムの形成　165

第7-2図　ロンドン市場：7カ国通貨の各日現物引値（週平均，ポンド平価に対する百分比）

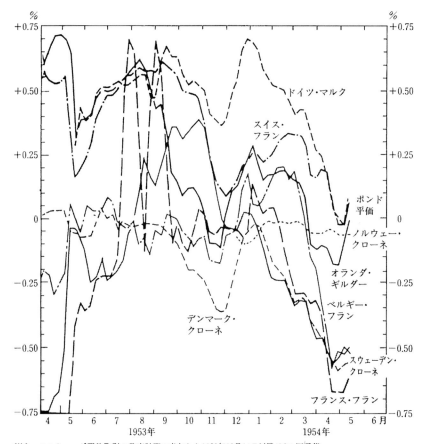

（注）ノルウェーが現物取引の裁定計画に参加した1953年12月14日以降は8カ国通貨。
（出書）BIS『第24次年次報告書』195ページ。

を同時に調整することも可能となる。

　次に，外国為替市場においてどのような変化が生じたのか。何よりもまず，域内通貨間に相互振替性が与えられて，従来通貨別に分断されていた各国の外国為替市場の two-way street 構造が相互に結合された点である。外国為替市場の結合は外国為替市場間の裁定を介して参加国通貨相互間の為替相場，「クロス・レート」の乖離の縮小をもたらし，直物相場が体系性を持つように

166 第3篇 西ヨーロッパにおけるドルの基軸通貨化

なった。つまり，「EPU システム固有の通貨の振替性が為替市場で日常のこととなり，秩序のとれたクロス・レート・システム（ドルに対するものを除く）が確保された」[23]。さらに注目されるのは，先物為替相場の動きである。先物取引への多角的裁定取引の導入は，直物取引に1ヶ月遅れた1953年6月に実施された。先物為替相場は市場の需給関係に委ねられ，中央銀行の介入点は存在しない。にもかかわらず，多角的裁定取引の導入後先物為替相場は比較的安定的に推移し，相場変動もフランス・フランを除けば直物相場よりも狭かった。そのうえ，「大体において先物相場の現物に対する関係は関係国の金利差にしたがって決まったことがわかる。かくて裁定計画の結果，先物相場は並外れた打歩があるいは消滅し，あるいは現に減少しつつあるという意味で，一層狭い値幅を持つようになり，かくして，より大きな調和が為替市場に生まれた」[24]のである。参加国通貨間の為替相場は，直物だけでなく直先においても調和のとれた体系を形成したのである。

第7-2図は，多角的裁定取引導入後のロンドン市場での参加国通貨の相場変動を，ポンド平価からの乖離で表したものであるが，すべての通貨がポンドに対して上下各0.75%，合計1.5%内で変動していることを示している。次の問題は，ある一時点において参加国通貨のうち最強通貨と最弱通貨間の乖離幅が1.5%内に収まっているかどうかである。というのは，最強通貨と最弱通貨間の為替変動幅は2国間平価の2倍だからである。第7-3図は，ロンドン市場での最強通貨と最弱通貨の相場の平均を0として，そこからの乖離を%で表したものである。図から明らかなように，最強通貨はドイツ・マルク，最弱通貨がフランス・フランであり，両者とも上下各0.375%，合計0.75%内にある。それはポンドから見たものだから，ドイツ・マルクとフランス・フランの直接の乖離幅はその2倍，1.5%内に収まっていることがわかる。8カ国通貨間の為替相場は，すべての通貨について為替平価の上下各0.75%内に維持されたのである。

かくて，多角的裁定取引の導入，為替相場変動幅の拡大によって外国為替市場の機能が高まるとともに，為替銀行が私的レベルでの国際決済の中心的役割を演じ，他方公的レベルでは中央銀行による介入がシステム化された。その意味では，参加8カ国間の国際決済はIMF協定において想定されていた本来の

第7章　対ドル差別と西ヨーロッパ域内決済メカニズムの形成　　167

第7-3図　裁定のトンネル：最高・最低相場（ロンドン相場の週平均）の平均と比較した為替相場

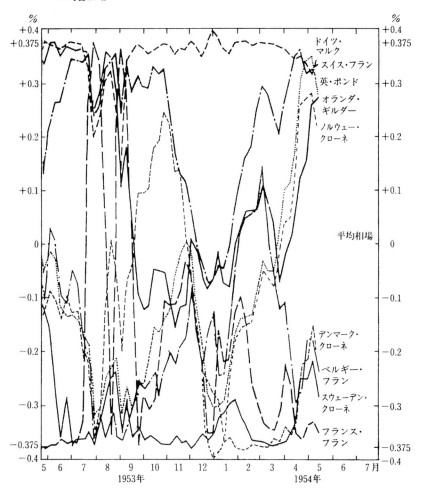

（注）　第7-2図の規模を2倍にしたもの。
（出所）　BIS, 前掲書，197ページ。

姿に近い形を取るようになったといえるかもしれない。だが，忘れてはならないのは，西ヨーロッパ諸国の通貨協力が対ドル差別を基礎にドルを排除していることである。「ヨーロッパ裁定計画は，それがドル地域との直接的なつなが

りを持たないところから，1つの封鎖体系であるということは強調されなければならないであろう。事実，ヨーロッパ諸通貨の裁定と米ドル取引との間には諸制限の壁が存在している」[25]のである。域内貿易や為替持高のカバーには当事国通貨が用いられ，また8カ国通貨間の為替相場を上下各0.75％に維持するのに，介入通貨としてはドルではなく，当事国通貨が用いられたわけである。ドルの節約がドルの排除と結び付くことによって，西ヨーロッパ域内諸国において，独自の国際決済メカニズムが発展したのである。

第7章　注

1）　BIS『第18次年次報告』東京銀行調査部訳，日本経済評論社，231ページ。

2）　双務的支払協定については，BIS の『年次報告』各号，Mikesell, R. F., *Foreign Exchange in the Postwar World*, Twentieth Century Fund, 1954, Chap. 3 を，また双務的支払協定におけるドル排除の視点については，井上伊知郎「西欧諸国の貿易の契約・決済通貨構成について——戦後の双務的支払協定との関連において——」，『産業経済研究』（久留米大学）第28巻第1号，1987年6月を参照されたい。

3）　Mikesell, R. F., *op. cit.*, Chap. 3.

4）　BIS『第21次年次報告』324ページ。

5）　Mikesell, R. F., *op. cit.*, p. 110.

6）　BIS『第21次年次報告』324ページ。

7）　BIS『第20次年次報告』367ページ。

8）　BIS『第21次年次報告』365～366ページ。

9）　同上書，324ページ。

10）　同上書，320ページ。

11）　Mikesell, R. F., *op. cit.*, p. 105.

12）　金の代わりに金交換可能通貨であるドルで決済してもよい。実際，加盟国はロンドン市場の金価格の変動を見ながら，有利な方を選択していた。特に1957年末から金価格は1オンス＝35ドルを上回って騰貴したので，債務国による EPU へのドル払いが増加した。そのため，EPU のドル保有額は1957年12月の7,000万ドルから1億9,600万ドルに増加する反面，金保有額は2億4,000万ドルから1億2,600万ドルに減少した。BIS『第29次世界金融経済年報』東京銀行調査部訳，至誠堂，287ページ。

13）　金決済比率の引上げは，割当額がそのままならクレジットの減少となるの

で, クレジットの絶対額を変更前と同額に維持するために, 第7-1表のように割当額が増額されたわけである。

14) OEEC, *European Payments Union : Final Report,* October 1960, p. 45.

15) BIS『第25次年次報告』284ページ。

16) OEEC, *Liberalisation of Europa's Dollar Trade : Second Report,* June 1957, p. 18. ちなみに, この年はEMAが調印され, ドル不足解消のメルクマールの年である。

17) OEEC 諸国（ただしギリシャを除く）の貿易自由化率は, 1956年4月時点で域内貿易に関しては平均87％（1948年基準, ただし西ドイツは1949年, オーストリアは1952年基準）に達しているのに対して, ドル輸入については平均54％（1953年基準）にすぎない。BIS『第26次年次報告』168ページ。

18) 双務的債権債務総額は15億7,176万ドルに達し, 最大債務国はフランスで4億8,447万ドル, イギリスは4億6,614万ドルであり, この2国で全体の半分以上を占めている。他方, 最大債権国は西ドイツの8億7,164万ドルで西ドイツ1国で全体の半分以上を占めている。ベルギー・ルクセンブルグは1億9,040万ドルである。OEEC, *op. cit.,* p. 39.

19) イギリスは国際通貨国としての地位を維持するために, ポンドの国際通貨性を阻害するような為替管理を行わなかった。だが, 戦争を遂行するうえで対外支払を全面的に統制する必要から, 1939年8月「国防（金融）規則」（Defence (Finance) Regulation, 1939）を発布した。国防規則は戦中戦後を通じてイギリスの基本的な為替管理法として機能した。詳細は『イギリスの為替制度』東京銀行調査資料第29号, 1962年, 並びにBIS『年次報告』各号の「外国為替相場」の章を参照されたい。

20) 特定の地域とは米ドルに関してはドル地域とスターリング地域である。東京銀行調査資料第29号, 11ページ。

21) ここではBISの『年次報告』の定義にしたがって「クロス・レート」をドル以外の2通貨間の為替相場を表すものとして用いている。基準相場, クロス・レート, 裁定相場の相違については第3章の定義を参照されたい。

22) 多角的裁定協定には1955年8月イタリアが参加し, 最終的にはEPU加盟国12カ国まで拡大した。OEEC, *European Payments Union : Final Report,* Oct. 1960, p. 25.

23) *Ibid.,* p. 20.

24) BIS『第24次年次報告』199ページ。

25) BIS『第23次年次報告』200ページ。

第8章　EMA と基軸通貨ドル

第1節　EMA のメカニズムと機能

1　EMA の仕組み

　1958年12月末西ヨーロッパ主要諸国は通貨交換性を回復させ，域内の通貨協力機構として EPU に代わって新たに EMA を発足させた。通貨交換性の回復は対ドル差別の撤廃を意味しているから，ドルは EMA 加盟国通貨と平等の立場に立ち，ようやく域内に浸透していくことが可能となったのである。その際，EPU のもとでドルを排除して形成された域内の独自の決済メカニズムが，EMA のもとでドルの浸透を受けてどのように変化したのかが重要な焦点の1つである。EMA の仕組みから見ていこう。

　EMA の目的は，EPU のように対ドル差別を基礎にドルの節約を目指すものではなく，「完全な多角貿易と一般的な通貨交換性を達成し，維持すること」[1] にある。したがって，EMA の目的も IMF の目的と同じであり，域内だけの通貨協力機構であっても IMF 協定の枠組みからはみでるものではない。まず加盟国は IMF 協定第4条に則して，自国の対ドル平価を設定し，それを介してお互いの通貨間の為替平価を決定する[2]。そして，加盟国通貨間の為替相場の変動を平価の上下各1％以内，実際はさらに狭く国によって若干の相違はあるが平均すると0.75％以内に抑えて固定相場制を維持するメカニズムが，ヨーロッパ基金 (European Fund) と多角決済制度 (Multilateral System of Settlement) である[3]。

　ヨーロッパ基金は，EPU からの振替額2億7,158万ドル（アメリカ財務省負担額1億2,354万ドルを含む）と加盟国拠出金3億3,593万ドル，合計6億750

第8章　EMAと基軸通貨ドル　　　171

第8-1表　ヨーロッパ基金への拠出額及び徴収額
（単位：1,000ドル）

加盟国	拠出額				徴収額					未徴収額
	1955年	1959年	1960年	%	1959年	1960年3月7日(調整)1)	1962年2)		計	1979年1月8日
オーストリア	(5,000)	5,000	5,000	1.49	566	—	86	-17	635	4,365
ベルギー	30,000	30,000	30,000	8.93	3,395	—	515	-98	3,812	26,188
デンマーク	(15,000)	(15,000)	(15,000)	4.47	—	—	—	—	—	(15,000)
フランス	42,000	42,000	50,000	14.88	4,754	905	857	-163	6,353	43,647
西ドイツ	42,000	42,000	50,000	14.88	4,753	906	857	-163	6,353	43,647
ギリシァ	(2,850)	(2,850)	(2,850)	0.85	—	—	—	—	—	(2,850)
アイスランド	(1,000)	(1,000)	(1,000)	0.30	—	—	—	—	—	(1,000)
イタリア	(15,000)	15,000	25,000	7.44	1,698	1,131	429	-82	3,176	21,824
オランダ	30,000	30,000	30,000	8.93	3,395	—	515	-98	3,812	26,188
ノルウェー	(15,000)	(15,000)	(15,000)	4.47	—	—	—	—	—	(15,000)
ポルトガル	5,000	5,000	5,000	1.49	566	—	86	-17	635	4,365
スペイン	—	(7,500)	7,500	2.23	—	—	—	953	953	6,547
スウェーデン	15,000	15,000	15,000	4.47	1,698	—	257	-49	1,906	13,094
スイス	21,000	21,000	21,000	6.25	2,377	—	360	-69	2,668	18,332
トルコ	(3,000)	(3,000)	(3,000)	0.89	—	—	—	—	—	(3,000)
イギリス	86,575	86,575	60,575	18.03	9,798	-2,942	1,038	-197	7,697	52,878
計	328,425	335,925	335,925	100.00	33,000	—	5,000	—	38,000	297,925
即時拠出国	271,575	291,575	299,075	89.03						261,075
拠出延期国	(56,850)	(44,350)	(36,850)	10.97						(36,850)

（注）　①1960年3月8日に、フランス、ドイツの拠出がそれぞれ800万ドル、イタリアが1,000万ドルに引き上げられ、イギリスが2,000万ドルに引き下げられたのに伴い、1959年中に徴収された金額を調整したもの。
　　　　②1962年11月20日に拠出を延期していたスペインが、自己負担分を拠出したので、他の加盟国に返済されたもの。
（出所）　OEEC, *Eurobean Payments Union* ; *Final Report*, p. 57, OECD, *European Monetary Agreement* ; *12th Report*, p. 63, BIS『第26次年次報告』300ページより作成。

万ドルの資本金を持つ。加盟国の拠出割当額は第8-1表のようになっており、イギリス、フランス、西ドイツの3大拠出国でほぼ半分を占めている。加盟国のうちデンマーク、ギリシァ、アイスランド、ノルウェーおよびトルコの5カ国は払込の延期が認められている4)。資本金は一括して払い込まれるのではなく、第8-2表のように5段階に分けて徴収される。第1段階において、EPUから約1億4,800万ドルが振り替えられEMA発効時の当初資本金となる。第2段階では、払込の延期が認められていない加盟国が、拠出割当額に比例して1億4,800万ドルを払い込む。第3段階では、EPUからアメリカ財務省負担分約

172　　　　第3篇　西ヨーロッパにおけるドルの基軸通貨化

第8-2表　ヨーロッパ基金の資本金の徴収手続き

(単位：1,000ドル)[1]

	EPU からの振替	加盟国拠出	総　計
第1段階　EPU からの当初振替額	113,037（現金）		
	35,000（借款）[3]		148,037
第2段階　加盟国拠出額[2]		148,037	148,037
第3段階　EPU からの追加振替額[4]	123,538		
加盟国拠出額[2]		123,538	247,076
計	271,575	271,575	543,150
第4段階　加盟国拠出額（残額）[2]		20,000	
第5段階　払込猶予を受けた加盟国の拠出額		44,350	64,350
総　　　　　計	271,575	335,925	607,500

（注）　①ヨーロッパ基金は計算単位で表示されているが，1オンス＝35ドルの米ドルと等価なので，以下便
　　　　宜上ドルで表示する。
　　　　②拠出の延期を認められていない加盟国。
　　　　③EPU がノルウェー（1,000万ドル）とトルコ（2,500万ドル）に供与した長期借款。
　　　　④EPU におけるアメリカ財務省負担額。
（出所）　OEEC, *European Monetary Agreement ; 1st Annual Report,* May 1960, p. 55.

1億2,400万ドルが振り替えられるとともに，加盟国からも同額が拠出される。
資金の徴収は資本金総額が5億4,315万ドルに達するまで，折半ベースで行わ
れる。次の第4段階では，払込の延期が認められていない加盟国から残り
2,000万ドルが徴収され，最後に払込の延期を認められた加盟国が約4,400万ド
ル払い込む。

　段階を追って払い込まれた資本金を元手に，ヨーロッパ基金は一時的に国際
収支赤字に陥った加盟国に最長2年までの短期クレジットを，場合によっては
何回かのトランシェに分けて供与する。クレジット供与には各種の条件を満た
すことが必要とされ，条件に応じて3％から4％までの金利が課される。未使
用残高に対しては0.25％の手数料が徴収される。条件付き信用供与は，信用供
与機関としてのヨーロッパ基金が，自動的信用供与をベースにしていた EPU
と大きく異なる点である。加盟国が供与されたクレジットの引出しによって，
基金の資金が不足する場合，具体的には1億ドルを下回れば，上記の資本金の
徴収手続きが取られてクレジット原資が補充される[5]。

　もう1つの柱である多角決済制度は，加盟国間の特定の債権債務を代理機関
の BIS に持ち寄って毎月集中決済する制度である。中央銀行レベルの債権債

第8章　EMAと基軸通貨ドル　　173

第8-3表　中間金融の限度額と利用状況（1959～63年）

（単位：100万ドル）

加　盟　国	限　度　額	引出し総額（－）あるいは供与-総額（＋）				
		1959年	1960年	1961年	1962年	1963年
引出国						
ギリシャ	7.5	－81.3	－90.2	－90.8	－86.5	－22.4
アイスランド	2	－ 0.5	－	－	－	－
トルコ	7.5	－ 2.2	－	－	－	－
合計		－84.0	－90.2	－90.8	－86.5	－22.4
供与国						
オーストリア	5	－	－	＋ 4.8	＋ 4.5	＋ 1.8
ベルギー	20	＋ 8.2	＋ 9.3	＋10.1	＋11.0	＋ 3.8
デンマーク	12	＋ 2.7	＋ 3.0	＋ 3.6	＋ 3.3	＋ 1.6
フランス	32	＋ 4.7	＋ 9.2	＋ 9.8	＋13.3	＋ 5.0
ドイツ	30	＋38.4	＋40.5	＋29.9	＋22.9	＋ 1.5
イタリア	13	＋11.9	＋14.4	＋22.1	＋21.6	＋ 4.3
オランダ	22	＋ 6.5	＋ 5.5	＋ 2.5	＋ 4.7	＋ 1.9
ノルウェー	12	＋ 0.8	＋ 0.4	＋ 1.0	＋ 0.7	＋ 0.1
スウェーデン	16	＋ 8.1	＋ 6.9	＋ 7.0	＋ 4.4	＋ 2.3
スイス	15	＋ 0.5	＋ 0.9	－	－	－
イギリス	64	＋ 2.2	－	－	－	－
合計		＋84.0	＋90.2	＋90.8	＋86.5	＋22.4
ポルトガル	5	－	－	－	－	－
スペイン	7.5	－	－	－	－	－

（注）　＋は供与，－は引出し。1963年3月31日以降中間金融の引出は行われなかった。1963年は1月から3月まで。

（出所）　OECD, *European Monetary Agreement ; 12th Annual Report,* 1971, p. 66.

務ポジションが多角的に相殺されるという点ではEPUとなんら変わらない。毎月の決済操作の間を繋ぐための信用授受が中間金融である。中間金融は第8-3表のように加盟国毎に限度額が設定され，限度額を超えて信用を与える必要はなく，また信用を受けることもできない。そして，清算後の純債権債務は，EPUのようにクレジットによる決済はなく，すべて現金で行わなければならない。

　多角決済制度はEPUと違って制度に持ち込める債権債務を，第1に未決済となっている中間金融引出額，第2に保有中央銀行の裁量によって持ち込まれた加盟国通貨残高（中央銀行間の協定のもとで相手国通貨を支えるための介入

によって取得した通貨残高を含む），第3に双務的支払協定のもとで未決済の月末残高（ただし信用供与限度内にあるもの）に厳しく限定している[6]。なぜなら，1950年代前半のようなドル不足は解消し，西ヨーロッパ諸国ではむしろドル過剰が意識される状況下では，EPU 創設の目的であったドルの節約という要因はもはや働かないからである。通貨交換性の回復という目的を達成して，国際決済は本来の姿に戻り，為替銀行を軸とする外国為替市場を通じて為替相場の変動と当座預金勘定の振替による多角的相殺によって行われるからである。EMA が発足した段階においては，国家が国際決済に全面的に介入して，国家レベルで人為的な多角的決済を継続していく必要性はもはやない。

2 EMA の援助機関化

　では，2つの機関の実際の活動はどうだったのか。第8-4表は1958年末から1971年末までのヨーロッパ基金におけるクレジットの利用状況を示したものである。同表からまずいえるのは，クレジットを利用したのはギリシャ，アイスランド，トルコそしてスペインの4カ国だけであり，それ以外の加盟国はまったく利用していないことである。ギリシャに対しては2回計4,500万ドルが，アイスランドには3回計2,200万ドルが供与されている。スペインは1回だけ1億ドルのクレジットを受け，うち2,400万ドルを引き出したが，1961年に全額返済して以後まったく利用していない。回数，金額とももっとも多いのがトルコであり，期間中15回計4億7,390万ドルが供与されている。したがって，トルコはヨーロッパ基金のクレジット供与総額6億4,090万ドルの約3/4を占めることになる。引出額・返済額ともトルコが圧倒的に多いのは，返済の目途が立たずにリファイナンスを繰り返しているからである。1971年末の基金における引出残高総額1億2,740万ドルは全額トルコによるものである。ヨーロッパ基金はあたかもトルコの支援機関化の様相を呈しているといっても過言ではない。それは，裏を返せば，ヨーロッパ基金の活動が不活発であることにほかならず，第8-1表から，基金への拠出は1959年に3,300万ドル，1960年に500万ドルの2回合計3,800万ドルが徴収されたにすぎない。その結果，1971年1月時点で，拠出総額の約9割に当たる3億ドルが徴収されないままとなっているのである。

第8章　EMAと基軸通貨ドル　　175

第8-4表　ヨーロッパ基金のクレジット利用状況（1958年末～1971年末）

（単位：100万ドル）

	ギリシャ 供与額	ギリシャ 引出・返済額	ギリシャ 引出残高	アイスランド 供与額	アイスランド 引出・返済額	アイスランド 引出残高	スペイン 供与額	スペイン 引出・返済額	スペイン 引出残高	トルコ 供与額	トルコ 引出・返済額	トルコ 引出残高	合 供与額	合 引出・返済額	計 引出残高
1959年	①15.0	—	—	—	—	—	①100.0	24.0	24.0	①21.5	23.0 (-2.0)	21.0	136.5	47.0 (-2.0)	45.0
1960年	—	—	—	①12.0	7.0	7.0	—	—	24.0	—	0.5	21.5	12.0	7.5	52.5
1961年	—	—	—	—	(-2.0)	5.0	—	(-24.0)	—	②50.0	50.0 (-21.5)	50.0	50.0	50.0 (-47.5)	55.0
1962年	—	—	—	②5.0	(-5.0)	—	—		—	③45.0	45.0 (-15.0)	80.0	50.0	45.0 (-20.0)	80.0
1963年	—	—	—	—		—	—		—	④50.0	50.0 (-35.0)	95.0	50.0	50.0 (-35.0)	95.0
1964年	—	—	—	—		—	—		—	⑤20.0	20.0 (-10.0)	105.5	20.0	20.0 (-10.0)	105.0
1965年	—	—	—	—		—	—		—	⑥50.0	50.0 (-65.0)	90.0	50.0	50.0 (-65.0)	90.0
1966年	②30.0	30.0	30.0	—		—	—		—	⑥20.0	20.0 (-30.0)	80.0	50.0	50.0 (-30.0)	110.0
1967年	—	—	30.0	—		—	—		—	⑦25.0	25.0 (-10.0)	95.0	25.0	25.0 (-10.0)	125.0
1968年	—	—	30.0	③5.0	5.0	5.0	—		—	⑧25.0	50.0 (-35.0)	110.0	30.0	55.0 (-35.0)	145.0
1969年	—	(-15.0)	25.0	—	(-0.0)	—	—		—	⑨25.0 ⑩15.0	15.0 (-20.0)	105.0	40.0	15.0 (-30.0)	130.0
1970年	—	(-10.0)	15.0	—		—	—		—	⑪40.0 ⑫65.0	75.0 (-65.0)	115.0	105.0	75.0 (-75.0)	130.0
1971年	—	(-15.0)	—	—		—	—		—	⑬10.0 ⑭5.0 ⑮7.4	37.4 (-25.0)	127.4	22.4	37.4 (-40.0)	127.4
計	45.0			22.0			100.0			473.9			640.9		

（注）①供与額の頭数字は、クレジット回次を表す。
②クレジットは原則として、第1回分割年に総額を計上した。それゆえ、供与額、引出・返済額・引出残高の数値が一致しない場合がある。
③返済されないで、引出残高が0になっているのは、クレジットがキャンセルされたからである。

（出所）OECD, European Monetary Agreement ; 12th Annual Report, pp. 58-61, BIS『年次報告』各号より作成。

第8-5表　多角決済制度の利用状況

会計年度	ヨーロッパ基金から							
	オーストリア	ベルギー	デンマーク	フランス	ドイツ	ギリシャ	アイスランド	イタリア
1959	＋10,527	—	＋　　10	—	—	—	—	＋　　243
	—	—	−　　67	—	—	−10,707	—	—
1960	＋　8,676	—	＋　207	—	—	—	—	—
	—	—	−　　83	—	—	−　9,283	−　　1	—
1961	＋　5,880	—	＋　　23	—	—	＋　262	−　23	—
	—	—	—	—	—	−　4,924	—	—
1962	—	—	—	—	—	−　2,314	—	—
	—	—	—	—	—	—	—	—
1963	—	—	—	—	—	＋　286	—	—
	—	—	—	—	—	−　　736	—	—
1964	—	—	—	—	—	＋　141	—	—
	—	—	—	—	—	−　　799	—	—
1965	—	—	—	—	—	—	—	—
	—	—	—	—	—	—	—	—
1966	—	—	—	—	—	—	—	—
	—	—	—	—	—	—	—	—
1967	＋　　823	＋　　633	＋　1,830	＋　1,383	＋　3,444	＋　1,210	＋　306	＋　1,047
	—	—	−　2,434	—	—	—	−　　9	—
1968	—	—	＋9	—	—	—	—	—
	—	—	—	—	—	—	−　　9	—
1969	＋　　30	＋　129	＋　171	—	＋　285	＋　116	＋　5	＋　514
	—	—	—	−24,995	—	—	—	—
1970	—	—	—	—	—	—	—	—
	—	—	—	—	—	—	—	—
受領額計	＋25,936	＋　762	＋　2,250	＋　1,383	＋　3,729	＋　2,014	＋　312	＋　1,804
支払額計	—	—	−　2,584	−24,995	—	−28,762	−　42	—
差額	＋25,936	＋　762	−　　334	−23,612	＋　3,729	−26,748	＋　270	＋　1,804

（出所）　OECD, *op. cit.*, p. 64.

　ところで，EPU の加盟国ではなかったスペインを除くと，あとの3国は1953年の多角的裁定取引協定に参加できなかった国であり，さらに1958年に他のEPU加盟国と並んで通貨交換性を回復できなかった国である。これら3国とスペインは西ヨーロッパにおいて発展途上国に位置し，域内での南北問題を象徴する国々である。要するに，ヨーロッパ基金は，発展途上国であるこれら諸国の貿易自由化と通貨交換性を国際収支・国際決済面から支援してきた。ヨーロッパ基金の実際の活動を見る限り，ヨーロッパ基金は設立当初の目的から離れて，地域的な南北問題を解決するための援助機関としての役割を果たしてきたのである。

（1959年 1 月～1970年12月）　　　　　　　　　　　　　　　　　　　　　　　（単位：1,000ドル）

| の 受 領 額 及 び 支 払 額 | | | | | | | | 計 |
オランダ	ノルウェー	ポルトガル	スペイン	スウェーデン	スイス	トルコ	イギリス	
+ 1,400	+ 44	—	—	—	—	+ 2,350	—	+ 14,574
− 1,378	− 876	—	—	− 243	—	− 1,304	—	− 14,574
—	+ 343	—	—	—	—	+ 2,202	—	+ 11,428
—	− 1,045	—	—	—	—	− 1,016	—	− 11,428
—	+ 274	—	—	—	—	+ 654	—	+ 7,093
—	− 251	—	—	—	—	− 1,895	—	− 7,093
—	+ 97	—	—	—	—	+ 2,539	—	+ 2,636
—	− 323	—	—	—	—	—	—	− 2,636
—	+ 130	—	—	—	—	+ 667	—	+ 1,083
—	− 10	—	—	—	—	− 337	—	− 1,083
—	—	—	—	—	—	+ 799	—	+ 940
—	—	—	—	—	—	− 141	—	− 940
—	—	—	—	—	—	—	—	—
—	—	—	—	—	—	—	—	—
+ 1,604	+ 12	+ 1,926	+ 53	+ 2,447	+ 2,338	+ 132	+ 624	+ 19,812
—	—	—	—	—	—	—	− 17,368	− 19,812
—	—	—	—	—	—	—	—	+ 9
—	—	—	—	—	—	—	—	9
+ 21	+ 4	+ 20,813	+ 1,237	+ 28	+ 212	+ 734	+ 694	+ 24,995
—	—	—	—	—	—	—	—	− 24,995
—	—	—	—	—	—	—	—	—
—	—	—	—	—	—	—	—	—
+ 3,025	+ 906	+ 22,739	+ 1,290	+ 2,475	+ 2,550	+ 10,078	+ 1,320	+ 82,571
− 1,378	− 2,505	—	—	− 243	—	− 4,694	− 17,368	− 82,571
+ 1,647	− 1,600	+ 22,739	+ 1,290	+ 2,232	+ 2,550	+ 5,384	− 16,048	

　次に多角決済制度の活動状況を見よう。第8-5表は1959年 2 月から1970年12月までのこの制度を通じての決済状況を示したものである。決済額は1959年には1,457万ドルであったものが，毎年減少して1964年にはわずか94万ドル，次の 2 年間は全然実施されていない。決済に参加する国も減少して1964年はギリシャとトルコの 2 国だけである。すでに述べたように，多角決済制度に持ち込める加盟国間の債権債務は厳しく制限されており，制度が働いていた期間中には主として EPU 清算時に締結された双務的返済協定の一部が持ち込まれた。だから，返済が進むにつれて多角決済制度に持ち込まれる金額や参加国も少なくなっていき，1964年のギリシャとトルコ間での清算を最後に協定はすべて消

滅した。

1967年と69年の多角的決済は，加盟国の平価切下げに関連してなされたものである。1967年11月にイギリスはポンドの対ドル平価を1ポンド＝2.80ドルから2.40ドルに切り下げた。加盟国が保有するポンド残高が，切下げによって目減りするので，EMA における為替保証を発動して特別決済が行われた。1969年はフランス・フランの対ドル平価切下げ（1ドル＝4.93706フランス・フランから5.55419フランス・フラン）に伴うものであった[7]。

多角決済制度の動向を見る限り，同制度は主に双務的返済協定を円滑に終了させることと，平価切下げに伴う為替保証を与えるためにのみ利用されたというのが実態である。元来 EMA においては，多角決済制度に持ち込む加盟国間の債権債務を限定して，外国為替市場を通じて国際決済を行うのを基本としているのだから，多角決済制度が EPU のように経常取引と深く関わることはない。第8-3表が示す通り，中間金融は1963年3月からまったく利用されておらず，多角決済制度の活動が不活発であったのも納得がいく。

第2節　EMA 下でのドルの地位

1　介入通貨のドルへの一元化

EMA は協定上いわゆる $N-1$ 論を否定して，加盟国間の対称的な通貨制度を目指していたから，特定通貨での介入は想定されていない。EMA のもとで，加盟国が相互の通貨間の為替相場の変動を平価の上下各0.75％以内に抑えるのは，加盟国通貨で介入しなければならない。平等原則の建前からいえば，弱い通貨国が強い通貨を売介入すると同時に，強い通貨国も弱い通貨を買い支えるという相互介入方式が当然である。弱い通貨国は介入資金としての強い通貨をヨーロッパ基金から借り入れる一方，強い通貨国は買介入の結果保有することになった弱い通貨を準備通貨として保有し続けるか，多角決済制度に持ち込んで中央銀行間で多角的に相殺する。中間金融は単に月中の決済の繰延べにすぎないから，相殺残は EPU のようにクレジットで決済できず，金で決済しなければならない。EPU がケインズの清算同盟案に則っとっているとすれば，EMA のヨーロッパ基金は IMF のミニチュア版であり，多角決済制度につい

第8章　EMAと基軸通貨ドル　　　179

てはEPUのメカニズムを一部継承したものである。

　前節で明らかなように，EMA はどちらにしても域内の固定相場制を維持す
るメカニズムとしてはまったく機能しなかった。では，なぜ機能しなかったの
か，また固定相場制は実際にはどのようにして維持されたのだろうか。強い通
貨国が弱い通貨を買い支えるとしても，取得した弱い通貨をそのまま外貨準備
として保有することはできない。取得した通貨を多角決済制度に持ち込んで金
で決済するか，もしくは金交換性のあるドルに換える必要が生じる。もしドル
に換えるとすれば，その通貨を外国為替市場で売却しなければならないから，
ドル対価とはいえ，弱い通貨をさらに下落させる。そうなると，対ドル相場を
媒介にして再び買い支えることにもなりかねない。他方，弱い通貨国は多角決
済制度を通じて直ちに金準備を失うし，ドルに転換されれば，自国通貨の対ド
ル相場の下落から，ドル売介入を余儀なくされてドル準備を失う。

　そもそも対加盟国通貨の為替相場の変動を上下各0.75％以内に維持しようと
すれば，対加盟国通貨の為替相場をすべて監視し，それぞれの通貨で介入しな
ければならない。多数通貨での介入は技術的に余りにも複雑で不可能に近い。
また，介入するには加盟国通貨のすべてを介入準備金として保有することが必
要になり，外貨準備の効率的な管理・運用の妨げとなるし，強い通貨といえど
も金交換性のない通貨を外貨準備として保有できない。EMA 協定では，加盟
国通貨で介入する場合，相手国の中央銀行と特別の協定を結び，相手銀行から
許可を受けなければならないという手続き上の煩雑さが加わる。

　固定相場制を維持するうえでもっとも困難なのは，加盟国通貨間に強弱の格
差が存在する点である。通貨の強弱は基本的に関係国の国際収支状況で決まる
から，国際収支が黒字傾向にある国の通貨は強く，逆に赤字傾向にある国の通
貨は弱くなる。そのような傾向が一時的なものではなく，長期にわたって続け
ば大きな問題を引き起こす。実際，EPU の清算時点で最大の債権国は西ドイ
ツやベルギーで，特に西ドイツだけで債権総額の半分を占めている。EPU が
機能していた期間，西ドイツは対 EPU 加盟国との貿易において絶えず多額の
黒字を計上していたからである。反対に，最大の債務国はフランスで，続いて
イギリスが来る[8]。

　EPU のもとでの債権国と債務国の偏在は，1950年代に域内において構造的

な国際収支不均衡，すなわち黒字国と赤字国が特定の国に固定化する傾向が
あったことを窺わせる。特に最強通貨であるマルクは絶えず為替相場変動の上
限に張り付きがちになり，加盟国通貨で介入するとなれば当然マルクが売られ
よう。もしマルクの売介入が常態化すれば，加盟国は介入準備金としてマルク
を保有する必要が生じ，域内でのマルクの介入通貨・準備通貨化を促進するこ
とになる。金交換性の有無を別にすれば，IMF におけるドルの基軸通貨化と
同じプロセスを，EMA 下でマルクがたどることになるわけである。そうなれ
ば，マルクを特別扱いせざるをえなくなり，加盟国通貨の平等原則は成り立た
なくなり，非対称的な通貨システムができあがる。他方，西ドイツの通貨当局
自体もマルクの国際通貨化に対してはきわめて消極的な姿勢を取っていた。マ
ルクの国際通貨化に伴って攪乱的な資本移動の規模が大きくなれば，西ドイツ
の金融市場や外国為替市場ひいては国内経済に多大な影響を及ぼす。西ドイツ
の両市場と国民経済の規模は，そのような影響を無難に吸収できるほどの規模
ではないと西ドイツ当局が判断していたからである。
　EMA はこれら諸問題を加盟国が対ドル相場を基準相場とし，ドルに対して
のみ介入することで解決を図ろうとした。第3者であるドルを基準に据えるこ
とで，ドルに対しては EMA の加盟国通貨は平等の立場に立つからである。
他方，加盟国通貨間の為替相場については，民間の裁定に委ねた。対ドル相場
の変動幅が平価の上下各0.75％以内に維持されるから，加盟国通貨間の為替相
場の変動は対ドル相場の変動幅の2倍，すなわち上下各1.5％合計3％に広が
る。だが，変動幅が3％になるという事態は，IMF 協定第4条第3項の規定
に違反する。為替変動幅の問題は，現実には西ヨーロッパ諸国が通貨交換性を
回復した時点ですでに問題視されていた。確かにEMA の協定上では，加盟国
は相互介入によって加盟国通貨間の為替変動幅を上下各0.75％以内に維持する
用意を整えていた。だが，それを実際に実行するとなると，先述したように，
数多くの問題点を抱えていたのである。そのような状況を受けて，IMF 理事
会は1959年7月に基準相場である対ドル相場を平価の上下各1％以内に維持す
る限り固定相場制の維持義務は果たされているとして，加盟国通貨間の為替相
場，すなわちドルを介した裁定相場の変動幅を合計2％から4％に拡大するこ
とを認めた[9]。EMA が介入通貨をドルに限定する決定を下したのは，IMF 理

事会での討議の流れに沿ったものである。介入通貨のドルへの一元化と IMF 協定に違反する加盟国通貨間の為替変動幅を承認することは，現実の動きが対称的な通貨システムの構築を謳った IMF の建前を否定したのである。

外国為替市場への介入をドルに限定することは，外貨準備としては金以外にドルのみを保有することに繋がる。EMA の決定はドルに介入通貨，準備通貨としての特別な地位を与え，それによって EMA 加盟国通貨の平等原則は守られたけれども，IMF 協定の加盟国通貨の平等原則という理念は否定された。むしろ，IMF 成立時において暗黙のうちに想定されていた介入通貨ドル→準備通貨ドル→金・ドル交換性という公的国際通貨の体系，すなわち公的レベルでのドルと EMA 加盟国通貨との非対称性が明文化されたわけである。EMA の決定は EMA 自体にとっても決定的な重要性を持った。というのは，加盟国通貨については通貨当局が介入せず外国為替市場に委ねるため，EMA が固定相場制維持のメカニズムとして機能する余地はまったく無くなるからである。ヨーロッパ基金や多角決済制度の活動が不活発であったのも当然といえば当然のことである。かくして，西ヨーロッパにおいては，貿易や資本の自由化を推し進める EEC が，GATT とは一線を画して地域的な経済協力の枠組みを提供し，1960年代の経済成長に大きく寄与した。しかし，こと通貨制度に関しては，地域的な通貨協力機構は名目的なものにとどまり，よりグローバルな IMF が舞台となったのである。

介入通貨のドルへの一元化が，為替銀行の為替持高・資金操作及び外国為替市場の構造にどのようなインパクトを与えたのかは，すでに日本のケースで論じた[10]。そこで明らかになったのは次の2点であった。1つはドルに関しては中央銀行が介入するため必ず出合が取れ，為替銀行は為替持高・資金操作をドルに集中するようになる。もう1つは，介入がなされない通貨間の取引や為替裁定はドルを介して行われる。例えば，マルクとフランス・フラン間ではマルク対ドル・ドル対フランス・フラン，マルク対リラ間ではマルク対ドル・ドル対リラ，フランス・フラン対リラ間ではフランス・フラン対ドル・ドル対リラといった具合いに行われる。西ドイツにおけるドル対フランス・フランやドル対リラ，フランスにおけるドル対マルクやドル対リラはそれぞれの市場においてはドルを対価とするクロス取引である。ドルの為替媒介通貨としての機能が

各国の外国為替市場にクロス取引を生じさせる根拠になる。同様のことが他の西ヨーロッパ諸国の通貨についても当てはまる。介入通貨のドルへの一元化が，インターバンク為替市場でのドルの為替媒介通貨としての地位を規定し，為替媒介通貨としての機能がドル対価のクロス取引を通して，西ヨーロッパ諸国の外国為替市場を次第にドルを軸にしたものへと変容させていくのである。ドルの上からの国際通貨化である。

　では，このような変容が介入通貨のドルへの一元化によって西ヨーロッパ諸国において一挙に実現したのかというと決してそうではなかった。最大の理由はポンドの為替媒介通貨としての機能がそれを阻んだからである。1950年代のEPU下で，域内通貨はドルと隔離されていたため，域内通貨間の外国為替市場は直接の交換市場として形成されていた。そこでは，西ヨーロッパ諸国の通貨はポンド・アクセプタンスとスターリング地域を背後に持っていたポンドと強く結び付き，ポンドが域内通貨間の為替媒介通貨として利用されていた。1950年代に日本がポンドとドルを集中通貨に指定して，西ヨーロッパ諸国の通貨は集中せず，海外市場でポンドを媒介にして間接的に集中していたのは，そのことを傍証している[11]。当時のポンドが為替媒介通貨として機能しえた根拠の１つに対ドル差別があったのは確かである。それが唯一の理由でなかったのは，対ドル差別の撤廃後もポンドはなおも為替媒介通貨としての地位にとどまっていたことが証明している。この点についてはすでに第３章で論じた。

　1960年代においてドルが西ヨーロッパ地域内に浸透できるかどうかは，為替媒介通貨としてのポンドを駆逐できるかどうかにかかっていた。ドルは公的レベルでの介入通貨に関しては，1961年のEMAの決定によってポンドを押し退けて，その地位を確立した。それゆえ，ドルとポンドの角逐は，私的レベルでの為替媒介通貨としての地位を巡って，ドルがポンドに取って代われるかどうかが焦点となったのである。

　一方では，1960年代前半ポンドがドルを凌いで為替媒介通貨としての役割を果たしており，またドルがポンドに完全に取って代わったのは後半になってからと指摘されている[12]。他方では，ニューヨーク連銀で為替操作を担当していたクームスは，当時のヨーロッパの外国為替市場の状況を次のように述べている。「そのうえ奇妙なことに，連銀のマルク残高をフランの赤字決済に充てる

ことは，実際できなかった。欧州の中央銀行はどこでも外貨準備をドルだけで保有し，外国為替市場でマルクからフランへ資金を移転するときは，マルクを売ってドルを買い，そのドルをフランと交換するという方法がとられていた。実際，準備通貨，つまり外国為替市場の「取引通貨」というドルの中心的な役割ゆえに，アメリカは個々の外国中央銀行との双務的な金融関係に組み込まれていたのである。奇妙に聞こえるが，現に欧州通貨には，連銀の操作という立場からみると，相互に交換性がなかった。」[13] ニューヨーク連銀の為替操作は1961年から開始され1960年代前半には本格化していたので，クームスの言葉は，為替媒介通貨としてのドルの地位がすでに1960年代の前半には確立していたことを示すものとして，注目に値する。

　1960年代の西ヨーロッパにおいては，ドルとポンドが為替媒介通貨の地位を巡ってせめぎ合っていた。各国の外国為替市場はポンドを軸とする為替相場体系にドルを軸とする為替相場体系が重なり合う二元的な構造であり，両者の接点がドル対ポンドの英米クロスであった。ドルがポンドを駆逐していくプロセスは，まず英米クロスの重点がポンドからドルにシフトしていき，さらに進んで西ヨーロッパ諸国通貨のドルを対価とするクロス取引の増大によって英米クロス自体の重要性の低下をもたらした。ドルがポンドを駆逐するプロセスがどのように進んでいったのか。その解明の糸口は，ポンド危機がドル危機に波及するメカニズムのなかにある。

2　ポンド危機とドル危機の連動メカニズム

　1960年代ポンドはドルと同じほど頻々に通貨危機に襲われてきた。大きいところを拾ってみても，1961年3月のマルクの切上げ幅が市場予想を下回ったことから再切上げの思惑が生じ，その余波を受けてロンドン市場から大量の資金流出が起こり，大規模なポンド売が発生した。1964年10月のイギリスの総選挙で労働党が勝利して新政府の政策不安からポンド逃避が起こった。1966年5月のイギリスの海員組合のストがポンド攻撃に火を付けた。また，1967年5月にはイギリスのEEC加盟申請がEEC理事会によって拒否され，折りしも6月第1次中東戦争の勃発が重なって，激しいポンド投機に襲われ，11月にイギリス政府は1ポンド＝2.80ドルから2.40ドルへ，14.3％の平価切下げに追い込ま

れた。

ポンド投機の背景としては，イギリスの頻繁な政権交替が経済政策の一貫性を損ない政策不安が絶えずつきまとったこと，ケインズ政策による財政支出拡大がイギリス経済のインフレ体質をもたらし，イギリス産業の国際競争力を失わせて国際収支の弱体化を招いたこと，EECに加盟しなかったことが1960年代のEECの高度成長から取り残されたこと，等が考えられよう。また，イギリスが第2次世界大戦の遂行に伴う戦費調達をポンド債務の形で支払ったため，戦後スターリング地域諸国を中心に巨額のポンド残高として累積し，ポンド不安が生じる度にその取崩しが行われた。

たび重なるポンド投機に対してイングランド銀行はポンド防衛に躍起になっていた。ポンド投機とは，直物市場であれ先物市場であれ，何よりも外国為替市場でのポンドの売浴びせにほかならないから，イングランド銀行は平価を維持するにはポンドの売に対抗してポンドの買支え，すなわちドル売介入を余儀なくされる。ポンド売の規模が大きければ大きいほど，イングランド銀行はポンド防衛の代償としてドル準備の枯渇に悩まされる結果となる。ポンドの買支えはドル準備の範囲内でしかできないからである。ドル売介入を続行しようとすれば，失ったドル準備を絶えず補充することが必要になる。ポンド危機は単にイギリスだけの問題にとどまらず，ドル危機に波及して国際通貨制度全体を揺るがしかねないから，ポンド防衛のための国際通貨協力が要請されるわけである。1961年3月にヨーロッパの中央銀行を中心にイングランド銀行に対して10億ドルの中央銀行融資が取りまとめられた。1964年11月には先進国の中央銀行を中心に30億ドルの対英緊急借款が，1965年9月には先進国10カ国の中央銀行とBISによる第2次対英借款が取り決められた[14]。また，イングランド銀行はニューヨーク連銀とのスワップ協定からドルを引き出してドル準備の補充に充て，スワップ枠も拡大されてきたのである。

ところで，ポンド投機やポンドからの逃避はポンド売で終わるのではなく，必ず他の通貨に乗り換えられる。乗換えに選ばれた通貨は，大陸ヨーロッパの強い通貨，とりわけマルクとスイス・フランであった。ロンドン市場からの資金の流出は主として大陸ヨーロッパ諸国に向かったため，ポンド危機が起こるたびに，「スイスをはじめとする欧州大陸の中央銀行は，ドルの流入でまるで

第8章 EMAと基軸通貨ドル

第8-1図 ポンド危機とドル危機の連動メカニズム

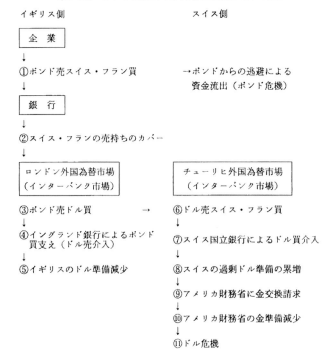

洪水になってしまった」[15]のである。

　ポンド危機は一方ではイングランド銀行のドル準備を喪失させ，他方ではドルの洪水が大陸ヨーロッパの中央銀行を襲う。これは一見何でもないように見えるが実は奇妙な現象である。なぜなら，ポンド危機は必然的に他の通貨への乗換えを伴うから，外国為替市場では例えばポンド売マルク買あるいはポンド売スイス・フラン買の取引となって当然である。それなのに，イングランド銀行はなぜドル準備を失うのか。また，ポンドが売られるのはロンドン市場に限ったことではなく，パリ，フランクフルト，チューリヒといった大陸ヨーロッパの外国為替市場でも行われているのに，大陸ヨーロッパの中央銀行はなぜポンドの洪水に襲われないでドルの洪水に襲われるのか。

　奇妙な現象を解き明かすために，出発点にポンド売スイス・フラン買を置き，第8-1図を参考にしながら事例的に検討しよう。単純化のために直物市場を想

定する。イギリス所在のある企業が，ボンドの切下げを恐れてかスイス・フランの切上げを見越してか，ボンド資金をスイス・フランに乗り換えるとしよう。まず企業は為替銀行を相手にボンドを売ってスイス・フランを購入する。次に，為替銀行は対顧客取引の結果生じたスイス・フランの売持ちをいかにカバーするのか。ここから先の外国為替市場はインターバンク市場が舞台となる。1960年代において，ボンドは西ヨーロッパ内で為替媒介通貨としての役割を果たしていた。したがって，ボンドは西ヨーロッパ諸国の通貨とは直接に交換された。そこで，為替銀行はスイス・フランの売持ちのカバーをインターバンク市場でボンドを対価にして取ることができる。ボンド売スイス・フラン買を行うのである。

　ボンドからスイス・フランへの乗り換えが大規模になれば，ボンドはますます下落していき，最後には相場変動幅の下限に達する。ところが，ボンド，スイス・フラン，ドルの間で裁定が働くから，ボンドはそれ以上に下落しないで下限に張り付くことになる。この時点で，為替銀行は大問題に直面する。それは，ボンド危機のまっただ中で銀行が一斉にボンドを売っている状況下で，切下げ不安のある通貨を買おうとする銀行が現れない点である。イングランド銀行はEMAの決定にしたがって，ボンド対スイス・フランの相場には介入義務はないから当然介入してこない。そうなると，ボンドはもはやスイス・フランと直接に交換されないので，ボンドは為替媒介通貨としての役割を果たせなくなる。つまり，ボンドの対スイス・フラン相場が下限に張り付く状態においては，ボンドは為替媒介通貨として機能停止に陥るのである。出合がつかなければ，為替銀行にとってスイス・フランの売持ちがそのまま残り，為替リスクをカバーできない。そのような状態で，実際にボンドの平価切下げが実行されれば，為替銀行は巨額の為替差損を被る。乗換え先のスイス・フランの自国市場であるチューリヒ市場で，ボンドが売られた場合も事情はまったく同じである。

　ボンドの対スイス・フラン相場が下限に張り付いた段階で，先ほどのボンド，スイス・フラン，ドルの3角裁定が働く。為替銀行にとって為替リスク回避のポイントは出合如何にかかっているから，スイス・フラン対価で出合がつかなければ，まずドル対価で出合を取る。ボンド売ドル買を行うのである。ボンド売ドル買の取引はロンドン市場でも大陸ヨーロッパ市場でも出合はつく。ボン

ド対ドル取引の英米クロスは，大陸ヨーロッパの外国為替市場において重要な通貨取引の1つだからである。続いてドル売スイス・フラン買を行えばスイス・フランの売持ちは完全にカバーできる。一連の操作を図式化すれば次のようになり，ドルが為替媒介通貨としてポンドとスイス・フランの交換を仲介したのが明白である。

$$\frac{スイス・フラン買}{ポンド売} \rightarrow \frac{ドル買}{ポンド売} \cdot \frac{スイス・フラン買}{ドル売}$$

一連の操作でのキー・ポイントは，ポンド対ドル，ドル対スイス・フランの取引が大量になれば取引できる市場が限定される点である。大規模なポンド売ドル買が起こると，ポンドの対ドル相場が下落し，最後には変動幅の下限に達してしまう。このとき，出合の取れる市場はロンドン市場だけとなる。というのは，ロンドン市場ではイングランド銀行がポンドの対ドル相場を平価の上下各0.75％以内に抑制する義務を負っているから，この場合相場の下限で必ず介入するのに対して，大陸ヨーロッパの中央銀行はポンド対ドル相場に対してそのような義務はないからである。したがって，ポンドの対ドル相場が下限に張り付いた時点では，ポンド売ドル買はすべてロンドン市場に集中する。その結果，イングランド銀行はポンドを支えるために大規模なドル売介入を余儀なくされ，短期間のうちに巨額のドル準備を失う羽目に陥る。

他方，後の操作においては，ポンドの場合とは正反対で，ドル売スイス・フラン買によってスイス・フランの対ドル相場が騰貴し，変動幅の上限に張り付くことになる。スイスはIMFの加盟国ではないけれども，加盟国と同様に対ドル相場を遵守しているので，スイス国立銀行はドルの買支えを実行する。ドル売スイス・フラン買もチューリヒ市場に集中してくるので，そこで大量のドル売が生じる。ポンド売がドル売に転化し，ドル危機を誘発したのである。スイス国立銀行には，大規模なドル買介入の結果巨額のドル準備が累積する。すなわち「ドルの洪水」に見舞われたのである。スイス国立銀行が法定上の外貨準備を上回る過剰ドル準備をアメリカ財務省に対して金交換を請求すれば，アメリカの金準備が減少してさらなるドル危機の引金になりかねない。

ロンドン・インターバンク為替市場でのポンド売をチューリヒ・インターバンク為替市場でのドル売に転化してドル危機を誘発するのは，ドルの為替媒介

通貨としての機能によるものである。イギリスが失ったドル準備をスイスが取得してさらなるドル危機を引き起こすのは，ドルの介入通貨としての機能によるものである。ポンド危機がドル危機に波及していく根拠は，基軸通貨，すなわち介入通貨，為替媒介通貨としてのドルの地位にある。ポンドの対ドル相場が下限にまで下落する一方，スイス・フランの対ドル相場が上限まで騰貴する状況下では，ポンド，スイス・フラン，ドルの3角裁定において，ドルが為替媒介通貨として機能しうるのはドルが介入通貨として使われているからにほかならない。ドルに関しては必ず出合が取れることを保証する点に，介入通貨の決定的な意義があり，そのことが為替媒介通貨としてのドルを規定したのである。言い換えれば，たび重なるポンド危機こそがドルの為替媒介通貨としての地位を確立させたのである。その意味では，ドルの強さを表すものといえなくはない。しかし，ドルが真に強い通貨であれば，ポンド投機はポンド売ドル買で終結し，ドルが売られることは決して生じない。ポンドからの逃避がドルに向かうのではなく，スイス・フランやマルク等の大陸ヨーロッパの強い通貨に向かい，「ドルはいつもながら，投機の逆流を受けた」[16]にすぎないところに，ドルの弱さがあることを忘れてはならない。

　1960年代におけるドルの西ヨーロッパ域内への浸透は，公的レベルでは介入通貨としてEMAの形骸化を，インターバンク市場では為替媒介通貨として西ヨーロッパ諸国の外国為替市場に構造変化を引き起こした。だが，ドル危機が絶えず繰り返された60年代に，西ヨーロッパ諸国のドル依存が決定的なものとなり，域内独自の決済システムの崩壊をもたらしたのは歴史の皮肉といえる。

第8章　注

1）　OEEC, *European Monetary Agreement ; 1st Annual Report*, 1960, p. 9.

2）　EMA加盟国は自国通貨の売買レートあるいは単一のレートをEMAに通告する義務を負っている。ただし，それらレートは金，ドル，他の通貨のどれかで規定すればいい。実際には，加盟国すべての中央銀行は自国通貨の売買レートをドルで表示することを選択した。*Ibid.*, p. 58.

3）　加盟国の売買レートの設定は，為替平価からの上下の変動幅が同じである必要はない。デンマークは買レートを為替平価，1ドル＝6.90714デンマーク・クローネの＋0.719％の6.8575デンマーク・クローネに，売レートを－0.729

％の6.9575デンマーク・クローネに設定している。フランスの売買レートも1ドル＝4.93706フランス・フランの＋0.751％（4.90フランス・フラン），－0.748％（4.974フランス・フラン）である。もちろん西ドイツ（1ドル＝4.20マルクの±0.714％，4.17マルクと4.23マルク）やベルギー（1ドル＝50ベルギー・フランの±0.75％，49.625ベルギー・フランと50.375ベルギー・フラン）のように売買マージンを一致させている国もある。*Ibid.*, p. 60.

4）　*Ibid.*, p. 55. その後，スペインは払込の延期が認められない国に移ったので，延期の認められている国は5カ国になった。したがって，第8-2表の第4段階の加盟国拠出額は2,750万ドル，第5段階の拠出額は3,685万ドルとなる。

5）　*Ibid.*, p. 54, pp. 59-60.

6）　BIS『第40次世界金融経済年報』，215～217ページ。

7）　本書第7章の注18）を参照されたい。

8）　本書第6章第2節2「EPUの成果」を参照されたい。

9）　この裁定相場（IMFではクロス・レートと呼んでいる）問題は，IMF理事会では平価からのマージンを規定したIMF協定第4条第3項(a)，同じく第4項(a)への違反問題としてだけでなく，第8条第3項で禁止されている複数通貨措置を認める結果になると討議している。1959年7月24日に発表された決定は以下のようである。「基金は，加盟国の領域内で行われるある加盟国の通貨と他の加盟国の通貨との直物為替取引の相場が為替平価の2％以内にある場合，そのような為替相場が対外交換性をも含む交換性のある通貨の平価から1％以内に変動幅を維持することから生じた時はいつでも，異議を申し立てないものとする。」IMF, *The International Monetary Fund, 1945-1965, Volume II : Analysis,* 1969, pp. 80-82.

10）　本書第6章を参照されたい。

11）　本書第5章を参照されたい。

12）　アインチィヒは *A Textbook on Foreign Exchange,* second ed., 1969, ではポンドは1964年以降為替媒介通貨として衰退していったと指摘している。「3角裁定や多角的裁定における仲介為替（an intermediary exchange）としてのポンドの役割は1964年以降衰退していった。とはいえ実際上すべての市場でポンドは現地通貨建てで相場が建てられる一方，ロンドンではほとんどの外国為替に相場が建てられているのはポンドである。」（p. 68）また，為替媒介通貨としてのドルの確立を1967年末以降に求める見解は，井上伊知郎『欧州の国際通貨とアジアの国際通貨』日本経済評論社，1994年，第3章「貿易契約・決済通貨の多様性の性格」。井上氏は貿易取引次元での第3国間貿易取引の契

190 　　第3篇　西ヨーロッパにおけるドルの基軸通貨化

約・決済通貨の機能と銀行間外国為替市場の次元での為替媒介通貨の機能を
「非対称性という国際通貨の質の重要なメルクマール」として，「1967年末以降，
国際通貨はドルに統一されてきた」と指摘している（同上書，41ページ）。

13)　Coombs, C. A., *The Arena of International Finannce*, John Wiley &
　　Sons, 1976, p. 74, 並木信義訳『国際通貨外交の内幕』日本経済新聞社，1977
　　年，92ページ。

14)　30億ドルの内訳は，ブンデスバンク：5億ドル，BIS：2億5,000万ドル，
　　カナダ銀行，フランス銀行，イタリア銀行各2億ドル，スイス国立銀行：1億
　　6,000万ドル，スウェーデン国立銀行：1億ドル，ベルギー国立銀行とオラ
　　ンダ銀行各7,500万ドル，日本銀行とオーストリア国立銀行各5,000万ドル，
　　ニューヨーク連銀：7億5,000万ドル，アメリカ輸出入銀行：2億5,000万ドル，
　　その他：1億4,000万ドルとなっている。*Ibid.*, p. 121, 同上訳書，144ページ。

15)　*Ibid.*, p. 109, 同上訳書，130～131ページ。

16)　*Ibid.*, p. 32, 同上訳書，47ページ。

第9章　貿易取引通貨の多様化と為替媒介通貨ドル

第1節　西ヨーロッパ域内貿易における取引通貨の多様性

1　対称的通貨構成と域内貿易

　1960年代のドルの西ヨーロッパ域内への浸透は，何よりもまず上からの国際通貨化にあった。西ヨーロッパ諸国が介入通貨としてドルを選択することで，一方では金・ドル交換性とともに準備通貨を規定し，他方ではインターバンク為替市場での為替媒介通貨に帰着した。では，下からの国際通貨化の出発点となる貿易レベルにおいてドルはいかに浸透していったのか。

　第9-1図から米BA市場の利用を地域別に見ると，ラテン・アメリカが大幅に増加するとともに，1960年代に入ってからのアジア地域の激増ぶりには目を見張るものがある。この点を数字で確認しておこう。1965年末の外国人による米BA利用残高は25億6,300万ドル，内アジアが2/3の約17億ドル，ラテン・アメリカが1/5の5億3,000万ドルを占め，両地域で全体の85%以上に達する。米BA市場はもっぱらこの2地域によって利用されてきたことがわかる。なかでも注目されるのは，わが国の利用額が15億7,200万ドルと群を抜き，1国だけで外国人利用全体の6割にも及んでいる点である[1]。わが国がいかに米BA市場を利用していたかを示しており，わが国の貿易取引の85%以上がドル建てであったのも首肯できよう。また，ラテン・アメリカがすでにドル圏に属していたことを考えると，米BAはわが国の貿易のドル依存を決定づけ，ひいてはポンド圏に属していたアジアを第2次大戦後ドル圏に組み込む働きをしたことを傍証している。

　アジアやラテン・アメリカと比較すると，ヨーロッパの推移は一見奇異な印

第9-1図 米BAの地域別利用残高

(単位：100万ドル)

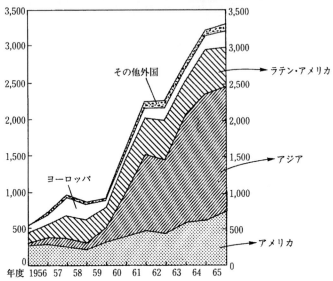

(出所) Cooper, R. T., "Banker's Acceptances", *Federal Reserve Bank of New York Monthly Review*, June 1966, p. 130.

象を与える。西ヨーロッパ諸国は，1958年に通貨交換性を回復して対ドル差別を撤廃し，ドルを自由に使用できるようになった。ようやくドルが域内に進出していく制度的条件が整ったのである。実際に1960年代において西ヨーロッパ諸国の貿易は大幅に伸び，対米貿易も例外ではない。にもかかわらず，1960年代における西ヨーロッパ諸国の米BAの利用は減少して，対ドル差別が行われていた1950年代の利用額を下回っているのである。1965年の西ヨーロッパ全体の対北米貿易額は輸出入合計額で約185億ドルに及び，わが国の約50億ドルの3倍強の規模に達しているのに[2]，その年の西ヨーロッパの米BA利用残高は2億4,000万ドルで，日本のわずか1/6程度にすぎない[3]。このことから，西ヨーロッパにおけるドルの国際通貨化に米BA市場が果たした役割は，わが国とは対照的に非常に小さかったことが推察される。

西ヨーロッパ諸国が米BA市場をさほど利用しなかった理由の1つに，貿易金融の米BA市場からユーロダラー市場へのシフトが挙げられる。シフトが

生じた契機は，1957年にイギリス政府がボンド・リファイナンスを禁止したことから，マーチャント・バンカーが，従来のボンド金融からユーロダラーを利用したドル金融に貿易金融業務の活路を見い出したことにある。翌年西ヨーロッパ諸国は通貨交換性を回復して，ドル利用に制限がなくなったので，ユーロダラーは主に対米貿易の決済資金の貸付原資として活用され始めた。マーチャント・バンカーやヨーロッパの銀行がユーロダラーに着目したのは，貿易金融に米 BA 市場を利用すれば米銀に依存せざるをえないのに対して，ユーロダラー市場の場合には，国際的なインターバンク市場がロンドンを中心としたヨーロッパのなかに存在し，ヨーロッパの銀行が自らのイニシアティブを発揮できるからである。そのため，ユーロダラーは対米貿易以外の第3国間貿易にも利用され，さらに進んでドル以外の通貨建て貿易においても決済資金を調達する手段に利用された。つまり，銀行はユーロダラー市場から借り入れたドルを外国為替市場で売却してその通貨を取得し，貿易決済資金として輸入業者に貸し付けたのである[4]。前者は直接の貿易金融としてのユーロダラーの利用であるが，後者は当該通貨の借入金利よりもユーロダラー金利の方が低いことを利用した一種の金利裁定取引であって，銀行にとっての為替資金調整の一環に入るものである。貿易レベルでの媒介通貨としてのドルの利用である。

　また，ユーロダラー市場の利用は，貿易業者が為替リスクをカバーするうえでの有効な手段ともなっている。一例を挙げると，輸出業者が為替リスクをカバーする場合，通常はドルを先物で売っておく。ドル不安によって先物ドルが大幅なディスカウント状態にあるような場合，先物ドル売は輸出代金の目減りを生じさせて，カバー取引のコストをかえって高価にしてしまう。そこで，輸出業者はユーロダラーを借りて，外国為替市場で直物のドルを売って為替リスクをカバーする。ユーロダラー市場での借入金利が先物ドルのディスカウント率よりも低いという金利面での有利さと高いアベイラビリティが，輸出業者に先物取引に代替する安価な手段を提供しているのである[5]。

　西ヨーロッパ諸国が貿易にいかなる通貨を使っているかに着目すると，米BA市場の利用が低調なより根本的な理由が明らかになる。資料の制約上若干の例しか挙げられないが，1960年代末時点でイギリスは対ボンド圏取引ではぼ100%，それ以外はほぼ1/2がボンド建てで行われている。フランスの場合は対

第9-1表　スウェーデンの貿易通貨構成（1968年）

（単位：％）

通 貨 名	輸　　出		輸　　入	
スウェーデン・クローネ	66.1		25.8	
ド ル	12.3	(7.7)	22.0	(9.3)
ポンド	11.2	(14.8)	17.3	(13.6)
マルク	3.8	(11.6)	17.4	(18.7)
デンマーク・クローネ	1.8	(9.5)	3.9	(7.2)
フランス・フラン	0.8	(4.7)	2.5	(4.5)
ノルウェー・クローネ	0.7	(10.5)	2.2	(5.8)
スイス・フラン	0.5	(2.4)	2.4	(2.6)
リラ	0.3	(3.1)	1.8	(3.6)
その他	2.5	(35.7)	4.7	(34.7)
計	100.0	(100.0)	100.0	(100.0)

（注）（ ）は，スウェーデンの貿易相手国としての各国通貨の割合。
（出所）Grassman, S., *Exchange Reserves and the Financial Structure of Foreign Trade*, Saxon House, 1973, p. 23.

フラン圏取引でほぼ100％，それ以外で40％がフランス・フラン建てであり，西ドイツになると輸出の75〜80％，輸入の約50％がマルク建てとなっている[6]。同じことはスウェーデンの例でも検証される。第9-1表によれば，スウェーデンの輸出の60％，輸入の26％がスウェーデン・クローネ建てである。要するに，西ヨーロッパ諸国の貿易は自国通貨建て比率がきわめて高く，自国通貨建て比率は輸出入とも1％以下で，輸出の86％輸入の82％がドル建てで占められるわが国の圧倒的なドル依存と比べると，格差は著しい[7]。だから，西ヨーロッパ諸国の貿易金融が，米 BA 市場からユーロダラー市場にシフトしたとしても，ドル建て取引そのものが小さいのである。

　同表からはなおも興味深い点が指摘できる。それは，貿易取引に自国通貨以外に非常に多くの他の通貨使われていることである。スウェーデンの貿易取引の通貨構成を別の角度から見た第9-2表がその理由を明らかにしている。輸出国通貨建て比率が著しく高く，輸出で約2/3，輸入でも60％近くを占めている。続いて輸入国通貨建てが輸出入ともほぼ1/4，第3国通貨は輸出で9％，輸入で約15％とそれほど使われてはいない。貿易の大部分が輸出国通貨を中心に当事国通貨で行われているのである。この点は，国別に取引通貨構成を示した第9-3表からも窺える。ラテン・アメリカとの貿易やその他世界からの輸入では

第9章　貿易取引通貨の多様化と為替媒介通貨ドル　　　195

第9-2表　スウェーデンの貿易通貨構成（1968年）

（単位：％）

	輸出	輸入
輸出国通貨	66.1	58.8
輸入国通貨	24.9	25.8
第3国通貨	9.0	15.4
計	100	100

（出所）　*Ibid.*, p. 24

表9-3表　スウェーデン貿易の国別通貨構成（1968年）

（単位：％）

通貨別	スカンジナビア	西ドイツ	イギリス	フランス	スイス	その他西ヨーロッパ	東ヨーロッパ	アメリカカナダ	ラテン・アメリカ	その他世界	全世界
輸出											
スウェーデン・クローネ	85.2	58.0	33.3	79.0	77.6	78.6	87.8	35.3	48.5	69.2	66.1
第3国通貨	4.2	7.6	2.3	6.1	4.4	8.1	0.0	0.2	51.5	28.7	9.0
輸出国通貨	10.6	34.4	64.4	14.9	18.0	13.3	12.2	64.5	0.2	2.1	24.9
輸入											
スウェーデン・クローネ	51.2	14.2	11.1	27.7	12.7	33.6	75.6	2.6	39.6	27.3	25.8
第3国通貨	10.4	4.9	10.6	14.9	27.2	27.2	24.3	3.1	60.4	70.6	15.4
輸出国通貨	38.4	80.9	78.3	57.4	60.1	39.2	0.1	94.3	0.0	2.2	58.8

（出所）　*Ibid.*, p. 32.

第3国通貨の比率がきわめて高い。反面，ヨーロッパとの貿易に関しては，輸出入とも当事国通貨建ての比率が概して平均より高く，それだけ第3国通貨が使われることは少ない。グラスマンはこのような貿易取引通貨の構成を「対称的パターン」と呼び，1973年の貿易とも比較して次のような興味深い指摘を行っている。「一般原則として売手もしくは買手の現地通貨で建値される1968年のパターンは，1973年にも当てはまる。第3国通貨の限られた使用はポンドからドルへの顕著なシフトが続いているけれども，5年間依然としてほぼ同じであった。」[8] 西ヨーロッパにおいては，「対称的パターン」と呼ばれる貿易取引通貨の多様化は，固定相場制下ですでに確立していたのである。西ヨーロッパ諸国の貿易は自国通貨建てを中心とした当事国通貨建てで行われるのが主流となっており[9]，わが国の第3国通貨としてのドルの圧倒的な地位に基づくドル依存の構造と比べると，その差は歴然としている[10]。

このような傾向の最大の要因は，1950年代のEPUのもとで，域内貿易取引

196 　　　第3篇　西ヨーロッパにおけるドルの基軸通貨化

第9-4表　非スターリング諸国のポンド引受手形利用残高

(単位：100万ポンド)

年度末	計	北米	ラテン・アメリカ	西ヨーロッパ	東ヨーロッパ	その他
1957	138	6	20	66	6	40
1958	119	4	16	52	5	42
1959	121	5	15	37	2	62
1960	93	3	12	42	9	27
1961	147	3	11	39	33	61
1962	144	3	6	46	26	63

(出所)　"Overseas Sterling Holdings", *Bank of England Quarterly Bulletin*, Dec. 1963, p. 269.

に関しては第3国通貨のドルを排除して当事国通貨を利用したことが，EMA のもとでもそのまま慣習として受け継がれたことにある。そして，各国とも19 60年代に整備・確立した自国通貨建ての国内貿易金融市場がその慣習を支えた のである。1960年代に進行したのは，各国の経済力格差に対応するように，自 国通貨建て比率の高低が決まっていったことである。当事国通貨建ての中身は，第1に輸出国通貨建て，次に輸入国通貨建てという順序になり，国際競争力の 強い国は輸出はもちろんのこと，輸入においても輸入国通貨建て比率が高く，総合的に自国通貨建て比率を引き上げていくからである。西ドイツはそういっ た例の典型的な国である。

　反対にドルの視点に立つと，対ドル差別撤廃後もドルは西ヨーロッパの域内 貿易から締め出されていたことになる。ドルがもっとも進出を果たしたのは，域外貿易においてであった。とりわけ発展途上国からの1次産品や原材料の輸 入の際には，ドルが大いに使われた。これらは，かなりの国がスターリング地 域に属していた関係で，従来はポンド・アクセプタンスが利用されていた。その点は，ポンド・アクセプタンスの利用地域を示した第9-4表から，スターリ ング地域外において西ヨーロッパは常時30〜50％を占め，最大の利用地域と なっていることも知られよう。スターリング地域や西ヨーロッパでのポンド・アクセプタンスの利用を考えると，1960年代にポンド建て決済が世界貿易の 1/4〜1/5を占めていたという指摘も理解できる[11]。

　だが，同時期ポンド・アクセプタンスの利用が，世界貿易の成長に比較して，伸び悩んだのも事実である。イギリスの対外債権のうちアクセプタンスの形態 で保有される部分は，1962年から69年にかけて，スターリング地域が2,800万

第9章　貿易取引通貨の多様化と為替媒介通貨ドル　　197

ポンドから3,600万ポンドに，スターリング地域外では1億6,000万ポンドから2億4,600万ポンドに，全体で1億8,800万ポンドから2億8,200万ポンドとほぼ1.5倍に増加したにすぎない[12]。ポンドとは対照的に，米BAの利用は1960年の16億ドルから1966年4月には34億ドルと1960年代の前半で倍増し，特に第3国間貿易に使われる部分は同時期に5億2,400万ドルから17億600万ドルへと3倍以上の伸び率を示した[13]。

　1960年代にポンドの利用が落ち込んだのは，第1に，既述したように，1957年のポンド・リファイナンス供与の禁止によって，ポンド金融からユーロダラーを利用したドル金融へのシフトが生じたことである。第2に，介入通貨のドルへの一元化によって，各国通貨の対ポンド相場は市場裁定に委ねられ，為替相場変動幅がドルの2倍に広がり，その分ドルよりも為替リスクが大きくなった。第3に，ポンドは度重なる平価切下げ不安のために投機の攻撃対象とされ，切下げリスクを回避するため，ポンド取引が敬遠されたからである。第4に，1960年代はドル過剰の状況が深刻になり，1950年代のようにドル不足を補うためにポンドを利用するといった要因はすでに消滅していた。ドルの進出は，結局のところ，域外貿易における第3国間貿易決済通貨としてポンドに取って代わる過程だったのである。

　第9-5表は西ヨーロッパ諸国の地域別貿易構成を表したものである。同表から西ヨーロッパ諸国の貿易について2つの特徴が明らかである。第1に西ヨーロッパ諸国はおしなべて対北米貿易の比重がかなり低いことである。輸出では，高いイギリスでも15～18%，西ドイツやイタリアで10%前後，フランスはさらに低く6～7%程度にすぎない。輸入については，輸出よりも4～5%は高くなる。EECや西ヨーロッパ全体についても，同様の傾向が見い出される。興味を引くのは，1960年代において西ヨーロッパの貿易は著しい伸びを示すのに，対北米貿易は絶対額では増大したものの，北米の比重は西ドイツで幾分増加した以外，ほとんど変化していない点である。むしろ，輸入ではEECや西ヨーロッパでの対北米貿易の比重は，1960年の15.6%から1969年には10.6%と5%も引き下がっている。わが国の対米貿易依存の構造と異なって，西ヨーロッパ諸国の対北米（対米）貿易の重要性の低さを窺わせる。逆に，北米にとっては，EECや西ヨーロッパとの貿易の重要性はきわめて高い。北米における対EEC

198　　　　第3篇　西ヨーロッパにおけるドルの基軸通貨化

第9-5表　西ヨーロッパ諸国の地域別貿易構成

		北　米 100万ドル	%	西ヨーロッパ 100万ドル	%	内EEC 100万ドル	%	日　本 100万ドル	%
		輸出							
イギリス	1960年	1,600	15.7	3,330	32.6	1,580	15.5	80	0.8
	1965年	1,960	14.8	5,370	40.6	2,530	19.1	140	1.1
	1969年	2,800	16.6	7,240	42.9	3,370	20	295	1.7
西ドイツ	1960年	1,025	9	7,262	63.6	3,371	29.5	120	1.1
	1965年	1,629	9.1	12,367	69	6,310	35.2	188	1
	1969年	3,051	10.5	20,040	68.9	11,582	39.8	397	1.4
フランス	1960年	454	6.6	3,292	47.9	2,043	29.7	27	0.4
	1965年	688	6.8	6,290	62.6	4,117	41	48	0.5
	1969年	963	6.4	9,863	65.4	7,144	47.4	120	0.8
イタリア	1960年	428	11.7	2,093	57.3	1,079	29.6	15	0.4
	1965年	690	9.6	4,643	64.6	2,891	40.2	37	0.5
	1969年	1,396	11.9	7,424	63.2	4,993	42.5	82	0.7
西ヨーロッパ	1960年	5,120	9.9	29,280	56.8	15,610	30.3	360	0.7
	1965年	7,400	9.4	50,840	64.3	29,000	36.7	620	0.8
	1969年	11,970	10	78,720	66	47,960	40.2	160	1.1
内EEC	1960年	2,540	8.5	18,190	61.2	10,250	34.5	210	0.7
	1965年	3,900	8.1	33,320	69.5	20,820	43.4	340	0.7
	1969年	6,730	8.8	53,770	70.5	36,780	48.2	740	1
		輸入							
イギリス	1960年	2,410	20.8	3,710	32	1,750	15.1	120	1
	1965年	2,730	19.5	5,000	35.8	2,370	17	205	1.5
	1969年	3,310	18.7	6,980	39.4	3,380	19.1	350	2
西ドイツ	1960年	1,448	15.9	5,400	59.1	3,050	33.4	66	0.7
	1965年	1,829	11.8	10,178	65.7	6,634	42.8	215	1.4
	1968年	1,934	10.6	12,049	66	8,287	45.4	287	1.6
フランス	1960年	781	13.7	2,627	45.9	1,906	33.3	16	0.3
	1965年	1,056	11	5,554	57.8	4,166	43.4	49	0.5
	1968年	1,173	9	8,431	64.4	6,735	51.5	94	0.7
イタリア	1960年	788	17.5	2,332	51.7	1,325	29.4	29	0.6
	1965年	982	13.9	3,674	52.2	2,372	33.7	53	0.8
	1968年	1,245	12.5	5,456	54.9	3,773	38	72	0.7
西ヨーロッパ	1960年	8,640	16	29,280	54.1	18,190	33.6	475	0.9
	1965年	11,060	13.1	50,840	60.1	33,320	39.4	1,100	1.3
	1969年	14,290	11.6	78,720	63.7	53.770	43.5	2,050	1.7
内EEC	1960年	4,385	15.6	15,610	55.5	10,250	36.4	175	0.6
	1965年	5,790	12.4	29,000	62.1	20,820	44.6	485	1
	1969年	7,670	10.6	47,960	66.3	36,780	50.8	970	1.3

（出所）　日本銀行『日本経済を中心とする国際比較統計』日本銀行統計局，1971年，89~92ページ。

や西ヨーロッパ貿易が占める割合は，輸出でそれぞれ1/5弱，1/3近くに達し，輸入については輸出よりも3〜4％下がるけれども，着実に増加している。アメリカにとっては貿易を促進させるうえでも，西ヨーロッパへのドルの浸透は重要なポイントであった。

　第2に，輸出入とも域内取引の割合が著しく高いうえ，増大傾向を示している点である。西ドイツ，フランス，イタリアは輸出入とも対 EEC が30〜40％台，対西ヨーロッパでは50％から60％を大幅に超えている。EEC や西ヨーロッパを見ても，域内取引の比重の高さと増大傾向は同様である。特に EEC の西ヨーロッパ全体との貿易は，1969年になると輸出で70％，輸入でも66％に及んでいる。1950年代，60年代を通じて域内貿易の自由化が急速に進み，貿易相手国として域内諸国が選好された結果，西ヨーロッパ諸国の域内貿易依存度が非常に高くなったのである。

　この点に関して，同じく資本の自由化の進展とアメリカ企業のヨーロッパへの進出を受けて，1960年代ヨーロッパ企業の域内における対外直接投資の相互浸透が急速に進んだ点も留意されるべきである。ヨーロッパ企業の多国籍企業化は，第1に企業内貿易を発展させて域内貿易依存度を高めるように作用し，第2に域内での水平分業を深化させ，域内貿易に占める工業製品の割合を高めたのである。

2　企業の多国籍化とオープン・アカウント方式

　ここで注目したいのは，西ヨーロッパ企業の多国籍化と域内水平分業の発展が貿易金融や貿易決済方式に及ぼした影響である。工業製品はマッキノンのいうところの貿易財IIに該当し，貿易決済方式としてはオープン・アカウント方式が採用される[14]。そして，オープン・アカウント方式は次の2点で重要な意味を持った。1つは，オープン・アカウント方式の場合，契約通貨に第3国通貨，すなわちドルではなく当事国通貨，とりわけ輸出国通貨が選択される。そうすると，域内貿易の比重が高くしかも増大傾向にある西ヨーロッパ諸国においては，当事国通貨の利用が一層進み，その分第3国通貨であるドルの浸透を阻むことになる。もう1つは，オープン・アカウント方式の増大が伝統的な貿易金融方式である BA の意義を低下させる側面である。先ほどのヨーロッパ

各国が自国通貨建ての国内貿易金融体制を確立したというのは，各国が貿易金融の柱として，自国通貨建てのBA市場を育成・発展させたことを意味してはいない。

そもそも貿易金融とは，輸出入業者間の商業信用を銀行信用が肩代わりすることを指している。BAの場合は，輸出業者が振り出す為替手形を銀行が割り引くか，もしくは買い取って行われ，それによって輸出業者は輸入業者が手形を決済する前に輸出代金を回収できる。ところが，オープン・アカウント方式の場合，銀行信用が介在しないから，輸出業者は輸入業者に与えた支払猶予期間の追加運転資金が必要になる。西ヨーロッパ各国の国内貿易金融体制とは，信用供与に伴う追加運転資金を，銀行が基本的に当座貸越の形で供与する体制にほかならない[15]。自国通貨建て貿易であれば，当然追加運転資金も自国通貨だから，銀行が供与する当座貸越は貿易と密接に結び付いてはいても企業金融一般のなかに含まれるものである[16]。西ヨーロッパにおいては，わが国のような外貨建て為替手形を媒介に，国家が短期の貿易金融に大規模に介入していないのも納得できる。

オープン・アカウント方式は「多国籍企業内部における支配的な決済方法」といわれているが[17]，それは必ずしも変動相場制に移行してからのことではない。1960年代におけるヨーロッパ企業の多国籍企業化を考えると，すでに固定相場制の時代に普及していたことを強調すべきである[18]。1968年のグラスマンによるスウェーデンの貿易に関する調査はそのことを例証している[19]。グラスマンの調査結果の1つである第9-6表は，スウェーデンの輸出の53%，輸入の70%弱がオープン・アカウント方式で決済されていることを明らかにしている。反面，銀行信用が介在する貿易金融は，一覧払荷為替信用状方式もメール期間銀行信用が供与されると見ても，輸出入とも9.5%にとどまっている[20]。伝統的なアクセプタンス方式からオープン・アカウント方式への貿易金融方式の変化は，1960年代にはすでに確立していたのである[21]。

域内貿易については，自国通貨建て比率に高低はあっても，当事国通貨が利用されているので，取引通貨は多様化する。ドルの側からすれば，西ヨーロッパの域内取引も域外取引と同じく第3国間貿易に相当するが，従来はポンドが多く利用されていた。しかしながら，ポンドの凋落に伴ってその地位は後退し

第9章　貿易取引通貨の多様化と為替媒介通貨ドル　　201

第9-6表　イギリスとスウェーデンの貿易決済方法

（単位：％）

決済方法	イギリス 輸出契約	イギリス 輸出金額	スウェーデン 輸出金額	イギリス 輸入契約	イギリス 輸入金額	スウェーデン 輸入金額
1　オープン・アカウント	39.5	23.9	52.9	38.2	39.1	68.5
2　定期決済 (Periodic settlement)	5.9	3.2		6.4	3.5	
3　現金払 (Cash on delivery)	2.5	4.1	21.2	6.5	4.6	10.5
4　船積書類引換現金払 (Cash against documents)	13.8	16.6		17.6	32.2	
5　荷為替手形の支払 (Payments of bills against documents)	4.3	2.1		2.0	1.5	
6　一覧払荷為替信用状 (Sight documentary credits)	10.5	15.2	3.4	6.3	3.5	1.6
7　荷為替手形の引受 (Acceptance of bills against documents)	16.5	9.9	4.9	13.4	7.4	6.3
8　期限付荷為替信用状 (Time documentary credits)	2.6	1.7	1.2	6.8	4.5	1.6
9　前払金［全額］ (Advance [full amount])	1.2	0.1	0.6	0.4	negligible	2.3
10　前払金［頭金］ (Advance [prior to installments])	1.8	8.0	11.8	0.8	0.4	6.0
11　分割延払 (Installments)	1.3	13.3		0.6	0.5	
12　委託販売 (Consignment)	1.2	1.8	2.1	0.9	0.8	1.7
13　無償 (Free deliveries)			2.1			1.5
項目別分類						
信用供与なし (3, 4, 5, 6, 9)	32.3	38.1	25.2	32.8	41.8	14.4
信用期間確定 (7, 8, 10, 11)	22.2	32.9	17.9	21.6	14.8	13.9
信用期間可変 (1, 2, 12)	45.6	28.9	55.0	45.5	43.4	70.2
サンプル数と金額	1,252	1,640万£	246億Kr.	901	1,391万£	262億Kr.

（出所）イギリスは1975年, Carse, S., J. Williamson and G. E. Wood, *The Financing Procedures of British Foreign Trade,* Cambridge U. P., 1980, p. 83. スウェーデンは1968年, Grassman, S., *op. cit.,* p. 28 の第2-4表。

ていった。重要なのは，ポンドに取って代わったのが域内通貨であって，ドルではなかった点である。ドルが西ヨーロッパの域内取引に進出できなかった分，ドルの第3国間貿易決済通貨としての役割は低くならざるをえない。なるほど，ドルは域外取引で利用されるため，ドル建ての比率は対米貿易の比重よりは高くなる。他面，西ヨーロッパにおける貿易は域内取引の比率が高い分域外の比重は低くなるから，たとえ第3国間貿易決済通貨としてのポンドを駆逐しても，西ヨーロッパにおいては第3国間貿易決済通貨それ自体の重要性が考えられているほど高くはない。要するに，西ヨーロッパにおいては，わが国のように貿

易取引通貨のドルへの一元化は起こらず，反対にその多様化が進展して，ドル
は取引通貨の1つにすぎなかったのである。

第2節　為替媒介通貨とインターバンク市場の自立化

わが国では，対米貿易の依存度が高いことに加えて，ドルが第3国間貿易決
済通貨として大きな役割を果たしていたため，ドルは貿易取引通貨として他の
通貨を圧倒していた。自国通貨である円も例外ではない。貿易レベルでのドル
への集中が，インターバンク為替市場でのドルの地位を不動のものにしていた。
では，西ヨーロッパのように，貿易取引通貨の多様化が基本となっているとこ
ろでは，為替銀行は為替持高・資金操作をどのようにして行うのか。西ドイツ
を例に取り上げて検討しよう。

1960年代のヨーロッパ諸国の貿易取引通貨の構成については，詳細な資料が
ないので，とりあえず先ほどの例から1968年の西ドイツの貿易をマルク建てが
輸出で80%，輸入で50%とする。ただ，自国通貨建ての割合しか明らかでない
ので，外貨建ての構成については，ポンド，フランス・フラン，ドル，その他
の4つに分け，各通貨の比率を，その国との貿易でマルク建て以外，すなわち
輸出の20%，輸入の50%は相手国通貨が使用されていると想定して計算してい
る[22]。1968年の西ドイツの貿易収支は黒字だから，その点も考慮して，通貨構
成を図式化したのが第9-2図である。

まず，貿易全体を概観すると，マルク建て取引は輸出が796.41億マルク，輸
入が405.9億マルクで輸出超過だから，西ドイツの銀行は390.51億マルクのマ
ルク建て対外債権を保有する。他方，外貨建てについては，輸出が199.1億マ
ルク，輸入が405.89億マルクなので，206.79億マルクの外貨建て対外債務を負
う。したがって，ネットでは貿易収支の黒字相当額183.72億マルクの対外債権
超過となる。そして，貿易収支黒字から予想されるのは，ドル安マルク高であ
ろう。

①は自国通貨建て取引なので，為替取引を相手国に押し付け西ドイツ側では
為替取引が生じない。西ドイツ側で為替取引を行う必要があるのは，外貨建て
の②，③，④，⑤である。輸出入業者は銀行を相手とした直・先両取引によっ

第9章　貿易取引通貨の多様化と為替媒介通貨ドル　　　203

第9-2図　西ドイツの通貨別輸出入の仮設例（1968年）

（単位：100万マルク）

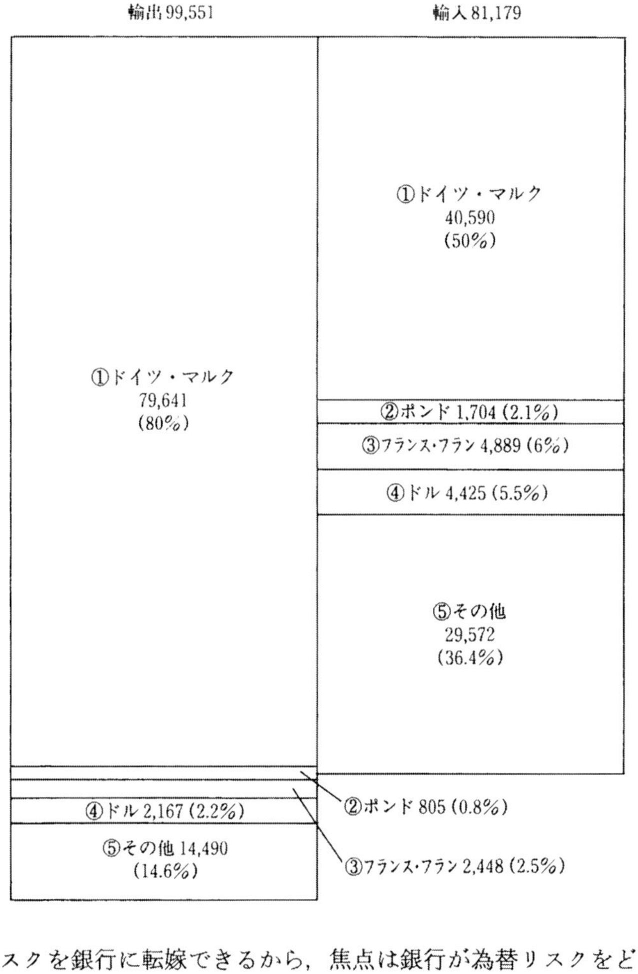

輸出 99,551　　　　　　　　　　　輸入 81,179

①ドイツ・マルク
40,590
（50%）

①ドイツ・マルク
79,641
（80%）

②ポンド 1,704 (2.1%)

③フランス・フラン 4,889 (6%)

④ドル 4,425 (5.5%)

⑤その他
29,572
（36.4%）

④ドル 2,167 (2.2%)　　②ポンド 805 (0.8%)

⑤その他 14,490
（14.6%）

③フランス・フラン 2,448 (2.5%)

て為替リスクを銀行に転嫁できるから，焦点は銀行が為替リスクをどうカバー
するかにある。

　いま，為替銀行は為替リスクを通貨毎にカバーするとして，ドル建て取引の
カバーから始めよう。ドル建て取引は，輸出が21.67億マルク，輸入が44.25億
マルクだから，銀行は22.58億マルクの売持ち状態にある。ドルは対米貿易だ
けでなく第3国間貿易，とりわけ域外の発展途上国からの原材料や1次産品の

輸入に利用されているので，その他項目の輸入のうちかなりの部分がドル建て取引と考えられる。それゆえ，銀行の売持ち状態は実際にはもっと大きくなっているはずである。

次に，銀行はドルの売持ちをカバーするために，インターバンク市場でドル買マルク売を行う。となると，先ほどの貿易収支黒字から予想されたドル安とは逆に，ドル相場はドル高となる。もしドル高が行き過ぎれば，ブンデスバンクは固定相場制を維持するためにドル売介入を余儀なくされ，西ドイツは貿易収支が黒字であるにもかかわらず，ドル準備を失うという奇妙な事態となる。現実には西ドイツの金準備は12.46億マルク，外貨準備（ドル準備）は40億マルク相当額増加しているから[23]，この事実にも反しよう。国際収支の恒常的な黒字国である西ドイツが，外貨準備を補強するために，例えばドル債券を発行したりユーロダラーを借り入れるようなことはありえない。ドル準備が増加する唯一のルートは，ブンデスバンクが外国為替市場にドル買介入をしていると考えるのが妥当であろう。ブンデスバンクがドル買介入をしている理由は，インターバンク市場でドルが売られているからにほかならないが，相手方となる銀行はドルの買手だったわけである。

この食違いが示唆しているのは，銀行がいろいろな通貨建ての為替持高を通貨毎に自国通貨，ここではマルクを対価とする為替取引によって個別にカバーしていないことである。もう少し述べれば，銀行はいろんな通貨建ての為替持高をまず特定通貨を対価とする取引を行って，各種通貨建ての為替持高を特定通貨の為替持高に転化・集中する。次に，その特定通貨建ての為替持高を自国通貨を対価とする取引で，最終的にカバーする。このような為替操作は西ドイツの銀行に限らず，他の諸国の銀行にも一般的に当てはまる普通の銀行行動である。どの通貨に集中させるかの要因には，取引コストと出合が挙げられる。取引量が多いほど規模の経済性が働き相場変動を吸収する力は大きくなって，取引コストを引き下げ，出合もつきやすくなる。出合という点では，中央銀行による介入の有無が決定的であるといえる。そのため，前節で明らかにしたように，為替持高を集中する通貨，すなわち為替媒介通貨にドルが選択されたわけである。そして，為替媒介通貨と他の通貨との為替取引がクロス取引にほかならない。

第9章　貿易取引通貨の多様化と為替媒介通貨ドル　　205

　もちろん，為替媒介通貨は為替持高操作の容易さと並んで，為替資金操作の
観点を加味しながら選択される。銀行は為替リスクを回避するために為替持高
操作を，決済資金の調達・運用のために為替資金操作と個々に操作をしている
のではなく，両操作を一体になって行っている。為替持高はキャッシュ・ポジ
ション，アクチュアル・ポジション，オーバーオール・ポジションの3つに大
きく分けられるが，為替リスクのカバーはオーバーオール・ポジション（直先
総合持高）に，資金操作はキャッシュ・ポジションに関わっている。為替持高
を特定通貨に集中するとその通貨の売買量は飛躍的に増大するので，取引量の
増大に対応してその通貨の決済規模も大きくなり，資金操作の軸となる。資金
操作が無理なく行えるには，その通貨建ての金融市場がアベイラビリティと金
利の点で十分に発達していることが条件になる。その点で，ドルについては，
発達したニューヨーク金融市場の存在に加えて，ユーロダラー市場の拡大が資
金操作の集中のためのドル建て国際金融市場を提供したわけである[24]。

　さて，ドルの為替媒介通貨としての機能を前提にすると，ポンドやフランス
・フランの為替持高操作は，いま両通貨建て取引とも輸入超過（ポンド建ては
8.99億マルク，フランス・フラン建ては24.41億マルク）で売持ちの状態にあ
るから，

$$\frac{ポンド買}{マルク売} \rightarrow \frac{ポンド買}{ドル売} \cdot \frac{ドル買}{マルク売}$$

$$\frac{フランス・フラン買}{マルク売} \rightarrow \frac{フランス・フラン買}{ドル売} \cdot \frac{ドル買}{マルク売}$$

のドルを介した2つの操作で行われる[25]。本来1つの取引を2つに分割するこ
とに，ポンド対ドルやフランス・フラン対ドルというクロス取引が西ドイツに
おいて生じる根拠がある。

　では，ドル売ポンド買，ドル売フランス・フラン買，マルク売ドル買の3種
類の為替取引は，西ドイツの外国為替市場（フランクフルト外国為替市場）で
行えるのだろうか。マルク対ドルについては問題はない。ドル対ポンドやドル
対フランス・フランのクロス取引は，インターバンク市場に大量に出回れば，
西ドイツの国内で出合を取ることも可能であろう。だが，西ドイツのように自
国通貨建ての比率が著しく高く，外貨建てが非常に少ないところでは，出合を

取るのは困難である。出合が取れたとしても売買スプレッドが広いため，非常に不利である。そのうえ，ブンデスバンクはクロス取引に介入しないから，出合の保証はまったくない。国内で不可能であれば，出合を求めて海外市場に出動するわけだが，最終的に行き着く先は必ず出合のつく，つまり中央銀行が介入する市場以外にはない。ポンドの場合はロンドン市場，フランス・フランであればパリ市場がそうである。

　これらクロス取引の意味は，ポンドやフランス・フランの売持ちをドルの売持ちに転化することである。つまり，この場合のドル売は追加的取引だから，新たな為替持高の形成要因となる。そこで，新たに為替持高調整が必要になり，もう1つの操作であるマルク売ドル買によってカバーされるわけである。ポンド建てやフランス・フラン建て取引から引き起こされるカバー操作もインターバンク市場ではドル買要因である。⑤のその他通貨建て取引についても考え方は同じだから，ポンド建てやフランス・フラン建てと同様に，その他通貨建てが輸入超過である限り，やはりインターバンク市場ではドル買要因である。要するに，ドル以外の外貨建て取引すべてを考慮しても，184.22億マルクの輸入超過分だけドルは需要されるのである。外貨建て全体を考えても，問題はやはり解決できないわけである。では，一体誰が西ドイツの外国為替市場でドルを売っているのだろうか。

　解決の鍵は，インターバンク市場を構成するもう1つの要因，すなわち海外取引にある。海外取引は，西ドイツの為替銀行が海外市場に出て行く場合と，外国の銀行が西ドイツのインターバンク市場に入って来る場合の両方がある。そこで，視点を変えて，フランスの側からマルク建て取引を考えてみよう。

　西ドイツの対フランス貿易は輸出が122.42億マルク，輸入が99.78億マルクだから輸出入のマルク建て比率を掛けるとそれぞれ97.9億マルクと48.9億マルクとなり，輸出超過額は50億マルクとなる。フランスの側から見ると，対西ドイツとのマルク建ての貿易収支は50億マルクの赤字を計上し，フランスの銀行は50億マルクの売持ち状態になっているはずである。フランスの銀行が，西ドイツの銀行と同様の為替操作を行うとすれば，マルクの売持ちは次のようにしてカバーされる。

第9章 貿易取引通貨の多様化と為替媒介通貨ドル　　　207

$$\frac{マルク買}{フランス・フラン売} \quad \rightarrow \quad \frac{マルク買}{ドル売} \cdot \frac{ドル買}{フランス・フラン売}$$

フランスの銀行は，ドル対フランス・フランの取引を自国市場で行うとしても，マルク対ドルの取引は西ドイツの市場に持ち込むことになる。繰返しになるけれども，対ドルでマルクの出合が保証されているのは，ブンデスバンクが介入する西ドイツの外国為替市場だけだからである。ということは，西ドイツの外国為替市場でドルを大量に売っているのは，マルク建て貿易収支が赤字国の為替銀行にほかならない。

　次に，ドル売の相手方となるのは誰だろうか。マルク建て貿易収支が黒字国の為替銀行が挙げられようが，西ドイツのマルク建て貿易収支の大幅な黒字を考えると，そうした銀行のドル買は少ないといえる。ドルを対価にマルクを大規模に売買できるのは，マルクが自国通貨である西ドイツの為替銀行と推定するのが妥当であろう。それは，西ドイツが自国通貨建て貿易によって，為替取引や為替リスクを相手方に押し付けたとしても，ドルを媒介に為替媒介通貨の持つブーメラン効果によって，自国のインターバンク市場に戻って来ることを意味している。西ヨーロッパ諸国のように，当事国通貨建ての比率が高くドル建て取引が少ないところでは，ブーメラン効果の作用もそれだけ大きくなる。

　ドルが為替媒介通貨の機能を果たす限り，西ドイツにおけるドルの取引量は，ドル建てを含む外貨建てだけで決まるのではなく，自国通貨建ての場合も，海外の銀行を通じて入って来る。西ドイツの外国為替市場は，マルクの世界的な規模での需給関係を反映し，最終的な需給調整の場なのである。ここで，西ドイツの外国為替市場におけるドルの需給関係を整理すると，ドル建て取引で生じる超過需要額は22.58億マルク，ドル以外の外貨建てからの超過需要額は184.22億マルク，合計206.8億マルクの超過需要が発生している。他方，マルク建て取引から引き起こされる海外からの超過供給額は390.51億マルクである。したがって，総供給＞総需要で，超過供給額は183.71億マルクとなる。この額は西ドイツの貿易収支の黒字額と一致する。いまは，貿易収支だけに限定しているから，結局，どの通貨建てであれ，西ドイツの貿易収支が黒字であれば，全体としてドル売＞ドル買となってドルは下落する。だからこそ，ブンデスバンクはドル買介入によってドルを買い支え，その結果，ドル準備を増加させて

いるのである。

以上の考察から，重要な論点をいくつか指摘できよう。第1に，為替リスクを回避するために，貿易の自国通貨建て化を進めても，一定の限界が存在することである。なるほど，自国通貨建てになれば輸出入業者は為替リスクを免れる。しかし，それは，為替銀行や中央銀行（大蔵省）に肩代わりされただけで，国民経済の観点からは依然として残っている。為替媒介通貨の持つブーメラン効果を作用させないようにしない限り，為替リスクを完全には回避できないわけである。西ヨーロッパの場合，介入通貨のドルへの一元化が為替媒介通貨ドルを基本的に規定していたので，ドルでの介入を止めることが不可欠である。

第2に，貿易取引通貨の多様化が進展するなかで，西ドイツのようにマルク建て比率をいかに高くしても，相手国側に形成される外国為替市場は，ドルの為替媒介通貨機能によって対ドルのクロス取引であって，マルクがドル以外の通貨と直接交換される市場ではない。西ヨーロッパの他の諸国も状況は似たようなものである。すべての通貨が対ドルで取引されるという通貨構成は，ニューヨーク外国為替市場と同じである。世界の外国為替市場は，為替媒介通貨機能によって，国際通貨国型に同質化されていくのである。通貨構成の同質化が進めば，ある国の通貨は，時差に合わせてドルに対してはどこかの国の外国為替市場で相場が建つ，つまり1日中相場が建ち取引されることになる。為替銀行が為替相場の変動に対応しようとすれば，24時間ディーリングが必要とならざるをえない。中央銀行の立場からしても，自国通貨の相場安定には国内の外国為替市場に介入するだけでは不十分である。対ドル・クロス取引が行われる国の市場の動向を注視し，ときには介入さえも必要になる。

第3に，国際通貨国が自国の貿易を基本的に自国通貨建てで行っている点から考えて，ある国の貿易の自国通貨建て比率が高まれば，その国はいわば自国通貨への一元化という国際通貨国型の貿易通貨構成に似通ってくる点である。ちなみに西ドイツの場合，輸出で80～85％，輸入でも40％以上がマルク建てであるから，ドル建てが輸出入とも90％を超えるアメリカに近づきつつある。

国際通貨論の論理にしたがえば，自国通貨建て貿易は為替取引を相手国側に押し付けるので，その比率が高くなるにつれて，当該国では為替取引が行われず既存の外国為替市場は縮小していくはずである。だが，西ドイツの事例でも

第9章　貿易取引通貨の多様化と為替媒介通貨ドル　　209

明らかなように，実際には外国為替市場は小さくなってはいない。輸出入業者が自国通貨建てで貿易をすれば為替取引の必要性はまったくなく，為替銀行の対顧客取引も当然縮小する。その意味では，外国為替市場が縮小するというのは正しい。注意したいのは，対顧客取引の減少がそのままインターバンク市場の後退に繋がらないことである。なぜなら，為替取引を押し付けられた国の為替銀行が，為替取引を押し付けた国の為替銀行に対ドル・クロス取引の出合を求めてくるからである。ただ，その国の通貨が対ドル・クロス取引として他の国でも大量に行われるようになれば，外国為替市場間の競争によっては，他の国にシフトして当該国の外国為替市場は縮小するかもしれないが。とりわけヨーロッパの場合，営業時間帯が重なるだけに，銀行間だけでなく対顧客取引を巡る競争は熾烈なものとなる。そのなかでロンドン外国為替市場は，ノウハウの蓄積，熟練したスタッフの充実，インフラの発達といった技術的な面に加えて，英米クロスの重要性とユーロダラー市場の中心地でもあることによって，ヨーロッパいや世界のなかでももっとも発達した国際為替市場としての地位を占めているのである[26]。

　本来，インターバンク市場は，為替銀行が対顧客取引によって保有することになった為替持高を銀行間でカバーし合う場所である。しかしながら，対顧客取引が減少すれば，インターバンク市場の本来の意味は失われるとともに，そもそも国内のいわゆる実需をベースにしないでも成立しうる。言い換えれば，インターバンク市場は対顧客取引から相対的に自立した市場になってしまっている。西ドイツの事例は，ドルの為替媒介通貨の機能によって，インターバンク市場の意義が大きく変わってしまったことを明らかにしているのである。

　ドルの為替媒介通貨機能によって，すべての通貨が対ドルで取引されるから，どの国の為替銀行も取り扱う通貨の中心はドルになる。ドルの取引量は国の経済規模や貿易量によって異なるから，ドルについて為替銀行間に優劣がつくかもしれない。けれども，各国の為替銀行が得意とする分野，あるいは比較優位はドルではなく，ドルの対価となる通貨で決まってこよう。その点で，各国の為替銀行が一番優位性を発揮できるのは自国通貨である。西ドイツの為替銀行ならドル対価のマルクの売買である。そこで，西ドイツの為替銀行は，マルクに関しては売買レートを建てて積極的に相場を主導し，第1位のマーケット・

メーカーとしての役割を果たす。マーケット・メーカーとして海外の銀行の相手方となるから，西ドイツのインターバンク市場は縮小しないのである。

西ドイツの為替銀行が自国通貨に比較優位を発揮できるのは，背後にブンデスバンクが控えているという要因も見逃してはならない。マルクの売買といえども裏を返せばドルの売買にほかならないから，多額のマルクを売買することは，それだけドルのポジションも大きくなり，為替リスクを背負うことを意味する。とはいえ，ブンデスバンクが為替相場の上下限であっても，介入を通じて為替リスクをいつでも肩代わりしてくれるとなれば，話は別である。中央銀行の介入がインターバンク市場を支えているのである。

興味深い点は，以上の分析を第2次大戦後の国際通貨国アメリカにも応用できないかということである。特に西ドイツのケースでは，輸出入とも自国通貨建て比率が他の西ヨーロッパ諸国のそれと比較して，著しく高い点で国際通貨国アメリカと共通している。自国通貨建て比率が高いため，自国の輸出入取引に基礎を置いた為替取引は大きくない。だが，インターバンク為替市場はドルの為替媒介通貨機能の持つブーメラン効果によって，実需レベルから相対的に独立して存在しえた。当然国内の外国為替市場の構成は海外との取引の部分が相対的に大きくなるはずである。さらに，ブンデスバンクが背後からインターバンク市場を支えていた。為替媒介通貨ドルの機能によって，すべての通貨はドルを対価として売買されるから，通貨交換の視点からみれば，どの通貨取引においてもドルはもう一方の当事者である。したがって，ドルが自国通貨である米銀は，ドル取引に関しては，国際的比較優位を持ちマーケット・メーカーとして機能しうる。ニューヨーク外国為替市場において，カナダ・ドル以外の通貨の取引で海外が1/2以上に達しているのもそのような事情を反映したものと考えられる（第2-1表参照）。

さらに，アメリカ財務省はドル防衛のため1961年に外国為替市場への介入を開始した。それ以降，ニューヨーク連銀も参加してアメリカ通貨当局の外国為替市場への介入は常態化し，規模も拡大していった。ニューヨーク連銀のスワップ網の拡大は，たとえIMF協定上の義務ではなくとも，アメリカ通貨当局が常時外国為替市場に介入する姿勢を表している。その意味で，基軸通貨国の外国為替市場への介入が IMF 体制のなかに制度化されたと見なされ，

第9章　貿易取引通貨の多様化と為替媒介通貨ドル　　211

ニューヨーク連銀の介入は主要通貨に対する出合の保証という点で，各国中央銀行の介入と同じ意義を持ちうる。それゆえ，ニューヨーク外国為替市場は，アメリカだけでなく外国の為替銀行にとっても出合という点で，当該通貨国の国内市場と並んで最終的な調整の場として認識されよう。ニューヨーク外国為替市場が国際的な為替市場の一翼を担う理由もその点に関わっている。

　基軸通貨ドルの特質は，為替媒介通貨や介入通貨といった現代資本主義の性格を反映した機能を持ち合わせている点にある。これらの国際通貨の新たな機能が，第2次大戦後の，とりわけ1960年代の世界の外国為替市場の発展を規定している。それは，「為替相場は劣勢市場から優勢市場に向かって建ち，優勢市場では為替取引は生じない」という為替の不動の原理が，もはや通用しない新たな展開である。

第9章　注

1）　奥田宏司『日本の国際金融とドル・円』青木書店，1992年，38ページ。

2）　日本銀行『日本経済を中心とする国際比較統計』1971年，89～91ページの数値を利用している。

3）　奥田宏司，前掲書，38ページ。

4）　和田謙三『ユーロダラーのはなし』金融財政事情研究会，1969年，65ページ。

5）　Einzig, P., *The Euro-Dollar System*, Macmillan, 1964, p. 50, 塩野谷九十九・大海宏訳『ユーロ・ダラー』東洋経済新報社，1965年，74～75ページ。"The Changing Gold Exchange Standard and the Role of the International Monetary Fund", *Banca Nationale del Lavoro*, No. 65, June 1963, p. 156.

6）　金融制度調査会『普通銀行制度・貿易金融』金融制度調査会資料第4巻，金融財政事情研究会，1970年，294ページ。ちなみにアメリカは輸出入取引の95%以上がドル建てである。

7）　同上書，294ページ。

8）　Grassman, S., "Currency Distribution and Forward Cover in Foreign Trade", *Journal of International Economics*, Vol. 6, 1976, p. 220.

9）　西ヨーロッパ諸国の貿易取引通貨についての詳細な分析は，井上伊知郎『欧州の国際通貨とアジアの国際通貨』日本経済評論社，1994年，特に第1～

212　　　第3篇　西ヨーロッパにおけるドルの基軸通貨化

3章を参照されたい。

10)　西ヨーロッパ諸国の貿易取引通貨の対称的パターンと低いドル依存度について，佐々木隆雄氏は「少なくとも固定相場制の時代である1960年代末には今日のパターンは基本的に形成されていたことはまちがいない。また，これらの国で戦後，日本にみられるほどの貿易決済面でのドル依存体制が一度でも成立したとは考えがたい」と指摘している。「貿易取引におけるドルの役割」，『経済志林』第48巻第4号，1981年，529ページ。

11)　Cohen, B. J., *The Future of Sterling as an International Currency*, Macmillan, pp. 72-73.

12)　*United Kingdom Balance of Payments*, Central Statistical Office, 1970, p. 38.

13)　Cooper, R. T., "Banker's Acceptances", *Federal Reserve Bank of New York Monthly Review*, June 1966, p. 131.

14)　McKinnon, R. I., *Money in International Exchange*, 1978, Chap. 4, 鬼塚・工藤・河合訳『国際通貨・金融論』日本経済新聞社，1985年，第4章。

15)　"Finance for Export", *Bank of England Quarterly Bulletin*, Jan.-March 1961, pp. 21-22. 西ヨーロッパ諸国の輸出金融体制については，佐々木隆雄，前掲論文，を参照されたい。「西欧諸国は……固定相場制の時期に自国通貨建て輸出の体制を十分に確立していたのに対して，わが国では変動相場制の下ではじめて，円建て輸出への転換を進めざるをえなかった。」（534ページ）多国籍企業の発展によって，第1に輸出入の決済方式が貿易手形（銀行引受手形）方式から売掛・買掛というオープン・アカウント方式に変化し，為替手形の意義が低下した。第2に貿易金融が企業金融一般のなかに含められるようになった。それに対応して，銀行の貸付形態も手形割引から当座貸越に変化したのである。このような銀行の貸付形態の変化は，19世紀末イギリス国内で生じた銀行の大合同によって，銀行の貸付形態が手形割引から当座貸越に変化したことを思い起こさせる点で興味深い。キング，W. T. C., 藤沢正也訳『ロンドン割引市場史』日本経済評論社，315～319ページ。

16)　深町郁弥『現代資本主義と国際通貨』岩波書店，1981年，第6章「変動為替相場と国際通貨」を参照されたい。

17)　同上書，294ページ。

18)　多国籍企業は主としてオープン・アカウント方式で貿易決済を行っているから，オープン・アカウント方式は1960年代に限ったものではなく，企業の多国籍化と歩調を併せて重要性は高くなったのである。マイクセルは1950年10

第9章　貿易取引通貨の多様化と為替媒介通貨ドル　　213

月から1951年 2 月にかけて，アメリカの対ラテン・アメリカへの輸出は38％
がL/C のもとで振り出された手形で，25％が買手宛に振り出された商業手
形で，37％がオープン・アカウントとその他金融（委託金融（consignment
financing）と現金引換え船積み（goods shipped for cash）を含む）で金融
された，と述べている。加えて，アメリカ企業からラテン・アメリカの子会社
への船積みのほとんどにオープン・アカウントが利用されたと指摘している。
Mikesell, R. F., *Foreign Exchange in the Postwar World*, Twentieth Century
Fund, 1954, p. 414.

19)　Grassman, S., *Exchange Reserves and the Financial Structure of Fo-
reign Trade*, Saxon House, 1973.

20)　同表のイギリスの数値は1975年，すなわち変動相場制に移行してからのも
のである。金額ベースではオープン・アカウント方式は輸出の24％，輸入の39
％，それに定期決済を加えてもそれぞれ27％と43％にすぎない。この数値は，
固定相場制下でのスウェーデンの場合よりもかなり低い。他方，為替手形や信
用状による決済は輸出で29％，輸入で17％を占め，輸出入とも10％程度のス
ウェーデンに比較すると非常に高い。イギリスとスウェーデンの対照的な貿易
決済の仕方は，固定相場制下では為替手形や信用状の利用，すなわち伝統的な
貿易金融方式，変動相場制下ではオープン・アウトカウント方式が採用される
という類型化が，必ずしも適切とはいえないことを示している。

21)　アクセプタンス方式からオープン・アカウント方式への貿易金融の移行が
企業の多国籍化に起因すると見れば，変化は1960年代以前から始まっていると
考えられる。例えば，1950年代の米BA市場において，外国銀行 Agency の
BA引受残高が急増したのに，カナダ系銀行の引受残高がカナダ・アメリカ間
の貿易規模に比して著しく少なく，その理由として，「貿易取引のほとんどが
open account によって行われており，ユーザンス・ビルの利用されることが
非常に少ない」点が指摘されている。『ニューヨーク・アクセプタンス・マー
ケット』東京銀行調査資料第26号，82ページ。戦前からのアメリカ・カナダ間
の相互直接投資が背景にある。

22)　1968年の西ドイツの輸出額は995.51億マルク。ポンドについては西ドイツ
の対英輸出額40.28億マルク，その内80％がマルク建て，残り20％が輸入国通
貨建て，すなわちポンド建てとして計算すると，イギリスへのポンド建て輸出
額は8.05億マルク，そこから輸出全体に占める割合は0.8％となる。フランス
・フランやドル建て輸出及び輸入についても同様の計算をしている。数字は日
本銀行『外国経済統計月報』1970年，100～101ページ，104ページを使用した。

23) 日本銀行『外国経済統計年報』1970年，105ページ。

24) 基軸国の通貨を為替媒介通貨として周辺国の為替銀行が為替持高・資金操作を行う詳細については，徳永正二郎『現代外国為替論』有斐閣，1982年，特に第3章「取引通貨と為替媒介通貨」を参照されたい。

25) 西ドイツの場合，輸出は圧倒的にマルク建てが多いわけだから，例えばフランスへの輸出はマルク建てとなり，フランス・フラン建ては非常に小さいと考えている。それに対して，輸入のマルク建て比率が低いことを考慮すると，フランスからの輸入にはマルクよりもフランス・フランが選好されると見ていいだろう。それゆえ，西ドイツの対フランス貿易が黒字であったとしても，フランス・フラン建てに関しては，輸入＞輸出となるから，西ドイツの為替銀行はフランス・フランの売持ち状態にあるとするのが現実的な想定であろう。

26) アインチィヒはロンドン外国為替市場の優位性を，「たとえパリ市場におけるドル相場の仲値がロンドン市場におけるドル－フランのクロス・レートと同じであっても，通常パリの銀行にとって，パリまたはニューヨークよりも，むしろロンドンで多額のフラン取引を消化するほうが有利である。この理由は，ロンドンがドルとフランの双方にとって大きな市場であり，パリ市場あるいはニューヨーク市場におけるよりも，きわめて容易に出合がとれ，また追加的売買も消化できるからである」と描写している。Einzig, P., *A Textbook on Foreign Exchange*, second ed., Macmillan, 1969, p. 69, 東京銀行調査部訳『外国為替入門』ダイヤモンド社，1967年，80～81ページ。

終　章　ドルのオーバー・ストレッチ

第1節　IMF 体制の変質

1　介入システムの肥大化

　IMF協定は，加盟国の通貨当局が外国為替市場に介入して自国通貨の対ド
ル相場を平価の上下各1％以内に抑制する一方，アメリカはそうした通貨当局
の保有するドル残高に金交換性を保証することで，固定相場制が維持されると
想定していた。アメリカは国際金為替本位制における金地金本位制を採ってい
る国に擬せられる。本来の金地金本位制といえないのは，金交換性が保証され
ているのは通貨当局であって民間の為替銀行ではないからである。IMF 協定
上の金交換性は，最終的な金決済が通貨当局──一方の当事者はアメリカ，も
う一方の当事者はアメリカ以外の加盟国──間でのみ行われることを表明した
ものであり，国家の国際決済への介入を反映した国際決済システムである。
　想定されていた国際決済システムが，実際に，言葉通りの意味で動き出す条
件が整ったのは，戦後十数年が経った1960年代に入ってからである。西ヨー
ロッパ諸国でさえも通貨交換性を回復する1958年まで戦後一貫して為替管理を
続け，1960年代に入ってからの1961年2月にようやく IMF 協定14条国から
8条国への移行を果たした。対ドル差別の撤廃と並んで，決定的に重要だった
のは各国が介入通貨をドルに限定する決定であった。介入通貨のドルへの一元
化措置によって，各国は金以外の外貨準備としてドルだけを保有することにな
り，想定通りの公的決済の制度的枠組みが整ったからである。
　まず，公的決済の仕組みが持つ意義から見ていこう。アメリカ以外の加盟国
は，IMF 協定上の固定相場制を維持するために外国為替市場への介入を選択

したわけだから，介入のための準備金としてドル準備を保有しておく必要がある。介入準備金は機能的に2つの部分に分かれる。第1の部分は，中央銀行が日々外国為替市場への介入に使用する運転残高であって，通常はニューヨーク所在の市中銀行の当座預金の形態で保有されている。第2の部分は，運転残高を超えて保有され，運転残高が不足した場合の補充に充てられる。余剰という意味では純然たる当該国の富としての準備であり，実際に金交換に向かうのもこの部分である。

ドル準備の使い方には当面2つの選択枝がある。1つはアメリカに対して金交換を請求して，金決済を実行することである。もう1つは金決済を見合わせ，その間利子を取得するため投資することである。投資といっても，利潤動機に基づく私的機関ではないので，安全性を第1の投資基準にして，通常はアメリカの TB (Treasury Bill) や BA 等の流動性が高く信用リスクの小さい短期の金融資産に投資されている。余剰のドル準備が増加すれば，より長期の TN (Treasury Note) や TB (Treasury Bond) に振り分けられ，より高い金利を取得する方向に向かう。だが，運転残高と違って，必ずしもドルで保有する必要はないから，ドル切下げの不安が生じれば，安全性あるいは資産価値の維持を使命とする限り，為替差損回避のためにより強い通貨建ての資産に乗り換えられる。準備通貨の多様化と指摘される事態である。

準備通貨がドルから他の通貨に乗り換えられても，乗換えはドルの持手を変えるだけで，ドル残高自体を減少させるわけではない点，注意が必要である。ある国の通貨当局が外国為替市場でドルを売って強い通貨を購入すれば，ドルを売られた国の通貨当局が，自国の外国為替市場でのドルの買支えを通じてドル準備を保有することになるからである[1]。介入通貨の多様化から生じる準備通貨の多様化でなければ，基本的に国際決済システムが変わることはない。ドル準備は，第1の部分であれ第2の部分であれ，また保有形態が何であれ，さらにどういう形で取得されたのか，例えば国際収支の黒字の結果としてのドルの買支えによってか借入れによってかに関係なく，すべてアメリカ財務省から金交換性を付与されている。したがって，ドルのまま保有することは，各国の通貨当局がアメリカに対して金交換請求を見合わせている，換言すればアメリカに対して対外貸付を行って金決済を繰り延べていることを意味している[2]。

ドルを外貨準備として保有し続けることは，国際的公信用によって金を代替している状態にほかならない。

公的決済が国際決済システムの上部構造とすれば，銀行間の決済は下部構造に当たる。為替銀行は，対外決済を日々行うなかで為替リスクを負い，外貨資金の過不足に直面する。過不足の調整は，インターバンク為替市場や国際金融市場を利用して行われる。為替相場の変動も調整の1つの方法であるが，固定相場制下では相場変動幅が対ドル平価の上下各1％に抑制されているので，市場メカニズムによる価格変動を通しての調整効果は大きくない。そうなると，市場を通しての価格調整が十分働かず，対外決済が円滑に行われなくなる。本来価格を変動させて需給を一致させるのが市場の機能だが，価格変動に制限があると需給は一致せず，超過需給はそのまま残らざるをえない。そこで，為替銀行は中央銀行を相手にして市場で残った超過需給を調整する。中央銀行による外国為替市場への介入操作がそれに当たる。論理的には，中央銀行の介入は，為替銀行がインターバンク為替市場や国際金融市場を利用してドル残高の過不足を調整した後の，最後の依り所という意味で最終的調整の意味を持つ。介入には，国際収支が黒字の場合のドル買介入と，赤字の場合のドル売介入の2つの操作がある。前者は，為替銀行が対外決済を行った後保有している運転残高を超える余分のドル資金を買い取ることであり，後者は不足する決済資金を為替銀行に供給することである[3]。

介入の意義を簡単にいえば，為替銀行が銀行間で調整してもなお残る最終尻を通貨当局が引き受けることで，為替銀行の対外決済を完結させることにある。対外決済の完結性が，銀行が国際決済を遂行するうえで，国際通貨の選択に際して金交換性が問題にならない理由である。それに対して，金本位制下では，国家が対外決済の外側に立っていたため，為替銀行が対外決済を完結させるには金現送が必要であった。だからこそ，国際通貨の選択には，民間銀行レベルでの金兌換や金の自由輸出入が重要な要因とならざるをえなかったわけである。

中央銀行が為替銀行の対外債権債務を肩代わりするために，対外決済は，国民経済の観点からは，ドル準備の増減，すなわち国際収支が黒字であればドル準備の積増し，赤字ならドル準備の取崩しという形を取る。国際決済のあり方が，国際収支の差額を金現送によって直接的に決済するという金本位制下での

ようないわばフロー型の決済から，信用による金の代替によってドル準備の増減という在庫調整（ストック）型の決済へと変化したのである。金交換はドル準備という在庫を調整する一手段となる[4]。したがって，金交換とアメリカの国際収支状況との関連性は希薄になり，極端な場合にはアメリカの国際収支が黒字であってもアメリカからの金流出は起こりうるし，まったく逆の場合もありうる。在庫調整手段としての金交換は，国際収支節度を遵守するという基軸通貨国の責任を曖昧なものにしよう。

　国際収支の黒字と赤字が繰り返され，また同額であれば，結果的にドル準備の増減を通して対外債権と債務は相殺され，通貨当局間でも金は一切登場しない。相殺によって金が節約されたのである。金の流出入，とりわけ国際収支の赤字国からの流出に伴う強圧的な国内デフレ政策や為替切下げ競争を惹起するような安易な平価切下げという対外調整を，公信用の発展によってより緩やかな調整に置き換えられる。IMF の赤字国への資金供与の目的もそこにある。他方で，金の節約を最大限に推し進め，金の上に信用を積み重ねれば積み重ねるほど，システム全体が円滑に機能するかどうかは，最後に金が登場する一点に掛かってこよう。金売買の唯一の当事者であるアメリカの金・ドル交換性の維持がそれである。「金はブレトン・ウッズ体制の弱点」[5] という評価もこの点に関わっている。

　IMF 体制下において国際流動性は基軸通貨国アメリカの国際収支の赤字によって供給され，介入という還流機構を通じてとりわけ先進国のドル準備として吸収された。しかし，ドル準備が運転残高を超えて余りにも過剰になれば，利子を得るために投資をするよりも，金交換に向かう誘引の方が強くなる。そうなれば，金・ドル交換性の維持に対する不安となり，ドル危機を引き起こす。ドル危機は，IMF 体制の枠組みが整い，制度としてようやく機能し始める1960年に，ロンドン自由金市場での金価格の暴騰となって現れた。

　第1表によると，1960年のアメリカの対外短期債務は総額186.9億ドルにのぼり，1948年が58.5億ドルであったから，12年間でほぼ130億ドル増加している。そのうち通貨当局に対するものは，同期間に29.2億ドルから110.9億ドルへと約80億ドルの増加を示し，全体の2/3を占めている。一方，金準備は戦時中及び戦後直後の復興期に世界からほぼ100億ドルの金を吸収して，1948年に

終章　ドルのオーバー・ストレッチ　　219

第1表　アメリカの金準備及び対外短期債務残高の推移

(単位：億ドル)

内訳	1948年	1949年	1950年	1951年	1952年	1953年	1954年	1955年	1956年	1957年	1958年	1959年	1960年
対通貨当局	29.2	30.7	40.8	41.3	53.7	56.7	67.7	69.5	80.4	79.2	86.6	91.5	110.9
対商業銀行	29.4	28.9	16.4	20.1	19.2	25.7	25.7	29.8	34.1	34.7	35.2	46.8	49.0
対その他			14.0	15.2	16.8	17.8	18.1	17.9	20.3	22.5	24.3	24.0	139.9
総額	58.5	59.6	71.2	76.6	89.6	100.2	111.5	117.2	134.9	136.4	146.1	162.3	186.9
金準備	244.0	245.6	228.2	228.7	232.5	220.9	217.9	217.5	220.6	228.6	205.8	195.1	178.0
世界の金準備	326.0	330.5	338.3	339.4	339.4	343.8	349.9	354.6	361.0	373.8	380.9	378.7	380.3

(出所)　IMF, *International Financial Statistics,* 各号より作成。

は244億ドルに達した。アメリカは世界の金準備の74％を独占していたのである。だが，金準備はそこから66億ドル減少して，1960年には178億ドルになった。アメリカから巨額の金が流出した結果，1948年には金準備が対外短期債務総額の4倍を超えていたのに，1960年には金準備が対外短期債務総額を下回るという事態の逆転を招いてしまった。1960年の金準備は通貨当局に対する債務額110,9億ドルよりも66億ドル多かったとはいえ，アメリカの対外ポジションの悪化が，金・ドル交換性の維持に懸念を生じさせたのである。

1960年の金投機は，当時のケネディ大統領が金交換維持声明を含むドル防衛策を発表したことで一旦は鎮まった。1960年代におけるアメリカの経常収支は，貿易収支の大幅な黒字に支えられて，一貫して黒字を計上していた。経常収支の黒字の大きさは貿易収支の黒字の動きに合わせてほぼ毎年増加し，ピーク時の1964年には682億ドルに達した。だが，それ以降急速に減少して，1968，69年の両年はそれぞれ62億ドルと41億ドルにすぎなくなり，ピーク時の1/10以下に落ち込んでしまった[6]。とはいえ，ネットで見る限り，アメリカは純債権大国化の道を歩んでいた。他方，対外直接投資を中心とする民間資本流出が恒常的に経常収支の黒字を上回っていたため，基礎収支は1961年を唯一の例外として常に赤字に陥っていた。国際通貨信認の条件である基礎収支均衡は守られず[7]，対外ポジションの悪化がドル信認の土台を崩していったのである。そのうえ，基礎収支の赤字に短期資本の流出が加わり，総合収支の大幅な赤字は1960年代を通じて持続した。とりわけ1960年は308億ドル，67年は417億ドル，69年は507億ドルと巨額にのぼった[8]。「ドル垂れ流し」と評される所以である。そ

第2表 アメリカのネットの金取引

(単位：100万ドル)

	1960年	1961年	1962年	1963年	1964年	1965年	1966年	1967年	1968年	小計	1969年	1970年
西ヨーロッパ	-1,718	-754	-1,105	-399	-88	-1,299	-659	-980	-669	-7,671	969	-204
ベルギー	-141	-144	-63	—	-40	-83	—	—	-58	-529	—	—
フランス	-173	—	-456	-518	-405	-884	-601	—	600	-2,437	325	-129
西ドイツ	-34	-23	—	—	-225	—	—	—	—	-282	500	—
イタリア	—	100	—	—	200	-80	-60	-85	-209	-134	-76	—
スイス	-324	-125	102	—	-81	-50	-2	-30	-50	-560	-25	-50
イギリス	-550	-306	-387	329	618	150	80	-879	-835	-1,780	—	—
カナダ	—	—	190	—	—	—	200	150	50	590	—	—
ラテン・アメリカ	-100	-109	175	32	56	17	-41	9	-65	-26	-54	-131
アジア	-113	-101	-93	12	3	-24	-86	-44	-366	-812	42	-213
日 本	-15	—	—	—	—	—	-56	—	—	-71	—	-119
その他	-38	-6	-1	-36	-7	-16	-22	-166	-68	-360	-1	-81
世界計	-1,969	-970	-833	-392	-36	-1,322	-608	-1,031	-1,118	-8,279	957	-631

(注) ①—は売却額。1オンス=35ドルで計算。
②IMFとの取引を除く。

(出所) Federal Reserve Bulletin, Dec. 1966, Dec. 1971 より作成。

の結果，ドル危機は，あるときはゴールド・ラッシュとなって，また別のとき
はポンドの切下げ投機と絡みながら，ドイツ・マルクやスイス・フラン等の強
い通貨への切上げ投機として繰り返された。頻発するドル危機に対してアメリ
カ通貨当局がいかに対応したかについては，第3章で明らかにした通りである。
そこで注目されたのは，財務省と連邦準備の2大責任機関の協力体制のもとで，
直先両市場において外国為替市場に介入し，主として過剰ドル準備を吸収する
ために外貨証券（ローザ・ボンド）を発行するといった，IMF 創設時には
まったく考えられなかった新たな事態の展開であった。さらに，先進国の中央
銀行もニューヨーク連銀とのスワップ協定の形でドル防衛の一環として組み込
まれていった。先進国を中心とした国際通貨協力に基づくドル防衛の展開は，
金決済を代替する国際的公信用の伸張を促して，IMF 体制の変質をもたらし
たのである。

　一方，国際的公信用の伸張と並行して，金決済が実際に行われてきたのも事
実である。第2表によれば，1960年のゴールド・ラッシュから1968年の金の二
重価格制導入までの間，アメリカは世界に対してほぼ80億ドルの金を流出させ
ている。流出額の3/4に相当する60億ドルは，イギリスを除く西ヨーロッパ諸
国に対するものである。西ヨーロッパ諸国は一方でドル防衛に協力しながらも，
他方で毎年少しずつアメリカに対して金交換を請求してきたのである。

　なかでも注目されるのはフランスと西ドイツの動向であろう。フランスは
1962年から66年にかけて約29億ドルの金交換を実行している。当時のド・ゴー
ル大統領の金交換戦略の激しさを物語っている。だが，ド・ゴールの戦略は，
1968年の5月革命の勃発による激しいフランス・フランの逃避に見舞われて挫
折した。フランス当局は自国通貨の買支えのため，1968年と69年の2年間に
9.3億ドルの金をアメリカに売却する羽目に陥ったのである。金攻勢を仕掛け
たフランスと対照的なのが西ドイツである。恒常的に経常収支の黒字を計上し，
通貨危機のたびに大量のドル流入に見舞われたにもかかわらず，西ドイツが同
期間に金交換を実行したのはわずか3億ドル足らずである。西ドイツが西ヨー
ロッパ諸国のなかでもっともドル防衛に協力的，と評されたのも当然である。

　アメリカが IMF 協定に沿って外国の通貨当局の金交換請求に応じ，基軸通
貨国の責任の一端を果たしてきたのは確かである。1960年代の各国の金・外貨

第3表 主要国の金・外貨準備高の推移

（単位：億ドル）

	1960年	1961年	1962年	1963年	1964年	1965年	1966年	1967年	1968年	1969年
金										
アメリカ	178.0	169.5	160.6	156.0	154.7	140.7	132.4	120.7	108.9	118.6
イギリス	28.0	22.7	25.8	24.8	21.4	22.7	19.4	12.9	14.7	14.7
ヨーロッパ先進諸国	122.2	140.2	148.8	160.0	168.6	189.1	190.8	191.8	182.7	175.3
フランス	16.4	21.2	25.9	31.8	37.3	47.1	52.4	52.3	38.8	35.5
西ドイツ	29.7	36.6	36.8	38.4	42.5	44.1	42.9	42.3	45.4	40.8
日　本	2.5	2.9	2.9	2.9	3.0	3.3	3.3	3.4	3.6	4.1
全世界	380.7	388.9	392.7	402.3	408.9	419.3	409.1	395.1	389.4	391.3
外国為替										
アメリカ	—	1.2	1.0	2.1	4.3	7.8	13.2	23.5	35.3	27.8
イギリス	4.3	10.5	2.3	1.7	1.8	7.4	11.6	14.0	9.5	10.6
ヨーロッパ先進諸国	69.7	71.6	75.8	84.2	92.1	75.3	79.2	99.1	96.0	86.4
フランス	5.1	8.2	10.2	12.8	13.8	7.5	5.1	8.7	3.2	2.9
西ドイツ	37.5	28.6	27.6	32.6	27.2	19.4	24.8	28.7	38.9	27.5
カナダ	9.5	11.3	18.5	18.0	16.7	15.3	12.1	12.7	19.8	17.6
日　本	15.8	12.0	15.5	15.9	15.0	15.7	14.7	14.5	22.6	26.2
全世界	189.1	195.6	200.7	224.0	238.5	234.9	250.7	288.0	315.1	317.4

（注）①IMF リザーブ・ポジションを含まない。
②ヨーロッパ先進諸国にはオーストリア，デンマーク，オランダ，ノルウェー，スウェーデンが含まれている。
（出所）　IMF, *International Financial Statistics,* 各号より作成。

準備高の推移を表した第3表を見ると，ヨーロッパ先進国の外貨準備の増加額は，1960年から68年の間，金準備の増加額60億ドルをかなり下回る25億ドル余りにとどまっている。金決済が行われたからである。同表で興味深いのは，西ドイツとわが国の対照的な動きである。西ドイツは，前表を見ると1960年から68年にかけて，3億ドル足らずの金しかアメリカから引き出していない。西ドイツがドル防衛にもっとも積極的に協力した国という評価を受けるのも肯ける。ところが，第3表によると，西ドイツの金準備は同期間に合計15億ドル着実に増加して，1968年の金準備高は約45億ドルに達する。西ドイツはアメリカに次ぐ世界第2の金保有国にのし上がっているのである。他方，わが国の金準備はその間わずか1億ドル増加しただけで，1968年の金準備高も西ドイツの1/10以下の3.6億ドルにすぎない。同じ敗戦国の立場に置かれ，同じくドル防衛に進

終 章 ドルのオーバー・ストレッチ　　223

第4表　アメリカの金準備及び対外短期債務残高の推移　(単位：億ドル)

内訳	1960年	1961年	1962年	1963年	1964年	1965年	1966年	1967年	1968年	1969年
対通貨当局	110.9	118.3	127.1	143.5	154.2	153.7	136.6	156.5	124.8	119.9
西ヨーロッパ	83.3	95.6	92.7	84.4	92.2	86.1	74.9	98.7	70.0	58.6
ラテン・アメリカ	12.3	12.0	12.0	10.6	12.4	15.0	11.3	11.3	13.5	16.8
アジア	29.9	28.4	32.9	27.3	30.2	33.0	33.4	31.4	31.2	31.9
対民間	76.0	83.6	83.6	92.0	110.6	114.8	142.1	157.6	193.8	282.4
銀　行	47.0	53.8	52.5	57.1	72.2	73.6	98.6	110.1	143.0	234.4
総　額	186.9	201.9	210.7	235.5	264.8	268.5	278.7	314.1	318.6	402.3
金準備	178.0	169.5	160.6	156.0	154.7	140.7	132.4	120.7	108.9	118.6
世界の金準備	380.3	388.7	392.8	402.2	408.5	418.6	409.1	395.1	389.4	391.3

(出所)　IMF, *International Financial Statistics*, 各号より作成。

んで協力したと評される，両国のスタンスの大きな違いに驚かされる。とはい
え，これらの事実をもって，IMF協定の想定通りに事態が進行した，と即断
はできない。

2　銀行レベルでのドルのオーバー・ストレッチ

アメリカの対外短期債務残高は，第4表が示すように，1960年の186.9億ド
ルから69年には402.3億ドルに達し，1960年代に2倍以上に増大した。対通貨
当局債務は，ピーク時の1967年には156.5億ドルと1960年代初めの約1.5倍に拡
大したものの，次の2年間で大きく減少して元の水準に戻っている。とりわけ
西ヨーロッパ諸国の場合は大幅に削減された結果，1969年の総額は1960年のそ
れを15億ドルも下回る。それに対して，対銀行債務は同期間に47億ドルから23
4.4億ドルとほぼ5倍に膨張している。各国の銀行が巨額のドル残高を保有す
るようになったのである。1958年に西ヨーロッパ諸国が通貨交換性を回復して
対ドル差別を撤廃したように，1960年代に入って各国もドル使用の制限を緩和
し，取引通貨としてドルを自由に使える政策を採用したことが大きな理由であ
る。特に銀行は対外決済を遂行する際に，ドルを軸にして為替持高・資金調整
を行った。為替操作のドルへの集中は，ドルの対外決済規模を大きくして，そ
れだけ運転残高として必要な銀行のドル保有額を増大させた。だが，銀行のド
ル残高の膨張を，単に運転残高としての当座預金残高の増加だけで説明するに
は無理がある。むしろ，膨張の最大の要因は，銀行が運転残高をはるかに超え

てドルを保有し，運用していることにある。銀行レベルでのドルのオーバー・ストレッチと捉えられよう。

ドルのオーバー・ストレッチ現象が生じたのは，取りも直さず銀行が運転残高やその補充に充てる部分を超える余剰のドル資金を中央銀行に売却しなかったからである。つまり，銀行は対外決済の最終尻を常に中央銀行を相手に行っていたわけではなく，限界部分だけを中央銀行に持ち込み，調整の大半をインターバンク市場で行っていたのである。それが可能だったのは，ユーロダラー市場の発展に負うところが大きい。ユーロカレンシー市場はグロスで1964年の200億ドルから1969年には4倍以上の850億ドルへと急膨脹した。ユーロカレンシー市場の80％以上をユーロダラーが占めるとも指摘されている。また，ユーロカレンシー市場はネットでも同期間に140億ドルから500億ドルへと3.6倍の成長を見せている[9]。ユーロダラー市場は，銀行の為替資金操作にとってドルの過不足調整市場として機能しただけでなく，先物為替の代替手段を提供することで為替持高操作とも深く関わり合っていた[10]。ユーロダラー市場の重要性は，個別銀行に与えるインパクトだけでなく，国際決済システム全体に及ぼす影響の大きさにある。

国際決済システムにおいて国際通貨が果たす重要な機能は，世界的な規模での集中決済を可能にする点にある。国際通貨の機能のなかでも，第3国間貿易決済通貨と為替媒介通貨が重視されるのは，各国の対外決済を1点に集中するメカニズムを提供するからにほかならない[11]。ドルの第3国間貿易決済通貨としての機能こそが，わが国の貿易取引通貨のドルへの一元化をもたらした決定的な要因だったのである。

そこで，第3国間貿易決済通貨の持つ集中メカニズムを明らかにするために，わが国のアジア諸国への BA を利用したドル建て輸出の場合を取り上げよう。わが国の輸出業者は，引受信用を供与する米銀宛にドル建て期限付手形を振り出し，銀行に買い取ってもらう。手形買取りによって，輸出業者のドル債権は銀行に肩代わりされる。ポイントは，手形形態での対外債権が誰に対するものなのかである。輸出業者が振り出す手形の名宛人は米銀であったから，銀行は当然米銀に対してドル債権を保有する。他方，輸入側のアジア諸国は米銀に対してドル債務を負う。つまり，わが国とアジア諸国の輸出入業者間の債権債務

関係は，ドル建て為替手形を媒介にして，わが国の対米債権とアジア諸国の対米債務に振り替えられる。そして，対米債権債務は，わが国やアジア諸国の銀行が米銀に開設している当座預金勘定の振替で決済される。２国間の対外債権債務を対米債権と債務に振り替え，アメリカの銀行制度という１点に集中して振替決済を可能にするのが，第３国間貿易決済通貨の持つ集中メカニズムである。その基礎にあるのは，米銀の引受信用とBA市場の再割引機能による貿易金融＝短期信用供与である。

　為替媒介通貨が典型的に検出されたのは，対称的な貿易通貨構成が見られる西ヨーロッパ諸国間の貿易においてである。例えば，フランスがマルク建てで西ドイツから輸入すると，フランスの銀行はマルクの売持ちとなるから，為替媒介通貨を前提にすると，最初にドル売マルク買を行い，次にフランス・フラン売ドル買によってマルクの売持ちをカバーする。最初のドル売マルク買は，マルクの売持ちをドルの売持ちに転化する操作である。この操作を対外決済の視点から見ると，フランスの銀行はマルクを買うことでマルク建ての輸入決済を完了させる一方，ドルを売ることでマルク債務をドル債務に切り換えたのである。続くフランス・フラン売ドル買によって最初の操作で負ったドル債務を決済する。為替媒介通貨の集中メカニズムは，各国通貨建ての為替持高をドルに転化したうえで，アメリカの銀行制度内で振替決済する点にある。

　注意を要するのは，マルク債務がドル債務に切り換えられても，ドル債務が必ずしも対米債務になるとは限らない点である。ドル売の相手銀行が米銀を含むアメリカ所在銀行とは限らないからである。もし，イギリスの銀行であればドル債務であっても対英債務となる。為替媒介通貨の場合債務を表示する通貨と国が必ずしも一致しない点が，第３国間貿易決済通貨の集中メカニズムとの相違である。国際通貨の両機能の間で債務の相違が現れるのは，集中の働くレベルが，第３国間貿易決済通貨の場合は特定２国間の輸出入者レベルであるのに対して，為替媒介通貨の場合はボーダレスな横の広がりを持つインターバンクの外国為替市場レベルだからである。

　では，ユーロダラーを利用した場合，集中決済メカニズムはどのように働くのだろうか。先ほどのフランスが西ドイツからマルク建てで輸入した場合を取り上げると，フランスの銀行はまずユーロダラーを取り入れて，それを外国為

替市場で売却してマルクを調達する。次に，調達したマルクを輸入業者に貸し付ける。輸入業者が借り入れたマルクを西ドイツの輸出業者に支払えば，輸入決済は完了する。つまり，ユーロダラーを媒介にして，フランスの輸入業者の西ドイツに対するマルク債務がインターバンクのドル債務に切り換えられたのである。金融市場レベルでの債務の切換えがユーロダラーの持つ集中メカニズムである。ユーロダラーの場合も，ドル債務が対米債務になるとは限らない。

　要するに，為替媒介通貨の場合はドルの売手が，ユーロダラーの場合はドルの出手がどの国の居住者かによって，ドル債務（切り換えられた債務の表示通貨）と対米債務（表示通貨の発行国）が一致するとは限らない。もちろん，ドルの売手やユーロダラーの出手が米銀であれば両者は一致するし，そうでなくてもドルを米銀からの借入れで調達したのであれば，結果的には米銀から短期信用が引き出されている。

　ここで，米銀や対米債務にこだわっているのは，アメリカの国際収支との関連を問題にしたいからである。インターバンク為替市場でのドルの売手やユーロダラーの出手が，ドルが自国通貨である米銀であるのは当然のこととしても，銀行部門でのドルのオーバー・ストレッチの広がりを考えると，アメリカ以外の国の銀行であっても誤りではない。実際，1960年代のユーロダラーの主たる出手は EEC 諸国の銀行である。外貨であるドルを豊富に保有し運用できる銀行とは，結局は国際収支が黒字国の銀行であろう。視野を少し広げると，為替媒介通貨やユーロダラーは，集中メカニズムを通して，国際収支の黒字国から赤字国へのドルの流れを仲介しているといえよう。黒字国の銀行にとっては余分なドルの運用であり，赤字国の銀行にとっては国際収支の赤字のファイナンスである。いまや，銀行部門にいつでも自由に使える膨大なドルがストックされ，グローバルな規模でドルを銀行間で相互に融通し合っているのである。各国の対外決済・調整は，米銀の追加的な短期信用供与に依存しないで，それゆえアメリカの国際収支の状況に関係なく，行えるようになったのである[12]。

　銀行レベルでのドルのオーバー・ストレッチを追認した要因として，各国政府が外貨準備の増加を抑制するために，過剰ドルを銀行に保有するように誘導した点も看過できない。政府が誘導策を実施した理由としては，第1に外貨準備の増加が自国通貨の切上げ圧力の指標となっていたこと，第2に過剰ドルを

銀行から買い取れば，国内のマネー・サプライが膨張してインフレ圧力が高まること，第3に大量のドルが売られればドル下落から自国通貨の切上げを余儀なくされかねないこと，が挙げられる。いかに大量のドルであってもドルのまま運用されれば為替相場に対して中立であり，自国通貨を切り上げなくても固定相場制は維持できる。さらに，ドルが売られなければ，ドル準備は増加しないから金交換を回避できる。その意味では，銀行部門のドルのオーバー・ストレッチはドル防衛の一助となっているのである。公的ドル残高の増加が銀行のそれを下回り，ドル残高全体に占める比率も毎年低下しているのも，そのような事情を反映している。

　国際的公信用は，ドル準備の累積の形以外にも，国際通貨協力という新たな形態で一層の伸張が図られた。アメリカ自身によるドル防衛は，1961年のマルク切上げ投機に対抗するために，財務省が外国為替市場に介入して先物マルクを売ることから始まった。それまで為替相場の安定に対して受動的姿勢を貫いていたアメリカが以後積極的な行動に転じ，ドル防衛はニューヨーク連銀の各国中央銀行とのスワップ網の形成から財務省による外貨証券の発行へと発展していった。詳細は第3章で明らかにした通りである。

　ここで注目したいのは，「連銀スワップ網その他の中央銀行間協力が，ブレトン・ウッズ体制の機能をすでに変化させていた」[13]点である。第1に，ドル防衛のための国際通貨協力は，ニューヨーク連銀のスワップ操作に見られるように，IMF協定の枠外での中央銀行信用の膨張に支えられ，それがIMFの役割を低下させた。基軸通貨国アメリカが外国為替市場に介入すること自体予想だにできなかった新たな事態の出現である。IMFの創設時には，アメリカが国際収支の赤字に陥ることなど予期していなかったため，アメリカが外国為替市場への介入資金をIMFから借り入れようにも，引き出せる外貨は非常に少ない。ドル危機に対応するにはIMFは余りに無力であったのも無理はない。GABが要請されるのも当然のことである。だが，そのこと自体IMF体制の変質を如実に物語っているといえよう。

　第2に，スワップ協定の発動や外貨証券の発行は，過剰ドル準備を吸収して各国の金交換請求を回避するために，金決済を信用によって代替しようとするものである。そのような操作が大規模に行われれば，信用による金の代替は一

段と進行することになる。

　かくして，1960年代において，公的ドル準備の累積，銀行が保有し運用する
ドル残高の膨張，最後に信用による金の代替，といった IMF 協定から逸脱す
る新たな事態が展開した。金決済は国際決済システムの後景に退いた結果，一
方では基軸通貨国のもう１つの責任であるアメリカの国際収支節度を失わせ，
他方ではドルのオーバー・ストレッチを追認して，IMF 体制の変質を引き起
こしたのである。金・ドル交換が維持されて曲がりなりにも金決済が行われた
という事実も軽視できないが，信用の発展によって金決済が回避されてきたと
いう事実の方が，1960年代の IMF 体制を特徴付けるうえで重みがあるといえ
よう。

第 2 節　変動相場制下でのドルのオーバー・ストレッチ

1　為替取引の膨張

　1971年 8 月15日，ニクソン大統領は金・ドル交換性を停止し，金の二重価格
制の導入によって事実上は崩れていた IMF 体制に公式に終止符を打った。そ
の年の12月，スミソニアンでの多角的通貨調整の合意によって成立したスミソ
ニアン体制も 1 年余りしかもたず，1973年先進諸国は全面的に変動相場制に移
行した。当時は余儀なく取られた一時的措置と考えられていたとしても，固定
相場制への復帰の目途も立たないまま，今日まで四半世紀以上が経過した。い
まや，変動相場制は「ノン・システム」といい表せないほどの歴史の重みを持
つようになってきている。

　IMF 体制下の国際決済は，国家の介入による上部構造としての通貨当局間
の公的決済システムと，下部構造としての銀行間の私的決済システムの二重構
造から成り立っている。公的決済システムの支柱は，アメリカの金・ドル交換
性とその他諸国の外国為替市場へのドル介入だったから，金・ドル交換性の停
止によって公的決済システムが崩壊したのは当然であり，その点で「ノン・シ
ステム」といえるかもしれない。だが，金・ドル交換性の停止は，下部構造と
しての銀行間の決済システムの崩壊を意味するわけではない。固定相場制であ
れ変動相場制であれ，対外決済が銀行間の決済システムを通じて行われる制度

的仕組みはなんら変わるものではない。変化したのはそのあり方である。

IMF 体制下では，各国の通貨当局は，為替相場の変動を協定上の範囲内に抑制する義務を負っている。それゆえ，為替相場は変動の狭い限度内でしか調整機能を果たせない。公的決済システムの意義は，相場変動の持つ調整機能を犠牲にする代わりに，通貨当局が対外決済の最終尻を全面的に引き受けることで，銀行間決済の自国内での完結性を保証する点にある。そのように捉えると，変動相場制への移行は，相場変動による調整機能を最大限に発揮させる代わりに，通貨当局が対外決済の最終尻を引き受けなくなったことを意味する。したがって，銀行は対外決済を全面的に担うと同時に，相場変動の拡大に伴う為替リスクをも一手に引き受けることを余儀なくされた。さらに，銀行間決済の完結性が自国内で保証されなくなったのだから，対外決済の最終尻は次の市場へ，次の市場へと転嫁され，結局時差とともに24時間たらい回しにされて，グローバルな規模でなし崩し的に調整される。為替リスクの回避も同様である。その結果，銀行が対外決済を円滑に行うには24時間ディーリングが必要になり，海外市場への進出が不可欠となる。規制緩和や自由化が要求される根拠もそこにある。強調したいのは，変動相場制下で銀行間だけでたとえなし崩し的であっても，なぜ銀行が対外決済を支障なく遂行できたのか，という点である。それは，通貨当局に依存しなくても，銀行が自由に利用できる膨大なドル資金が存在したからである。言い換えれば，IMF 体制下ですでに生じていた銀行レベルでのドルのオーバー・ストレッチが，変動相場制への移行を可能にしたのである。

公的決済システムが崩壊し，中央銀行による外国為替市場への介入が制度上もはや義務ではなくなったにもかかわらず，変動相場制において市場介入は固定相場制下よりもはるかに大規模に行われた。その結果，公的レベルでのドルのオーバー・ストレッチは，一方で準備通貨の多様化を引き起こしながらも，固定相場制下を上回る速度で進行した。中央銀行がこれほどまでに大規模な介入を余儀なくされたのは，もちろん為替相場が短期的な乱高下を繰り返しつつ，ドルが趨勢的に下落していったからである。ドルの価値はこの20数年間で約1/3に低下し，暴落といっても過言ではない。

為替相場の激しい変動は，一方で為替投機の盛行を招き，他方では為替リス

第1図 世界の為替取引額（直物と先物取引の1日平均額） (単位：10億ドル)

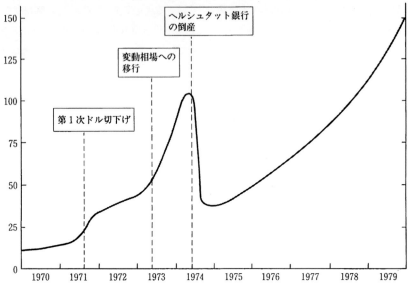

(出所) Giddy, I. H., "Measuring the World Foreign Exchange Market", *Columbia Journal of World Business*, Winter 1979, p. 38.

クの拡大からヘッジ取引の急増をもたらし，為替取引量を飛躍的に増大させた。為替取引量の膨張は，変動相場制下で銀行レベルでのドルのオーバー・ストレッチが一層拡大していることを示している。だが，見落としてはならないのは，ドルのオーバー・ストレッチの拡大は，表面的には「ドル本位制」の進展を表すかのような様相を呈するが，その下でドルの衰退は確実に進んでいる点である。本節では，外国為替市場の構造変化に焦点を絞って，ドル衰退の進行状況を明らかにしよう。

　世界の為替取引量は，第1図のように，1971年8月の金・ドル交換性停止以降急増し，1973年の変動相場制への移行による膨張を経て，1974年のヘルシュタット銀行とフランクリン・ナショナル銀行の倒産によって1/3にまで激減した。だが，同年末には回復に向かい，以後膨張傾向が続いている。ニューヨーク外国為替市場も例外ではなく，1日の取引高は1977年4月の50億ドルから80年3月の234億ドル，83年4月には335億ドルに達している[14]。P. レヴィは，ニューヨーク外国為替市場の膨張の原因として次の3点を挙げている[15]。第1

は，輸出入/GNP 比率の上昇や主要センター間の資本移動の激化に現れているように，アメリカ経済の国際化が一層増大したことである。第2は，為替取引業務におけるイノベイションが進んだことである。米銀間でのダイレクト・ディーリングの増大，アメリカの外国為替ブローカーが国際的仲介に乗り出していったこと，ヨーロッパ・タームの導入によってポンド以外の通貨が邦貨建てから外貨建てに変わり，西ヨーロッパ大陸諸国の通貨や円の取引を増大させる一契機となった。第3は，為替相場の大幅な変動に伴う為替リスクの増大が，企業や銀行の行動を変化させたことである。

米系多国籍企業は，固定相場制の下では海外子会社や支店に，現金・為替取引の管理権限をかなりの程度与えていた。変動相場制への移行後，それらの管理権限をニューヨーク本社に集中し，本社が国際財務管理の一環として行うようになった。企業行動の変化によってヘッジング慣行が全般的に採用され，為替取引の海外市場からニューヨーク市場へのシフトがもたらされたわけである。

米銀はオープン・ポジションの期間を週単位から時間単位，さらには分単位へと著しく短縮させた。オープン・ポジションの短縮化はインターバンク取引，とりわけ直物取引の急膨張となって現れた。また，米銀は為替業務を商業銀行業務に付随する部門としてではなく，収益部門として位置づけるようになってきた。例えば，主要米銀の外国為替収益が営業純利益に占める割合は，バンカーズ・トラストの20.0％を筆頭に，チェイス銀行が18.9％，J. P. モルガンが15.2％，シティ・コープでも12.7％に達している[16]。オープン・ポジションの短縮化と為替部門の位置づけの変化によって，米銀はますます為替投機による短期的な収益を追求するようになってきている。

世界の主要銀行もニューヨーク外国為替市場に積極的に参入し，ニューヨーク所在の外国銀行事務所は，1976年の139カ所から79年には48カ国234カ所に増加した[17]。特に西ヨーロッパ大陸諸国や日本の銀行は自国通貨取引を拡大して，ニューヨーク外国為替市場でのこれらの通貨取引の膨張に大きく寄与した。例えば，円対ドル取引について見ると，1983年4月には東京市場のインターバンク取引と対顧客取引の合計額は2,290億ドルであった。それに対して，ニューヨーク市場は1,140億ドルと東京市場の半分にまでに達している[18]。ニューヨーク外国為替市場はいまや東京外国為替市場に次ぐ第2の市場である。

232　　終　章　ドルのオーバー・ストレッチ

第5表　ニューヨーク外国為替市場の取引通貨構成

(単位：%)

	1977年4月44行対象	1980年3月90行対象	1983年4月119行対象
マルク	27.3	31.8	32.5
カナダ・ドル	19.2	12.2	7.5
ポンド	17.0	22.8	16.6
スイス・フラン	13.8	10.1	12.2
フランス・フラン	6.3	6.9	4.4
ギルダー	5.7	1.9	1.6
円	5.3	10.2	22.0
ベルギー・フラン	1.5	1.0	0.4
リラ	1.0	0.9	0.8
その他	2.9	2.2	2.1

(出所)　1977年, 1980年については, Kubarych R. M., *Foreign Exchange Markets in the United States,* Federal Reserve Bank of New York, revised ed., 1983, p. 21. 1983年については, Walmsley J., "The New York Foreign Exchange Market", *The Bankers Magazine,* Jan.-Feb., 1984, p. 69.

2　ドル為替市場の multi-way street 構造

　ニューヨーク外国為替市場において, マルク, スイス・フラン, フランス・フラン, 円の取引量が膨張したことによって, これら通貨もポンドやカナダ・ドルとともに当該通貨国の外国為替市場との間で two-way street の市場構造を形成するようになった。ニューヨーク外国為替市場を起点とする two-way street 網が著しく拡張して, いまやニューヨーク外国為替市場は世界の外国為替市場の中心に位置するようになったのである。

　第5表はニューヨーク外国為替市場における取引通貨の内訳を示したものである。同表には, 各通貨の世界の外国為替市場における地位の変化が色濃く反映されている。ポンドは1977年から83年にかけてその地位を維持している。特に1977年から80年にかけてポンドのシェアが高くなったのは, 1979年にイギリスがサッチャー政権のもとで為替管理を廃止したからである。しかしながら, 1966年のシェアが半分以上を占めていたことを考えると, ポンドは為替媒介通貨としての地位から凋落して, いまでは基軸通貨ドルとは質的に大きく異なり, マルクや円等と同等の一国際通貨にすぎなくなった。1972年にイギリスが変動相場制に移行したのを契機に, スターリング地域が決定的に解体してしまったことが最大の原因である。スターリング地域は準備通貨をポンドからドルに転換し, 対ドル取引の増大によって対ドル相場が基準相場となるに至っている。

終 章 ドルのオーバー・ストレッチ　　　233

南アフリカ，マレーシア，シンガポール，香港等の諸国がポンド・リンクからドル・リンクに政策転換をしたのは，ポンドの凋落を象徴する出来事である[19]。このことは，スターリング地域諸国もニューヨーク外国為替市場との間に，one-way street の市場構造を形成するようになったことを示すものである。とりわけ大きな変化を見せているのがカナダ・ドルと円である。カナダ・ドルは1977年の19.2％から83年には4.5％にまで落ち，逆に円は5.3％から22.0％へとシェアを4倍に伸ばしている。マルクはシェアを確実に増加させ，ニューヨーク外国為替市場における第1位通貨の地位を維持している。これはマルクが世界の外国為替市場においてドルに次ぐ通貨であることの反映である。例えば，為替取引は2通貨の交換なので取引全体を200％とすると，ドルは99％，次いでマルクが40％を占めている[20]。

　マルクの地位の高さは，西ドイツの貿易が世界貿易に占める割合が大きいことに加えて，自国通貨建て比率がきわめて高いことから取引相手国側にマルクの為替取引を生じさせていることによる。マルクの為替取引といってもドル対価のマルク取引である。ドル以外の通貨は相互に直接交換されるのではなく，ドルを介して交換されるのであって，マルクとて例外ではないからである。例えば，マルクをポンドに換えるときには，はじめにマルク対ドル取引を行い，次いでドル対ポンド取引をしなければならない。最初にドルで行われた為替取引の割合が，パリは60％と低いけれども，ロンドン，フランクフルト，チューリヒの各市場では90％以上となっているのは，このことを示している[21]。西ドイツがイギリスにマルク建てで輸出すれば，ロンドン外国為替市場でマルク対ドルのクロス取引が生じる。ポンド建てで輸入すれば，今度はフランクフルト市場でポンド対ドルのクロス取引が発生する。

　ドル対価のマルク，円，ポンド等のクロス取引が各国市場で行われることは，ドル取引がそれだけ取引相手通貨においても，取引される市場においても拡張していくことである。ドル為替市場はニューヨーク外国為替市場を起点にしてフランクフルト，東京，ロンドン等に向けて two-way street が放射状に走り，それら市場間を対ドル・クロス取引によって網の目のように結ばれる構造，いわば multi-way street の構造となっている（第2図参照）。ニューヨーク外国為替市場は世界の multi-way street の中心に位置しているわけである。世

第2図 外国為替市場の multi-way street 構造

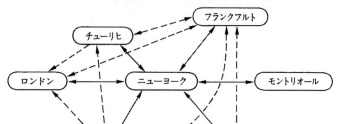

（注）⟵⟶two-way street, ⟵--⟶対ドル・クロス取引。

界の外国為替市場は東京，シンガポール，香港，さらにロスアンジェルス，シドニーの台頭によって24時間市場となり，ますます地球的規模で1つに統合されつつあるといわれる。それは，multi-way street の構造を有するドル為替市場としての統合であり，「ドル本位制」の外国為替面での現れにほかならない。

　ドルを中心とする multi-way street 構造としての世界の外国為替市場の統合を，次にドル取引の相手通貨側から見てみよう。一例として円を取り上げよう。既述のように，円対ドル取引は，東京外国為替市場とニューヨーク外国為替市場間で two-way street の市場構造を形成している。two-way street の基盤は，両市場において円がドルと直接交換されることにある。円が直接交換されるのはドルだけであって，他の通貨はドルを媒介としてしか交換されない。ドルを媒介にした間接交換はニューヨーク以外の海外の外国為替市場の構造を見るときにきわめて重要になってくる。というのは，諸国の外国為替市場で円が取引される場合，取引は円対ドルのクロス取引として行われることを示しているからである。それゆえ，アメリカ以外の国では，円為替市場は当該国通貨と円の直接交換市場としてではなく，ドルを対価とする間接的市場として形成されるわけである。

　円為替市場は，ドルとの関係において，ドルに媒介されながら，two-way street から multi-way street の構造へと発展しつつある（第3図参照）。さらに，東京外国為替市場は円対ドル取引が圧倒的に多いけれども，第6表によれば，1978年以降ドル対価のクロス取引，特にマルク取引が急増している。も

終　章　ドルのオーバー・ストレッチ　　　235

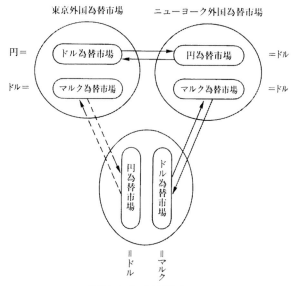

第3図　東京外国為替市場の構造

しマルク取引が膨張し続けるならば，それは東京外国為替市場とフランクフルト外国為替市場間でドルを媒介とした two-way street の構造が形成されることになる。multi-way street 構造の一層の展開といえよう。だが，円の multi-way street 化はドルの multi-way street の構造に組み込まれたうえでの話である。同じ multi-way street といっても，円とドルとの間には質的な相違がある。

　円の multi-way street 化は次の2点を明らかにしている。1つは，円相場の内容である。円相場は数字のうえではいかなる市場でもいかなる通貨によっても算出される。しかし，海外為替市場での円取引がドルを対価としてのみ行

終 章 ドルのオーバー・ストレッチ

第6表 東京外国為替市場の取引高

年度	ドル	クロス取引（ドル対価）		
		マルク	ポンド	スイス・フラン
1970	11,499	3	7	—
1971	27,877	—	6	—
1972	29,140	9	7	5
1973	46,927	41	14	7
1974	59,311	40	28	5
1975	73,430	258	161	39
1976	98,510	277	119	106
1977	146,406	528	121	163
1978	281,180	5,318	570	608
1979	444,916	8,336	3,846	704
1980	578,966	23,922	12,598	2,048
1981	878,988	40,492	19,242	4,515

（注）　①単位は各通貨の100万。
　　　　②1978年まで現地通貨，1979年以降はドル換算取扱高。
　　　　③ドルは直物，先物，スワップの合計額。
（出所）　日本割引短資（株）『わが国の外国為替市場』1982年，7ページ，10ページ，26ページ。

　われることは，対ドル円相場が実体的であり，対当該国通貨円相場は裁定相場としてのみ存在し，きわめて形式的である。各国外国為替市場で成立する対ドル円相場は，ニューヨーク外国為替市場の円相場，東京外国為替市場のドル相場と相互に影響し合う。円の multi-way street の構造の発展は，日本銀行が東京市場あるいはニューヨーク市場に介入することによってのみ円相場の安定を達成することが，ますます困難にならざるをえないことを示唆している。

　もう1つは，円の国際通貨化についてである。というのも，円の multi-way street 化とは円の国際通貨化の別表現ともいえるからである。日本は大規模な構造的黒字国であり，直接投資や証券投資の急増によって，世界第2位の資本輸出国となっている。そのうえ，1986年に日本がアメリカを追い抜いて世界第1位の債権国になったと新聞で報じられた。あたかも日本がアメリカと対等な中心国として台頭しつつあるかの印象さえ与えるものである。だが，実体は決してそうではなく，日本の台頭は所詮周辺国としての地位の上昇でしかない。円の国際通貨化はドル本位制に組み込まれたものであって，ドル本位制からの脱却の方向へ向かってのものではない。円のドルを媒介とした multi-way street 化の構造は円の国際通貨化の限界を教えている。

　同様のことは他の通貨についても当てはまる。つまり，変動相場制に入ってから他の通貨も対ドル・クロス取引として multi-way street 化の道を歩み始めている。だが，それは為替媒介通貨としてのドルを前提としているため，ドルに対立する，すなわちドルに取って代わるものではなく，ドルの multi-way street の拡大のなかに組み込まれる形でしか進展していない。1973年の変動相場制への移行は，諸国が金の裏付けのないドルと運命を共にするのを拒絶する決意表明であったはずである。にもかかわらず，諸国の意図とは逆に，事態はますますドル本位制にのめり込んでいく方向に進んできたのである。

終章　注

1）　深町郁弥『現代資本主義と国際通貨』岩波書店，1981年，310〜311ページ。
2）　準備通貨としてのドルの保有が金決済の繰延べを意味する点については，同上書，第1章「国際通貨の理論」及び片岡尹『国際通貨と国際収支』勁草書房，1986年，第6章「IMF 体制下のアメリカ・ドル」を参照されたい。
3）　片岡尹，前掲書，115ページ。
4）　クームスが「ブレトン・ウッズ体制の奇異な点」として，「外貨準備に占める金の割合が低い赤字国から，金比率の高い黒字国へドルが移動する場合，黒字国は受け取ったドルを財務省の窓口で金と交換するのに対し，赤字国は金を米国へ売って新しいドルを得るのではなく，単に古いドル残高を払うだけである」と指摘しているのも，国際決済の在庫調整型への変化を表したものといえよう。Coombs, C. A., *The Arena of International Finance*, John Wiley & Sons, 1976, p. 11, 並木信義訳『国際通貨外交の内幕』日本経済新聞社，1977年，25ページ。
5）　*Ibid.*, p. 6, 同上訳書，20ページ。
6）　OECD, *Balance of Payments of OECD Countries 1960-1977*, 1979, pp. 10-11.
7）　滝沢健三『国際金融機構』文雅堂銀行研究社，1975年，第1章「ドル残高」。
8）　OECD, *op. cit.*, pp. 10-11.
9）　Sarver, E., *The Eurocurrency Market Handbook,* New York Institute of Finance, 1987, pp. 6-7. BIS の調査では，ユーロダラー市場はネットで1966年の145億ドルから70年には570億ドルに拡大している。東京銀行調査部訳『世界金融経済年報』第40次，第42次国際決済銀行年次報告，十一房出版，第5章「ユーロ・カレンシー市場」。

10) Einzig, P., *The Euro-Dollar System*, Macmillan, 1964, p. 91, 塩野谷九十九・大海宏訳『ユーロ・ダラー』東洋経済新報社, 1965年, 133ページ。1つの例は次のようなものである。わが国の為替銀行が輸出超過から3ヶ月の期限付手形の形で100万ドルの売持ち状態にあるとしよう。手形が現金化するのは3ヶ月先のことだから, 普通は先物市場を利用して3ヶ月の先物ドルを売ってカバーするだろう。いま, 為替銀行が3ヶ月物ユーロダラーを100万ドル取り入れて外国為替市場で売却すると, 1ドル＝360円と計算して3億6,000万円の代わり金を手にする。ユーロダラー借入れは3ヵ月後に返済しなければならないから3ヶ月のドルの売持ち要因となり, ドルの受払時を一致させながら, 当初のドルの買持ちをカバーできる。他方, 為替銀行は取得した円資金を輸出手形の買取り資金に充てることもできるし, 企業への貸付に利用してもいい。前者の場合, 為替銀行にとっては, ドルの買持ちに伴う邦貨資金不足を解消できたので, 為替資金調整の意味も持つ。ユーロダラー借入金利が, 国内金融市場で調達する場合の円借入金利よりも低ければ, 同時に金利裁定取引でもある。つまり, ユーロダラー借入れは, 金利裁定を利用した為替持高・資金操作としての意味を持っている。本書第6章も見られたい。金利裁定を利用した為替持高・資金操作については奥田宏司『多国籍銀行とユーロカレンシー市場』同文舘, 1988年, 33~35ページを参照されたい。

11) 木下悦二『国際経済の理論』有斐閣, 1979年, 第5章「国際通貨について」を参照されたい。

12) 山本栄治『基軸通貨の交替とドル』有斐閣, 1988年, 第7章「変動相場制下の国際流動性」を参照されたい。

13) Coombs, C. A., *op. cit.*, pp. 85-86, 前掲訳書, 105ページ。

14) Andrews, M. D., "Recent Trends in the U. S. Foreign Exchange Market", *Federal Reserve Bank of New York Quarterly Review*, Summer 1984, p. 38.

15) Revey, P. A., "Evolution and Growth of the United States Foreign Exchange Market", *Federal Reserve Bank of New York Quarterly Review*, Autumn 1981.

16) Giddy, I. H., "Measuring the World Foreign Exchange Market", *Columbia Journal of World Business*, Winter 1979, p. 41.

17) Revey, P. A., *op. cit.*, p. 36.

18) Andrews, M. D., *op. cit.*, p. 46.

19) 島崎久弥「ポンド残高の史的変遷」, 『東銀月報』1977年11月号, 80ページ。

20) Giddy, I. H., *op. cit.*, p. 41.

21) The Group of Thirty, "The Foreign Exchange Markets under Floating Rates", 大蔵省訳「変動相場制下の外国為替市場」, 『大蔵省調査月報』第69巻第8号, 43ページ。

あ と が き

　本書は，今回新たに付け加えたものもあるが，大半が大学院のときから発表した論文を基礎にしている。論旨自体は基本的に変更していないけれども，一冊に纏めるに当たって，かなりのリストラクチュアリングを施した。そこで，出所を明らかにしておくために，既発表論文名と掲載雑誌名を挙げておきたい。

　「国際通貨論の一検討―― Vehicle Currency を中心に――」，『経営研究』第35巻第4号，1984年11月。

　「ニューヨーク外国為替市場の史的変遷（上・下）――ツーウェイ・ストリートからマルチウェイ・ストリートへ――」，『世界経済評論』1986年12月号，1987年1月号。

　「日米間国際金融構造の特質―― IMF 体制における Asymmetry の検出――」，『証券経済』第160号，1987年6月。

　「アメリカの公的為替操作と IMF 体制（上）」，『経営研究』第39巻第1号，1988年4月。

　「ブレトン・ウッズ体制下におけるヨーロッパ域内通貨協力の展開とドル――対ドル差別とドルの排除――」，『経営研究』第42巻第4号，1991年11月。

　「貿易取引通貨の多様化と為替媒介通貨ドル――西ヨーロッパにおけるドルの基軸通貨化――」，『経営研究』第48巻第3号，1997年11月。

索　　引

ア 行

IMF 借入れ　76, 80
IMF 協定　28, 32, 54
　——第 8 条　33
　——第 4 条　16, 28, 59, 170, 180
IMF（協定）14条国　38, 127, 215
IMF 体制　50, 129, 218
　——の変質　81, 215, 221, 228
IMF 8 条国　38, 129
IMF 理事会　180
アインチィヒ　51, 52, 138
アウトライト　63, 75
アクセプタンス方式　100, 110, 112, 113, 200
アクチュアル・ポジション　8, 205
アメリカ勘定　37
EEC　132, 181, 197
EMA　60, 161, 170, 179, 182, 186
EPU　60, 155
域内貿易依存度　199
一覧払決済　97, 110
一覧払手形　98, 110
一方的他店勘定方式　46
インターバンク為替市場　45, 133, 217
売持ち　8, 164, 186, 204
運転残高　12, 216, 224
英米金融協定　35
英米クロス　52, 130, 131, 183, 187, 209
N-1 論　178
FECB　95, 98
FECB 勘定　94, 98
MOF　126, 131
MOF 勘定　96, 128
L/C 発行　111, 113

LUA 制度　96
円為替　118, 124, 142
円為替市場　118, 120, 140, 141, 235
円金融　118, 135
円シフト　135
円借款　138
円建て化　135, 140
円の国際化　138
円の国際通貨化　120, 139, 236
乙種貸付　98
OEEC　155
オーバーオール・ポジション　8, 205
オーバー・ストレッチ　224, 226, 228, 22 9
オープン・アカウント　88
　——地域　99, 125
　——方式　85, 89, 125, 199
オープン・ポジション　8, 106, 231

カ 行

外貨預入制度　96, 110
外貨証券（ローザ・ボンド）発行　77, 80, 221,
　227
外貨預金制度　96
外貨預託制度　96, 110
外国為替及び外国貿易管理法　93, 94, 124
外国為替貸付制度　98
外国為替管理委員会（FECB）　94
外国為替資金貸付制度　104, 107, 113, 125,
　136
外国為替手形買取制度　106, 107, 113
外国為替引当貸付制度　97, 125
介入義務　54, 59, 129, 141, 186
介入準備金　16, 64, 179, 216
介入通貨　16, 128, 180, 188

索　　引 241

──の多様化　216
買持ち　8, 106, 163
過剰ドル準備　68, 79, 187, 221
「過渡期」条項　38
カバー付き金利裁定取引　138
カバー取引　8, 193
為替安定基金　30, 66
為替（決済）勘定　46, 95, 118
為替裁定　181
為替差損　50, 62, 104, 117, 186
為替資金操作　10, 12, 164, 205
為替尻　142
為替相場体系　29, 129, 183
為替相場の自由化　127
為替媒介通貨　19, 51, 54, 127, 131, 132, 142,
　　182, 186, 188, 204, 224
為替平衡勘定　30, 162
為替保証　65, 178
為替持高　8, 47, 162, 204
為替持高規制　127
為替持高操作　7, 13, 162, 205
為替リスク　17, 36, 88, 106, 203
間接援助条項　153
管理通貨制　16, 28, 32
還流機構　218
企業（メーカー）の多国籍化　54, 119, 199
期限付手形　10, 97, 111, 125
基軸通貨　20, 36, 43
──の交替　37
──の先取り　33, 36
基準相場　8, 30, 51, 127, 129, 180, 232
基礎収支均衡　219
逆為替方式　3
キャッシュ・ポジション　8, 205
協調介入　63
協定通貨　150
金価格　61
金決済　158, 216, 227
金現送　6, 12, 16, 217
銀行間決済　6. 28
金交換戦略　221

銀行引受手形　113, 115
金兌換　15, 217
金・ドル交換性　17, 32, 191, 218, 219, 228
金の二重価格制　221, 228
金の輸出入点　11
金売買　29, 42, 218
金平価　29, 32
金本位制　6, 15, 29
金融手形　118
金利裁定取引　193
金利平価式　14
クームス　183
グラスマン　195, 200
クレジット　156, 172, 174
クレジット・ライン　11, 115, 118
クロス取引　52, 142, 181, 205, 233
クロス・レート　30, 163, 165
ケインズ案　27
決済システム
　公的──　228
　私的──　228
現金方式　88, 93
硬貨圏　124, 127
甲種貸付　98
公定売買相場　162, 163
公的為替操作　66
攪乱的短期資本移動　73, 76
国際為替市場　43, 52, 127, 209
国際金融構造の非対称性　119
国際金融市場の分裂　53
国際決済システム　215, 217
国際決済の二重構造　7
国際決済メカニズム　16, 128
国際収支節度　218, 228
国際収支調整　27, 60
国際通貨
　公的──　17, 32, 181
　私的──　28, 32
国際通貨協力　81, 184, 221, 227
国際通貨性　36, 37
国際的公信用　34, 81, 217, 221, 227

国内貿易金融体制　200
固定相場制　16, 30, 179
ゴールド・ラッシュ　221
コルレス契約　45, 95
コルレス先　45, 98, 137
コルレス残高　5, 118, 164
コルレス網　94

サ 行

在庫調整（ストック）型　218
裁定相場　30, 180, 236
再割引　97, 106, 114
先物契約　63, 76
先物市場　61
先物操作　62, 63, 80
3角裁定　186, 188
3点間裁定　52
GHQ　85, 94
シッパーズ・ユーザンス　4, 99
指定通貨　124, 134, 161
資本の自由化　92, 107
写真相場　141
集中相場　126, 128, 162
集中通貨　126, 128, 130, 182
集中メカニズム　20, 225
準備通貨　16, 32, 108, 183
　——の多様化　53, 216, 229
スウィング　92, 149
　——方式　92
スウォボダ　51
スクウェアー　8, 117
スターリング地域　35, 51, 86, 196, 232
スタンドバイ・クレジット　99
スワップ協定　66, 72, 184, 227
スワップ（取引）　10, 18, 47, 66
スワップ枠　73, 184
清算勘定　88
清算同盟案　178
制度金融　100, 107, 113
全面集中制　150162
相互介入　180

——方式　178
相互信用ファシリティ　67, 149
双方的他店勘定方式　45
双務主義　86, 91, 150
双務的支払協定　88, 92, 149
双務的ポジション　157, 164

タ 行

第1次ヨーロッパ域内支払協定　153
第1種相殺　153
対英（緊急）借款　38, 184
対外決済の完結性　217
対顧客取引　46, 47, 117, 186, 209
第2次ヨーロッパ域内支払協定　154
第2種相殺　154
単一為替レート　93
第3国間貿易　193, 197, 200
第3国間貿易決済通貨　19, 91, 116, 117, 119,
　　131, 197, 201, 224
第3国通貨　7, 88, 150, 194, 195
　——スワップ　73
対称的パターン　195
対ドル・クロス取引　209, 234
対ドル交換性　37, 114
対ドル差別　34, 43, 46, 60, 160, 167, 182, 192
対ドル平価　170, 217
ダイレクト・ディーリング　231
多角決済制度　170, 172, 177
多角的裁定取引　126, 163, 166
多角主義　161
多角的支払協定　153
多角的相殺　151, 160, , 174
多角的通貨清算協定　153
多角的引出権　154
多通貨引出し　80
中央銀行間信用　72
中間金融　173, 178
直接（の）交換市場　118, 141, 163, 182
通貨交換　12, 50, 210
通貨交換性　37, 215, 223
　——の回復　47, 124, 161, 170

索　引　　　　243

通商協定　　86, 88
　——方式　　92
出合　　8, 55, 181, 186, 188, 206, 211
　2店間——　　50
出合取引
　2店間——　　141, 142
　3店間——　　127, 142
ディスカウント　　61, 106, 193
TB（Treasury Bill）　　12, 216
手形買取資金　　112
手形交換所　　13, 119
two-way street の構造　　50, 53, 55, 63, 72,
　163, 165, 232, 233, 234
当座貸越　　200
当座借越　　11
当座預金勘定　　3, 137
　——の貸借記　　5
　——の振替　　225
当座預金残高　　7, 19, 138, 223
当事国通貨　　86, 150, 163, 168, 194, 200
トラスト・ファンド　　85
取引コスト　　43, 51, 204
ドル依存　　88, 114, 188, 191, 195
ドル過剰　　16, 47, 61
ドル還流策　　64
ドル為替市場　　44, 54, 117, 120, 233
ドル危機　　38, 64, 72, 80, 114, 141, 183, 187,
　218
ドル圏　　51, 120, 191
ドル残高　　7, 17, 18, 216, 223, 228
ドル散布　　38, 60
ドル・シフト　　109, 113, 135
ドル条項　　88, 99
ドル（の）節約　　150, 160, 161
ドル節約機構　　155
ドル本位制　　230, 234
ドルの基軸通貨化　　37, 38
ドルの国際通貨化　　192
ドル不足　　38, 59
ドル平価　　29
ドル・ペッグ　　32

ドル防衛　　79, 221
ドル防衛策　　54, 61, 114, 219
ドル・リンク　　233

ナ　行

並為替方式　　3
軟貨圏　　125
2国間償還協定　　159
24時間ディーリング　　208, 229
日銀依存　　109
日銀依存体制　　107
2点間裁定　　55
2分割勘定制　　88
ニューヨーク連銀　　55, 62, 182
ネット・ポジション　　155
　累積的——　　156
延払い信用　　140
　中長期——　　138
ノン・システム　　228

ハ　行

売買スプレッド　　206
場所的為替裁定　　52
BIS　　73, 153, 172, 184
PRS 方式　　93
BA　　44, 200, 224
BA 市場　　11, 98, 108, 111, 113, 191, 200
BA ディーラー　　112
BA レート　　115, 135
引受信用　　11, 108, 224, 225
非居住者自由円預金勘定　　137
非集中通貨　　126
非対称性　　118, 129, 181
標準決済規則　　124, 126
複数為替相場制　　33, 93
不足通貨条項　　60
不動の原理　　13, 50, 118
　為替の——　　211
ブーメラン効果　　139, 207, 210
振替可能勘定　　37
　——地域　　126

振替禁止令　37
振替性　88, 124, 153
　　相互──　163
プレミアム　61
フロー型　218
別口外国為替貸付制度　99
ヘッジ　61, 63
ヘッジ・コスト　63
変動相場制　80, 200, 228
貿易為替自由化大綱　107
貿易公団　85
貿易財II　199
貿易取引通貨の多様化　125, 208
ホワイト案　27
ポンド・アクセプタンス　196
ポンド危機　72, 81, 101, 183
ポンド切下げ　53
ポンド圏　91, 117
ポンド残高　7, 35, 37, 92, 184
ポンド投機　183
ポンド防衛　184
本邦ローン方式　100, 110, 113

マ　行

マッキノン　199
マーケット・メーカー　49, 139, 210
マーシャル援助　38, 60
マージン・マネー　96, 98, 99
マルク投機　61
multi-way street の構造　143, 233, 234
持高集中制　162

ヤ　行

ユーザンス　97, 136

外貨──　112
外銀──　99, 109
銀行──　100
自行──　99
日銀──　98
BC──　98, 110
　　──方式　111, 113
邦銀──　99
輸入──　110, 136
輸出予約レート　106
輸入先行主義　92
ユーロダラー　114, 137, 226
ユーロダラー市場　54, 62, 114, 192, 205, 224
ユーロマネー　114
ヨーロッパ基金　170

ラ　行

ライセンスド・バンク　94
リファイナンス　174
　　──方式　100, 110, 111
　　ポンド・──　193
流通空費　6
両極分裂型の構造　119
レヴィ　230
連銀スワップ網　66, 227
ローガン構想　92

ワ　行

割当額　34, 156, 159
　　追加──　159
割引市場　11, 98
割引レート　115
one-way street の構造　49, 72, 118140, 233
ワン・デイ・ロールオーバー　47, 49

著者略歴

1950年　神戸市に生まれる
1987年　大阪市立大学大学院経営学研究科後期博士課程単位取得退学
　　　　大阪市立大学商学部助手，講師を経て
1991年　大阪市立大学商学部助教授となり，現在に至る。

基軸通貨ドルの形成

1998年6月25日　第1版第1刷発行

　　著　者　西倉高明

　　発行者　井村寿人

　　発行所　株式会社　勁草書房
112-0004 東京都文京区後楽2-23-15　振替 00150-2-175253
電話（編集）03-3815-5277（営業）03-3814-6861
FAX 03-3814-6854
三協美術印刷・和田製本

©NISHIKURA Takaaki 1998　Printed in Japan
＊落丁本・乱丁本はお取替いたします。
＊本書の全部または一部の複写・複製・転訳載および磁気または
　は光記録媒体への入力等を禁じます。
ISBN 4-326-50152-9

基軸通貨ドルの形成

2015年1月20日 オンデマンド版発行

著 者　西 倉 高 明

発行者　井 村 寿 人

発行所　株式会社　勁 草 書 房

112-0005 東京都文京区水道 2-1-1　振替 00150-2-175253
(編集) 電話 03-3815-5277／FAX 03-3814-6968
(営業) 電話 03-3814-6861／FAX 03-3814-6854
印刷・製本　(株)デジタルパブリッシングサービス http://www.d-pub.co.jp

©NISHIKURA Takaaki 1998　　　　　　　　　　AI949

ISBN978-4-326-98192-2　Printed in Japan

JCOPY ＜(社)出版者著作権管理機構 委託出版物＞
本書の無断複写は著作権法上での例外を除き禁じられています。
複写される場合は、そのつど事前に、(社)出版者著作権管理機構
(電話 03-3513-6969、FAX 03-3513-6979、e-mail: info@jcopy.or.jp)
の許諾を得てください。

※落丁本・乱丁本はお取替いたします。
http://www.keisoshobo.co.jp